ANNALES DE L'INSTITUT DE PHILOSOPHIE
ET DE SCIENCES MORALES

(UNIVERSITÉ LIBRE DE BRUXELLES)

La collection des *Annales de l'Institut de Philosophie et de Sciences Morales de l'Université Libre de Bruxelles* est la lointaine descendante de la revue *Morale et Enseignement* fondée en 1951 sous la direction du professeur Jeanne Croissant-Goedert et sous-titrée : « Bulletin trimestriel publié par l'Institut de Philosophie de l'Université de Bruxelles ». De simple liasse de seize à vingt pages agrafées, elle est reliée et dotée d'une couverture à partir des n°33-34 en 1960. Le n°64 publié fin 1967 est le dernier de *Morale et Enseignement* proprement dit. La revue ne paraît pas en 1968. Elle revient sous le titre *Annales de l'Institut de Philosophie* et la direction du professeur Chaïm Perelman en 1969. « Morale et Enseignement » apparaît désormais comme une sorte de sous-titre, reconnaissance symbolique du passé, car un éditorial souligne qu'il ne s'agit plus de se limiter à « des problèmes de morale » mais bien de pouvoir « couvrir la totalité du champ de la philosophie ». Les volumes sont annuels et, à partir de 1974, édités par Ch. Perelman et J. Sojcher. En 1979, les Annales deviennent thématiques et sont éditées par J. Sojcher et G. Hottois. Nouveau rappel du passé, le premier volume est consacré à « Enseignement de la morale et philosophie ». En 1985, Gilbert Hottois devient le directeur de la collection qui quitte, en 1989, les Éditions de l'Université de Bruxelles pour être désormais publiée chez Vrin. C'est en 1992, avec le titre « H. Arendt et la Modernité », que les *Annales* acquièrent tout à fait leur allure actuelle : celle d'un livre collectif sur un thème ou un auteur traité par des spécialistes internationaux sous la responsabilité scientifique d'un coordinateur. Tout en continuant de privilégier la participation des philosophes de l'Université Libre de Bruxelles, la collection s'est largement ouverte. La référence aux anciennes *Annales* n'apparaît plus qu'en pages intérieures. Il demeure cependant que depuis un demi siècle, la série de publications qui va de *Morale et Enseignement* à la collection d'aujourd'hui constitue un bon témoignage historique de l'activité philosophique à l'Université Libre de Bruxelles.

DIRECTEUR : Gilbert Hottois
COMITÉ DE RÉDACTION : Lambros Couloubaritsis, Guy Haarscher, Robert Legros, Thierry Lenain, Michel Meyer, Jean-Noël Missa, Marie-Geneviève Pinsart, Marc Richir, Anne-Marie Roviello, Isabelle Stengers.

ANALYSE ET ONTOLOGIE

LE RENOUVEAU DE LA MÉTAPHYSIQUE
DANS LA TRADITION ANALYTIQUE

DANS LA MÊME COLLECTION

Lumières et romantisme, 1989, 160 pages

L'affect philosophe, 1990, 176 pages

Philosophie de l'esprit et sciences du cerveau, 1991, 162 pages

Hannah Arendt et la modernité, 1992, 176 pages

Hans Jonas. Nature et responsabilité, 1993, 192 pages

L'effet Whitehead, 1994, 220 pages

Hegel aujourd'hui, 1995, 234 pages

Temps cosmique et histoire humaine, 1996, 192 pages

L'image. Deleuze, Foucault et Lyotard, 1997, 162 pages

Gilles Deleuze, 1998, 192 pages

Matières pensantes. Études historiques sur les conceptions matérialistes en philosophie, 1999, 176 pages

Philosophie et science fiction, 2000, 156 pages

Écrits posthumes de Sartre II, 2001, 208 pages

Simondon, 2002, 208 pages

Genre et Bioéthique, 2003, 192 pages

Mensonge, mauvaise foi, mystification, 2004, 208 pages

Philosophie comparée : Grèce, Inde, Chine, 2005, 192 pages

Perspective, Leibniz, Whitehead, Deleuze, 2006, 172 pages

Vie et expérimentation. Peirce, James, Dewey, 2007, 176 pages

L'envers de la raison. Alentour de Canguilhem, 2008, 192 pages

« Enhancement ». Éthique et philosophie d'amélioration, 2009, 222 pages

ANNALES DE L'INSTITUT DE PHILOSOPHIE DE L'UNIVERSITÉ DE BRUXELLES
Directeur: Gilbert hottois

ANALYSE ET ONTOLOGIE

LE RENOUVEAU DE LA MÉTAPHYSIQUE
DANS LA TRADITION ANALYTIQUE

coordination scientifique

Sébastien RICHARD

PARIS
LIBRAIRIE PHILOSOPHIQUE J. VRIN
6, Place de la Sorbonne, Ve
——
2010

© *Librairie Philosophique J. Vrin,*
ISSN 0778-4600
ISBN 978-2-7116-2321-1

www.vrin.fr

Imprimé en France

INTRODUCTION

Contrairement à une opinion fort répandue, la métaphysique n'a jamais été totalement absente ou exclue de la philosophie analytique. Nous soutenons même qu'elle en a toujours fait partie. Il suffirait, pour le prouver, de citer le cas d'Alfred North Whitehead, le coauteur, avec Russell, des *Principia Mathematica*, qui publia en 1929 un opus métaphysique majeur : *Procès et réalité*, sous-titré *Essai de cosmologie*[1]. Certes, cet ouvrage n'a pas eu une influence aussi considérable dans la philosophie analytique que les *Principia* – il reste cependant, à nos yeux, l'une des grandes œuvres de métaphysique spéculative du XXe siècle –, mais même dans les travaux des analyticiens les plus opposés à la métaphysique, nous trouvons des affirmations clairement métaphysiques, alors même qu'ils tentent d'échapper à toute forme de métaphysique. Carnap, par exemple, ne parle-t-il pas de mondes possibles et de constitution de la réalité, Russell d'universaux, de propriétés et d'existence et Wittgenstein de la structure du monde. Il serait bien difficile de ne pas voir là des thèmes traditionnels de la métaphysique. Mais, si celle-ci n'a jamais été réellement absente de la philosophie analytique, c'est surtout depuis les années 1970 qu'elle connaît un véritable renouveau dans cette tradition. Nous pourrions ainsi citer à l'envi les auteurs analytiques ayant contribué de manière significative à ce vénérable domaine de la philosophie depuis une quarantaine d'années : Lewis, Armstrong, Chisholm, Simons, Smith, Mulligan, Johansson, Fine, van Inwagen, Küng, Lowe, Jackson, Grossmann, Strawson, Kripke, Nef, Casati, Varzi, Kim, Campbell, etc. La métaphysique est à ce point importante aujourd'hui dans la tradition analytique qu'elle possède ses

---

1. A.N. Whitehead, *Procès et réalité. Essai de cosmologie*, trad. fr. D. Charles *et al.*, Paris, Gallimard, 1995 [1929].

propres introductions[1], ses recueils de textes fondateurs[2], et même ses encyclopédies[3]. C'est à la tâche de faire connaître au public franco-phone cette actualité philosophique de premier plan qu'est consacré ce volume.

Les trois étapes du développement historique
de la métaphysique analytique

D'un point de vue historique, nous pourrions grossièrement iden-tifier trois phases de développement de la métaphysique analytique. Premièrement, la phase logico-scientifique qui coïncide avec la période phare de l'École de Cambridge et du positivisme logique. Elle se carac-térise par une méfiance, voire une certaine aversion, envers la métaphy-sique, dont l'article de Carnap sur « Le dépassement de la métaphysique par l'analyse logique du langage » est particulièrement représentatif[4]. Au-delà de la critique de l'ineptie de certaines thèses métaphysiques grammaticalement incorrectes ou dénuées de conditions de vérité claires, l'idée défendue à l'époque est que toute interrogation ontologique doit être traitée par le prisme de la logique. Ainsi, Wittgenstein a soutenu dans sa *Bildtheorie* la priorité des structures logiques sur les structures ontologiques, les secondes n'étant que le reflet, ou plutôt la projection, des premières. De ce point de vue, les positions de Quine sont également

1. M.J. Loux, *Metaphysics. A Contemporary Introduction*, Londres, Routledge, 2002[2] ; E.J. Lowe, *A Survey of Metaphysics*, Oxford, Oxford University Press, 2002 ; M.J. Loux et D.W. Zimmerman (éds.), *The Oxford Handbook of Metaphysics*, Oxford, Oxford University Press, 2003 ; F. Nef, *Qu'est-ce que la métaphysique ?*, Paris, Gallimard, 2004, p. 415-783 ; J.-M. Monnoyer (dir.), *La structure du monde : objets, propriétés, états de choses. Renouveau de la métaphysique dans l'école australienne de philosophie*, Paris, Vrin, 2004.

2. S. Laurence et C. Macdonald (éds.), *Contemporary Readings in the Foundations of Metaphysics*, Oxford, Blackwell, 1998 ; J. Kim et E. Sosa (éds.), *Metaphysics: An Anthology*, Oxford, Blackwell, 1999 ; M.J. Loux (éd.), *Metaphysics. Contemporary Readings*, Londres, Routledge, 2001 ; E. Garcia et F. Nef (dir.), *Textes clés de métaphysique contemporaine. Propriétés, mondes possibles et personnes*, Paris, Vrin, 2007.

3. H. Burckhardt et B. Smith (éds.), *Handbook of Metaphysics and Ontology*, 2 vol., Munich, Philosophia Verlag, 1991 ; J. Kim et E. Sosa (éds.), *A Companion to Metaphysics*, Oxford, Blackwell, 1995.

4. R. Carnap, « Le dépassement de la métaphysique par l'analyse logique du langage », trad. fr. A. Soulez *et al.*, in *Manifeste du Cercle de Vienne et autres écrits. Carnap - Hahn - Neurath - Schlick - Waismann sur Wittgenstein*, Paris, Vrin, 2010[2], p. 149-171.

exemplaires[1]. En effet, selon lui, la véritable question ontologique n'est pas « Qu'est-ce qui est ? », mais bien quelles entités nous devons supposer comme existantes pour que telle ou telle théorie soit considérée comme vraie. Il substitue ainsi à l'ontologie absolue de la tradition des ontologies relatives à telle ou telle théorie et, dans celles-ci, ce sont les quantificateurs existentiels qui nous disent quelles entités nous devons supposer existantes.

Deuxièmement, la phase qui correspond à la métaphysique de Strawson. D'une part, celle-ci s'accorde avec une certaine conception kantienne selon laquelle les questions ontologiques peuvent être assimilées aux questions épistémologiques[2]. D'autre part, et en cela Strawson se démarque de la tradition kantienne et se rapproche des conceptions du second Wittgenstein, ce n'est pas le fait de la science qui sert de fil conducteur à la métaphysique, mais plutôt le fait du langage naturel. La métaphysique strawsonienne n'est pas « révisionniste », en ce qu'elle ne cherche pas à justifier ou à corriger notre conception du monde en établissant des vérités, mais elle est « descriptive », en ce qu'elle décrit notre conception du monde telle qu'elle s'exprime, de manière sous-jacente, dans nos pratiques linguistiques[3].

Troisièmement, la période que nous pouvons faire commencer avec la parution de *La logique des noms propres* de Kripke en 1972 et qui court jusqu'à aujourd'hui. Il est beaucoup plus difficile de caractériser ce dernier développement de la métaphysique analytique, qui a réellement connu une explosion tous azimuts. Dès lors, plutôt que de tenter de caractériser de manière univoque cette dernière phase de la métaphysique analytique, nous mentionnerons trois positions métaphysiques qui nous semblent particulièrement représentatives et importantes, en ce qu'elles allouent une large autonomie à la métaphysique, relativement à la logique, au langage en général et aux sciences de la nature. Nous évoquerons tout d'abord le projet d'ontologie formelle, dont l'un des intérêts est son ancrage dans une certaine tradition philosophique historique, à savoir la

---

1. Cf. en particulier W.V.O. Quine, « De ce qui est », trad. fr. J. Vidal-Rosset, S. Laugier et P. de Rouilhan, in *Du point de vue logique. Neuf essais logico-philosophiques*, Paris, Vrin, 2003 [1953] ; *Relativité de l'ontologie et autres essais*, trad. fr. J. Largeault, Paris, Aubier, 2008 [1969].

2. P.F. Strawson, *Analyse et métaphysique*, Paris, Vrin, 1985, p. 48.

3. B. Gitel, « La métaphysique descriptive et les deux images du monde », in *Langage ordinaire et métaphysique. Strawson*, J. Benoist et S. Laugier (éds.), Paris, Vrin, 2005, p. 13-41.

tradition philosophique d'Europe centrale, dite aussi philosophie autrichienne[1]. Il contribue ainsi à établir un dialogue, parfois difficile, mais qui nous semble fructueux, entre tradition analytique et tradition continentale. Nous mentionnerons ensuite l'une après l'autre les personnalités d'Armstrong et de Lewis – certainement les deux métaphysiciens analytiques les plus importants de ces dernières décennies –, notamment parce qu'ils ont été parties prenantes dans un important débat sur les propriétés[2], qui a pour une large part structuré l'histoire récente de la discipline[3].

Le projet d'ontologie formelle, originellement formulé par Husserl, a été repris dans une version analytique au sein de ce que l'on appelle l'École de Manchester (Kevin Mulligan, Barry Smith et Peter Simons) à la fin des années 1970[4]. Contrairement à une interprétation répandue, l'ontologie formelle n'est pas une application de la logique à des problèmes ontologiques[5] – un tel projet n'aurait d'ailleurs rien de neuf, en ce que nous en trouvons déjà l'idée chez Aristote. Nous ne serions pas plus près de la vérité en spécifiant qu'il s'agit d'une application des méthodes de la logique formelle contemporaine. Certes, une telle ontologie peut prendre la forme d'un système formel, comme, par exemple, la méréologie, mais elle se fonde surtout sur l'idée qu'il existe un domaine formel proprement ontologique, lequel ne se réduit donc pas à la logique. Ce projet se distingue alors par la mise au jour de catégories ontologiques formelles et par leur articulation systématique dans des lois valant *a priori* et de manière universelle.

---

1. Sur celle-ci, cf., entre autres, L. Albertazzi, M. Libardi et R. Poli (éds.), *The School of Franz Brentano*, Dordrecht, Kluwer, 1996 ; B. Smith, *Austrian Philosophy: the Legacy of Franz Brentano*, Chicago, Open Court, 1996 ; J.-P. Cometti et K. Mulligan (dir.), *La philosophie autrichienne de Bolzano à Musil. Histoire et actualité* Paris, Vrin, 2001.

2. On pourra en trouver un échantillon en français avec les deux textes suivants : D.M. Armstrong, « Les universaux en tant qu'attributs », trad. fr. G. Kervoas, in *Textes clés de métaphysique contemporaine. Propriétés, mondes possibles et personnes*, E. Garcia et F. Nef (dir.), *op. cit.*, p. 143-184 ; D.K. Lewis, « Contre les universaux structurels », trad. fr. F. Nef, *ibid.*, p. 185-222.

3. Nef expose ce débat dans F. Nef, *Qu'est-ce que la métaphysique ?*, *op. cit.*, p. 639-737.

4. Cf. l'ouvrage suivant qui peut être considéré comme un manifeste : B. Smith (éd.), *Parts and Moments: Studies in Logic and Formal Ontology*, Munich, Philosophia Verlag, 1982.

5. Dans son récent *Traité d'ontologie*, Nef définit l'ontologie formelle de la manière suivante : « partie de l'ontologie qui dégage les propriétés les plus générales de la réalité à l'aide de formalismes logiques ou mathématiques » et il rattache explicitement ce type de théorie à Husserl (F. Nef, *Traité d'ontologie pour les non-philosophes (et les philosophes)*, Paris, Gallimard, 2009, p. 330). Cette définition nous paraît éminemment fausse, en particulier dans le cas de l'ontologie formelle husserlienne.

L'une des écoles de métaphysique analytique les plus importantes des dernières décennies est constituée par ce que l'on appelle l'École réaliste australienne [1], dont David Malet Armstrong [2] est la figure centrale. Le *réalisme modéré* de ce dernier se caractérise par la thèse selon laquelle il n'y a que des universaux instanciés. Cette instanciation d'un universel dans un particulier produit un état de choses. Pour Armstrong, les « états de choses » (*states of affairs*) sont tout ce qui existe : rien n'existe en dehors des états de choses (les propriétés et leurs substrats sont existentiellement dépendants des états de choses dont ils font partie), lesquels sont rendus nécessaires par une théorie réaliste de la vérité qui exige de fournir aux propositions vraies des « vérifacteurs » (*truthmakers*) existants, c'est-à-dire quelque chose qui les rend vraies. À ce *factualisme* et à la thèse du réalisme modéré, nous pourrions encore ajouter, par contraste avec la position de Lewis, le *naturalisme* comme thèse caractéristique de la métaphysique d'Armstrong. Ce naturalisme peut être défini comme l'affirmation que le monde n'est rien d'autre qu'un système spatiotemporel.

Venons-en alors aux thèses de David Kellogg Lewis [3], disparu en 2001. Si celui-ci est également réaliste, c'est en un autre sens qu'Armstrong. Son réalisme est dit « modal », en ce qu'il soutient que, outre notre monde, tous les mondes possibles existent. Toutes les manières dont notre monde pourrait être existent également – elles sont toutes sur un pied d'égalité ontologique. C'est de ces mondes possibles existants dont nous parlons lorsque nous parlons de possibilité ou de nécessité, c'est-à-dire de modalités. Selon Lewis, les mondes possibles sont non seulement existants, mais également isolés causalement les uns des autres. Autrement dit, les objets d'un monde possible n'ont aucune influence sur les objets d'un autre monde possible. Ils sont encore actuels de leur point de vue. C'est là la thèse de l'« actualité indexicale » des mondes possibles. Cela signifie donc que, du point de vue des habitants d'un monde possible, leur monde est actuel, de manière similaire à celle dont nous utilisons l'indexical 'je' qui désigne celui qui l'énonce.

Le projet d'ontologie formelle, le réalisme modéré d'Armstrong, ou encore le réalisme modal de Lewis ne constituent que des positions métaphysiques parmi les nombreuses autres défendues aujourd'hui dans la

---

1. Un colloque en 1999 et une publication en 2004 ont été consacrés à ce courant en France : J.-M. Monnoyer (dir.), *La structure du monde, op. cit.*
2. Cf. surtout D.M. Armstrong, *A World of States of Affairs*, Cambridge, Cambridge University Press, 1997.
3. Cf. son maître ouvrage : D.K. Lewis, *De la pluralité des mondes*, trad. fr. M. Carevibère et J.-P. Cometti, Paris, Éditions de l'éclat, 2007 [1986].

philosophie analytique, mais elles sont certainement celles qui ont béné-
ficié de la plus grande attention de la part des chercheurs au cours des
dernières années.

QU'EST-CE QUE LA MÉTAPHYSIQUE ANALYTIQUE ?

Qu'entendons-nous au juste par « métaphysique analytique » ? Si nous
la qualifions d'« analytique », est-ce à dire que la métaphysique survivrait
aujourd'hui sous une guise qui la distinguerait de la métaphysique traditionnelle, de celle d'Aristote, des médiévaux, de Suárez et de Wolff ? La
réponse à cette question est d'autant plus difficile que les auteurs analytiques se préoccupent généralement peu de l'histoire et de la détermination de leur propre discipline. Ainsi, le terme de métaphysique est souvent
utilisé par ces auteurs de manière plus ou moins irréfléchie. Certains
d'entre eux ont néanmoins tenté d'en circonscrire le sens. Par exemple,
Kevin Mulligan nous dit que les mots « métaphysique » et « ontologie »
ont souvent été employés en philosophie analytique pour parler de « la
théorie ou l'analyse de ce qu'il y a, des espèces principales de ce qu'il y
a et de leurs rapports »[1]. Mais on parlerait mieux à propos en réservant
ce champ d'études à l'« ontologie analytique ». Nous pourrions même
alors conserver la partition wolffienne traditionnelle entre la « métaphysique générale », c'est-à-dire l'ontologie, et la « métaphysique spéciale »,
comprenant une « cosmologie générale », une « psychologie » et une
« théologie naturelle »[2]. Ceci, car, comme le souligne Nef, il existe actuellement une cosmologie analytique[3], une psychologie analytique[4] et, nous
ajouterions, une théologie analytique[5]. Bien sûr, le sens de ces disciplines
n'est plus celui qu'elles avaient dans la *Schulmetaphysik* allemande du

---

1. K. Mulligan, « Métaphysique et ontologie », in *Précis de philosophie analytique*,
P. Engel (dir.), Paris, PUF, 2000, p. 5.

2. Cf. C. Wolff, *Discours préliminaire sur la philosophie en général*, trad. fr. T. Arnaud,
W. Feuerhahn, J.-F. Goubet et J.-M. Rohrbasser, Paris, Vrin, 2006, § 55-59, p. 111-114.

3. Cf. A.N. Whitehead, *Procès et réalité, op. cit.* ou, par exemple, les travaux de John
Barrow sur le principe enthropique : J. Barrow, *L'homme et le cosmos*, Paris, Imago, 1984.

4. Cf. les travaux de Chisholm sur l'intentionnalité qui l'ont conduit à développer une
métaphysique intentionnelle.

5. Cf. S. Bourgeois-Gironde, « Philosophie de la religion », in *Précis de philosophie
analytique*, P. Engel (dir.), *op. cit.*, p. 297-323 ; S. Bourgeois-Gironde, B. Gnassounou et
R. Pouivet (éds.), *Analyse et théologie*, Paris, Vrin, 2002.

XVIIIe siècle, mais la métaphysique est avant tout une discipline « architectonique », et c'est « ce qui est le plus important » [1]. Autrement dit, elle n'est pas tant une « doctrine philosophique » située historiquement et que l'on pourrait juger illusoire ou dépassée qu'une « discipline philosophique » [2], une pratique ou une méthode philosophique qui peut être pratiquée à toute époque, et qui l'est, en l'occurrence, de manière prééminente dans la tradition analytique.

Cette manière de voir les choses a l'avantage de souligner la continuité historique de la métaphysique analytique avec l'une de ses guises historiques, mais elle ne précise pas ce qu'elle a de proprement analytique. Nef, pour sa part [3], la caractérise comme cette partie de la métaphysique qui entretient un dialogue avec la science, est disjointe de l'histoire de la métaphysique, croit au progrès de la démarche métaphysique et porte une attention particulière au travail d'analyse conceptuelle, à la description, à la formalisation et à la discussion des thèses métaphysiques. Par là, il reprend des déterminations généralement utilisées pour distinguer la philosophie analytique de la philosophie continentale. Néanmoins, nous pourrions facilement trouver des philosophes de tendance clairement analytique qui ne respectent pas au moins une de ces caractéristiques, voire qui n'en respectent aucune.

Plus naturel, semble être le critère d'identification linguistique qui tend à faire de la « philosophie analytique », et donc de la métaphysique analytique par voie de conséquence, une « philosophie anglo-saxonne ». Comme le remarque Michael Dummett dans *Les origines de la philosophie analytique*, paru en 1988, outre que cette image d'Épinal masque l'importance des travaux de l'École scandinave et de l'École de Lvov-Varsovie en philosophie analytique, ainsi que l'intérêt pour cette tradition en Italie, en Allemagne ou encore en Espagne, elle livre aussi une image totalement erronée du contexte historique dans lequel s'est développée ladite philosophie analytique [4]. Elle tendrait à faire croire que cette manière de faire de la philosophie s'est développée essentiellement dans l'Empire britannique et aux États-Unis. Cette vision des choses est très certainement fausse. Tout d'abord parce que la tradition philosophique

---

1. F. Nef, *Qu'est-ce que la métaphysique ?*, *op. cit.*, p. 639.
2. D. Seron, « Métaphysique et phénoménologie », *Bulletin d'analyse phénoménologique*, 1 (2005), no. 2, p. 7-8.
3. Cf. F. Nef, *Qu'est-ce que la métaphysique ?*, *op. cit.*, p. 636-637 et p. 812.
4. Cf. M. Dummett, *Les origines de la philosophie analytique*, trad. fr. M.-A. Lescourret, Paris, Gallimard, 1991 [1988], p. 9-10.

américaine est avant tout pragmatiste et que la philosophie analytique ne s'y est développée que relativement tardivement, notamment grâce à l'arrivée de Carnap à l'Université de Chicago en 1936. Des philosophes américains de premier plan comme Quine, Goodman, Putnam ou Kripke appartiennent, en simplifiant un peu les choses, essentiellement à une tradition inaugurée aux États-Unis par Carnap, et qui prendra de l'importance après la Seconde Guerre mondiale. Deuxièmement, outre son origine britannique – on ne saurait sous-estimer les contributions, bien connues maintenant, de Russell ou de Moore –, la philosophie analytique est également un phénomène autrichien. Plus précisément, elle est née et s'est développée dans deux aires socio-culturelles différentes : la philosophie britannique et ce qu'on appelle la philosophie d'Europe centrale. Cette dernière est parfois identifiée à ce qu'on a également appelé l'École de Brentano qui fleurit de la fin du XIXᵉ siècle jusqu'à l'avènement du national-socialisme en 1933 dans une aire culturelle, l'Empire des Habsbourg, dominée par l'allemand comme langue principale de publication.

Or, si ce critère linguistique est inopérant pour expliquer les origines de la philosophie analytique, il l'est encore plus pour caractériser la situation actuelle de la métaphysique analytique. Certes, elle est pratiquée de nos jours de manière prééminente dans les pays de langue anglaise : l'École de Manchester, l'École réaliste australienne ou encore David Lewis aux États-Unis ont tous contribué significativement au développement de la métaphysique analytique. Mais, il existe aujourd'hui également d'importants travaux dans ce domaine en Italie[1], en France[2], et même en Belgique, ce que ce volume espère montrer.

Dans son ouvrage déjà cité, Michael Dummett a proposé une thèse intéressante qui, à notre avis, si elle ne clôt pas la question, met au moins en évidence un facteur fondamental concernant la naissance de la philosophie analytique. Selon lui, ce qui distingue essentiellement celle-ci des autres courants philosophiques, « c'est la conviction qu'une analyse philosophique du langage peut conduire à une explication philosophique de la pensée, et en second lieu la conviction que c'est là la seule façon de parvenir à une explication globale »[3]. Ces deux principes sont aussi bien présents dans le positivisme logique que chez Wittgenstein, dans la philosophie du langage ordinaire d'Oxford que dans la philosophie

---

1. Cf. les travaux de Roberto Poli.
2. Cf. les travaux de Frédéric Nef.
3. M. Dummett, *Les origines de la philosophie analytique*, *op. cit.*, p. 13.

postcarnapienne américaine de Quine et Davidson. Ainsi, la philosophie analytique serait la tradition philosophique issue du « tournant linguistique » inauguré par Frege. Mais, si ce primat de la philosophie du langage sur les autres disciplines philosophiques permet, en partie, de caractériser la philosophie analytique des origines, il n'est certainement plus d'actualité aujourd'hui, en particulier en ce qui concerne la métaphysique analytique. Les auteurs pratiquant cette dernière revendiquent, généralement, une secondarisation des questions de langage par rapport aux questions de métaphysique, voire les considèrent comme absolument non pertinentes. Ainsi, Roderick Chisholm a défendu une primauté de l'analyse intentionnelle sur l'analyse linguistique. De même, les membres de l'École de Manchester rejettent une philosophie exclusivement orientée linguistiquement. Le cas de ces philosophes est évidemment particulier, en ce que leur approche représente une synthèse critique entre la philosophie du jeune Husserl, pour l'École de Manchester, la philosophie de Brentano, pour Chisholm, et la philosophie analytique traditionnelle, mais il est symptomatique d'un changement d'orientation de la philosophie analytique depuis les années 1970 auquel a largement contribué la métaphysique, et, de manière plus connue, la philosophie de l'esprit qui tend aujourd'hui à prendre la première place dans la hiérarchie des disciplines philosophiques au sein de la tradition analytique.

Selon nous, si la plupart des critères proposés jusqu'à présent échouent à définir nettement la philosophie analytique, et donc aussi la métaphysique analytique en tant qu'elle en est une des sous-parties, c'est que celle-ci n'est pas une discipline ou une méthode philosophique que l'on pourrait caractériser de manière monolithique. Il s'agit bien plutôt d'une « tradition », celle inaugurée par Frege et poursuivie par Russell, Moore, Carnap et les différents membres de l'École de Lvov-Varsovie. Qu'est-ce à dire ? La tradition analytique est, avant tout, un ensemble de problématiques, de manières d'y répondre, et surtout un certain style philosophique, lesquels peuvent se modifier ou se renouveler au fil du temps, et non une méthode qu'au final personne n'applique jamais de manière stricte. Les pères fondateurs que sont Frege, Russell ou Moore sont les dépositaires de ce style dont leurs continuateurs ont hérité, mais sans l'avoir forcément reproduit servilement. Cette approche plus souple de la caractérisation de la philosophie analytique a, selon nous, le mérite de ne pas provoquer des exclusions arbitraires par l'utilisation de critères trop stricts. Elle s'applique particulièrement bien à la métaphysique analytique. Nous en voulons pour preuve le mode d'exposition de la majorité des introductions à ces recherches philosophiques, lesquelles ressemblent bien souvent plus à un exposé d'une suite de problèmes et de thématiques, qu'à un *compendium* systématique organisé autour d'une définition rigide de ce qu'est la métaphysique. Mentionnons, à cet égard, quelques problématiques phares :

(1) La question du nominalisme et du réalisme.

(2) La question de la substance et des objets spatiotemporels (quadridimensionalisme).

(3) La question des propriétés, des concepts et des tropes.

(4) La question des événements.

(5) La question de la composition, de l'unité et de l'intégrité des objets.

(6) La question des vériporteurs et des vérifacteurs.

(7) La question de l'existence et des différents modes d'être.

(8) La question de la nature du temps et du changement.

(9) La question des modalités et des mondes possibles.

(10) La question de la forme.

(11) La question de l'identité.

(12) La question de l'essence.

(13) La question de l'abstrait et du concret.

(14) La question de la causalité.

Chacun des thèmes présents dans ces questions sera abordé, directement ou indirectement, dans ce volume. Ils sont avant tout d'ordre ontologique, mais ne relèvent pas de ce seul domaine. Certains d'entre eux recouvrent également les domaines de la philosophie de l'esprit, de la logique ou de la théorie de la connaissance. La métaphysique analytique n'est donc certainement pas fermée sur elle-même, mais elle est, au contraire, fondamentalement ouverte sur d'autres branches de la philosophie.

* *
*

Cet ouvrage a pour but de faire connaître à un plus large public ce domaine, encore relativement peu connu dans le monde francophone, de la métaphysique analytique, particulièrement dans sa veine ontologique. Il s'agit également de montrer qu'il fait l'objet de recherches diverses et intéressantes en Belgique. Nous n'avons évidemment pas pu en aborder tous les aspects, mais nous espérons que le lecteur découvrira dans ce volume un domaine de recherche vivifiant et digne d'étude.

Les articles regroupés dans ce recueil sont issus presque entièrement de la journée d'étude que nous avons organisée avec Philippe Kreutz à l'Université Libre de Bruxelles le 29 janvier 2010 sur « La métaphysique analytique : thèmes et enjeux ». Qu'il nous soit permis de remercier ici le Centre National de Recherches de Logique, le Laboratoire de Linguistique Textuelle et de Pragmatique Cognitive, ainsi que le Centre d'Ontologie Formelle et de Logique Développementale de l'Université Libre de Bruxelles, sans qui nous n'aurions pu organiser cette journée d'étude. Nous remercions également l'Université Libre de Bruxelles qui a bien voulu l'accueillir et Peter Simons qui, par sa longue et sage expérience de la métaphysique analytique, l'a, en quelque sorte, patronnée.

Sébastien RICHARD
Aspirant du F.N.R.S. - Université Libre de Bruxelles

STRUCTURE(S)

L'IMPORTANCE DES STRUCTURES

Le terme de « structure » apparaît très fréquemment, que ce soit dans le discours scientifique ou dans la vie de tous les jours. À l'origine, il signifiait le processus de construction et, par extension, quelque chose de construit, venant du latin *struere*, construire. Il s'agit, encore aujourd'hui, d'une des significations de ce mot, comme dans la phrase « Plusieurs structures ont été endommagées par le tremblement de terre ». En ce sens, une structure peut être une maison, une usine, un gratte-ciel, un palais ou un autre bâtiment, mais également un pont, une tour, un pylône ou un autre objet bâti ou con*struit* et demeurant en place. En un sens plus large, et qui est plus important pour notre propos, ce mot signifie la manière dont les parties d'un objet complexe sont arrangées ou se trouvent en relation les unes avec les autres. Ceci s'appliquera de manière typique aux objets complexes concrets, pas seulement aux bâtiments et autres structures architecturales, mais aussi à des artéfacts tels que des voitures, des bateaux, des avions et d'autres moyens de transport, ainsi qu'à des choses telles que des meubles, des ordinateurs, etc. ; également à des organismes vivants, leurs cellules et leurs autres parties ; même les molécules et les atomes sont dits avoir une structure, tout comme le sont des objets tels que des planètes, des étoiles, des systèmes solaires, des galaxies et l'univers tout entier. Le terme s'applique aussi à des choses abstraites telles que des poèmes, des symphonies, des théories et des objets mathématiques, comme des groupes et des espaces topologiques.

Autrement dit, le mot « structure » est extrêmement général et s'applique dans tous les domaines. Ceci montre qu'il relève de la métaphysique. Il n'y a qu'une seule sorte de choses dont il est faux, de manière évidente, de dire qu'elles possèdent une structure, ce sont celles qui manquent totalement de parties propres : des atomes métaphysiques ou méréologiques. Dans d'autres cas, nous renâclons fortement à l'idée de décrire une chose comme ayant une structure, si cette chose apparaît comme informe, par exemple un nuage, une masse de boue, et autres masses de matières plus ou moins homogènes. Même dans ces cas, il peut y avoir, en fait, une structure, si ce n'est qu'elle n'est pas évidente ou saillante : par exemple, les météorologistes considèrent une tempête de cumulonimbus comme ayant une structure assez bien définie. Une autre situation dans laquelle nous pouvons avoir quelque gêne à utiliser le terme de « structure » pour décrire l'arrangement de parties, c'est lorsque nous parlons de processus tels que le vieillissement ou le développement d'une maladie. Nous parlerons, bien plus probablement, de la *forme* du processus. La tendance à procéder de ce cette manière se nourrit clairement de l'idée que quelque chose de structuré est stable et persiste à travers le temps à la manière d'une chose ou d'un continuant. Néanmoins, la notion générale de structure que nous allons décrire cidessous s'applique aussi bien aux processus et aux événements qu'aux structures plus statiques, donc nous n'aurons pas de scrupule à appliquer ce terme de la manière la plus large possible. De toute façon, l'idée qu'un processus possède une structure n'est pas absurde, et de tels usages se rencontrent : il s'agit simplement d'une question, pour ainsi dire, de sensibilité lexicale.

Même un coup d'œil superficiel aux textes que nous rencontrons dans la vie de tous les jours, et plus spécifiquement aux textes scientifiques, nous montre que le terme de « structure » est appliqué de manière très large, et remplit donc clairement un besoin. Plusieurs sciences ont connu des tendances ou donné lieu à des théories mettant l'accent sur la structure : nous avons pour habitude d'appeler « structuralisme » de telles tendances théoriques. La linguistique structuraliste de Ferdinand de Saussure et l'anthropologie structuraliste de Claude Lévi-Strauss en sont deux exemples parmi les plus anciens et les plus connus. En philosophie contemporaine des mathématiques, une conception des objets mathématiques parmi les plus populaires, et certainement les plus plausibles, est celle qui en fait des structures, actuelles ou possibles, réelles ou abstraites, donnant lieu à plusieurs formes apparentées de structuralismes. Une notion extrêmement importante en sémantique logique et en théorie des modèles est celle de vrai-dans-une-structure. Une tendance contemporaine forte en philosophie des sciences est le réalisme structurel, selon lequel ce ne sont pas tant des objets que des structures que la science décrit et qui sont généralement conservées malgré un changement de théorie. Nous rencontrons à nouveau différentes versions de ce réalisme structurel, mais je n'irai pas ici dans les détails. Je désire simplement souligner l'importance de la notion de structure à la fois dans les sciences et en tant que description philosophique de l'objet des différentes sciences. La structure est souvent soulignée dans l'interprétation des œuvres d'art et de l'art en général : presque toute description d'une peinture de la Renaissance ou d'une symphonie classique consacrera de nombreux mots à la description de la structure de l'œuvre.

Dans tous ces travaux, la notion de structure, à de rares exceptions près, est simplement admise et n'est pas explicitement définie. Cela n'est peut-être pas étonnant, étant donnée la très grande généralité de cette notion, mais est néanmoins regrettable. C'est pourquoi nous en proposerons une définition un peu plus loin dans cet article.

UN PROBLÈME EN ONTOLOGIE : LA COMPOSITION

En méréologie standard, ou théorie des touts et des parties, il y a un axiome, appelé le « principe de somme », selon lequel n'importe quelle collection, ou multitude, quelconque d'individus (étant donné seulement qu'il y a au moins un tel individu) produit ou *compose* un individu supplémentaire, appelé leur *somme* ou leur fusion méréologique. Supposons que nous ayons plusieurs individus M, où l'expression 'M' est un *terme pluriel*, c'est-à-dire un terme dénotant chacun de ces individus, et aucun autre. Si l'individu a est un des individus M, alors, selon la notation de Leśniewski, nous écrivons '$a \, \varepsilon \, M$' et disons que « a est un des M ». Nous écrivons maintenant la relation de chevauchement méréologique, c'est-à-dire le fait d'avoir une partie en commun, au moyen du prédicat relationnel '$\circ$'. La somme méréologique des M a la propriété définitoire qu'un individu la chevauche si et seulement s'il chevauche au moins un des M :

$$(\forall x)^\ulcorner x \circ \Sigma M \equiv (\exists y)^\ulcorner y \, \varepsilon \, M \wedge x \circ y^\urcorner{}^\urcorner$$

Le principe de somme nous dit que, pour n'importe quelle collection, ou multitude, M d'individus, la somme ΣM existe. L'idée selon laquelle n'importe quelle collection, ou pluralité, arbitraire d'individus compose un autre individu est hautement contre-intuitive, puisque plusieurs individus M peuvent être abstraits, venir de catégories ontologiques très différentes, et, même s'ils appartiennent tous à une seule catégorie, ils peuvent être fortement séparés dans l'espace et dans le temps et n'avoir aucune connexion les uns avec les autres. Pour cette raison, de nombreux ontologues en sont venus à rejeter le principe de somme. Mais, intuitivement, de nombreuses choses sont composées de parties, de sorte que la question se pose de savoir sous quelles conditions une collection d'individus *M* compose un autre individu. Peter van Inwagen, qui, le premier, a soulevé cette question sous cette forme, l'appelle la « question spéciale de la composition ». Dans ce qui suit, je laisserai tomber l'épithète « spéciale ».

Il y a deux réponses extrêmes parmi les réponses possibles à la question de la composition. L'une est celle qui est directement fournie par le principe de somme lui-même : n'importe quelle collection d'individus compose un autre individu. Nous pouvons l'appeler l'*universalisme* (compositionnel). À l'autre extrême se trouve le *nihilisme* (compositionnel), selon lequel aucune pluralité d'individus ne compose jamais un autre individu. Si cela était vrai, alors le monde ne consisterait qu'en une vaste collection d'atomes (méréologiques), ou choses simples : à strictement parler, il n'y aurait pas d'êtres humains, de maisons, de montagnes ou de planètes. Il semble certain que la vérité gît entre ces deux extrêmes, que certaines collections composent réellement d'autres individus, alors que d'autres ne le font pas. La question est alors : quand les collections d'individus composent-elles réellement d'autres individus ? Ma réponse spéculative est la suivante : lorsque l'individu ainsi composé possède une structure. Voilà, selon moi, l'une des raisons *métaphysiques* principales de l'importance de la notion de structure.

DÉFINIR LA NOTION DE STRUCTURE

Il nous incombe alors de fournir une définition de la notion de « structure ». Commençons avec un individu *a* (existant actuellement). Puisque, si *a* était un atome, c'est-à-dire s'il n'avait pas de parties propres, il n'aurait pas de structure, nous pouvons exclure le cas où *a* est un atome. Donc, nous supposerons que *a* possède plusieurs parties (propres). Mais pour que *a* soit structuré, il n'est pas nécessaire que nous considérions toutes ses parties, et c'est en particulier le cas de celles qui sont des parties d'autres parties. Ainsi, nous restreindrons notre attention aux collections de parties de *a* qui sont toutes disjointes les unes des autres. Deux objets qui sont disjoints, sont deux objets qui ne se chevauchent pas : nous utiliserons le symbole '$\mathord{\mid}$' pour le disjointement (*disjointness*), de sorte que nous écrirons '$x \mathrel{\mid} y$' lorsque *x* et *y* sont disjoints. Une collection d'objets M est une collection disjointe, et nous écrivons 'disj(M)', lorsque n'importe quelle paire de membres de M est disjointe :

$$\text{disj}(M) \equiv (\forall xy)^\ulcorner x \; \varepsilon \; M \wedge y \; \varepsilon \; M \wedge x \neq y \supset x \lfloor y^\urcorner$$

Nous définissons ensuite ce que cela signifie pour une collection d'individus M de *couvrir* un individu a. Cette définition rappelle les idées utilisées en définissant la somme, mais nous nous abstiendrons délibérément d'utiliser ce terme. Nous dirons que M couvre a si et seulement si toute partie de a chevauche au moins un des M :

$$M \text{ cov } a \equiv (\forall x)^\ulcorner x < a \supset (\exists y)^\ulcorner y \; \varepsilon \; M \wedge x \circ y^{\urcorner\urcorner}$$

Une partition de a est une collection disjointe de parties de a qui couvre a :

$$M \text{ ptn } a \equiv (\forall x)^\ulcorner x \; \varepsilon \; M \supset x < a^\urcorner \wedge \text{disj}(M) \wedge M \text{ cov } a$$

Puisque tous les membres d'une partition de a sont des parties de a, il s'ensuit qu'ils couvrent a exactement, c'est-à-dire qu'aucun d'entre eux ne possède de partie qui ne soit également une partie de a, de sorte qu'ils ne pourraient pas couvrir un objet dont a est une partie propre.

Jusqu'à présent, nous avons enquêté sur les propriétés méréologiques formelles des parties de a. Pour que a ait une structure dans laquelle ces parties jouent un rôle, nous devons maintenant rendre intelligible l'idée d'un arrangement des parties. La structure d'un objet complexe est déterminée par la manière dont ses parties se trouvent les unes par rapport aux autres. Ce sont les relations qui vont nous permettre d'expliciter cette idée. Le terme d'« arrangement » a une connotation fortement spatiale ; il suggère l'idée que les parties sont à différents endroits ou se trouvent dans des relations spatiales les unes par rapport aux autres. Cela est en effet important dans de nombreux cas, par exemple lorsque nous considérons la structure d'un objet physiquement étendu, comme une arche ou un cœur humain. Mais, en tenant compte du fait que nous pourrions vouloir considérer des structures d'objets abstraits, nous ne ferons pas de la spatialité une composante de notre définition. Nous procéderons plutôt, pour le moment, de manière uniquement formelle. Ainsi, nous considérerons qu'il y a certaines relations entre les individus M qui forment une partition de a. Nous nous concentrerons sur les relations binaires. Que ceci soit une réelle restriction est un point discutable, mais nous ne l'aborderons pas ici. Les relations binaires sont certainement de la plus haute importance lorsque nous envisageons les structures, et c'est pourquoi nous nous restreindrons à leur seule considération.

De la même manière que nous avons supposé une pluralité d'individus, nous allons également supposer que nous avons affaire à au moins un type de relations, peut-être plus d'un. Soit R ces relations : nous considérerons différentes relations R_1, R_2, etc., comme étant des membres de R. Nous supposerons que toutes les relations issues de R ont comme termes des membres de M, et seulement eux : cela signifie que le champ de chaque relation R_i dans R est composé seulement de membres de M. La nature des relations dans R variera selon les cas. Supposons, par exemple, que S a lieu entre a_i et a_k. Nous avons alors a_i S a_k. Maintenant, pour que R définisse une structure de a, nous avons besoin de plusieurs conditions. Nous savons déjà que R_j dans R s'applique seulement aux membres de M. Nous exigeons également que tout membre de M se trouve dans une certaine relation de R avec un certain autre membre de M, de sorte que rien ne se retrouve isolé.

$$(\forall x)^{\ulcorner} x \ \varepsilon \ M \supset (\exists S)^{\ulcorner} S \ \varepsilon \ R \wedge (\exists y)^{\ulcorner} y \ \varepsilon \ M \wedge x \neq y \wedge x \ S \ y^{\urcorner\urcorner\urcorner}$$

Pour qu'il n'y ait qu'une seule structure pour le tout a, et non deux, ou plus, structures séparées dans a, nous exigeons que toutes les parties dans M soient liées directement ou indirectement les unes aux autres via des membres de R. Afin de formuler cela, nous prenons tout d'abord chaque membre de R et le disjoignons de sa relation converse ; nous disjoignons alors toutes ces disjonctions pour obtenir une relation $\mathrm{Lk}\,(R)$ (signifiant « lien de R »), et finalement nous prenons la relation ancestrale $^*(\mathrm{Lk}\,(R))$. Nous exigeons alors que tout membre de R soit lié à tout autre membre de M au moyen de cette relation $^*(\mathrm{Lk}\,(R))$. Cela permet de garantir ce que nous désirons.

En dénotant la converse de S au moyen de $\check{S}$, nous formons :

$$\mathrm{Lk}\,(R) = \bigvee_{S \ \varepsilon \ R} {}^{\ulcorner} S \vee \check{S}^{\urcorner}$$

La relation ancestrale $^*(\mathrm{Lk}\,(R))$ est alors définie de la manière habituelle. Nous exigeons ensuite que :

$$(\forall xy)^{\ulcorner} x \ \varepsilon \ M \wedge y \ \varepsilon \ M \supset x \ ^*(\mathrm{Lk}\,(R)) \ y^{\urcorner}$$

Ce que cela nous dit, c'est que la structure est *connectée* : toute paire de parties de cette structure est liée par une relation R, de sorte que toutes les parties sont liées les unes aux autres. La relation ancestrale d'une relation permet qu'une chaîne de liens entre les membres de M, par l'intermédiaire des membres de R, soit de longueur finie. Cela fonctionne pour les structures concrètes, parce qu'elles sont sans doute toutes finies, mais pas nécessairement pour toutes les structures mathématiques.

Étant donné un individu a, une partition M de a et une collection de relations R satisfaisant les conditions de connectivité, nous appelons la double collection $M; R$ un *système de connectivité*. Nous disons qu'il s'agit d'une *structure* pour a, et l'écrivons 'Str$(a, M; R)$'.

Ceci définit un niveau unique de structure, à savoir celle pour a, en tant que partitionné en M. Nous pouvons l'appeler une structure *simple*, reflétant ainsi le fait qu'elle définit une seule couche de structure, mais pas nécessairement à combien de membres M et R nous avons affaire. Cependant, les objets du monde réel ont habituellement plusieurs couches de structures. Nous définissons une structure *à deux niveaux* pour un individu a comme étant une structure dans laquelle certaines ou toutes les parties en lesquelles a est partitionné sont elles-mêmes structurées par quelque partition et système de connectivité. Nous pouvons convenir que les parties de ces structures sont elles-mêmes aussi structurées, donnant lieu à une structure à trois niveaux, et continuer ainsi à descendre de partition en partition de plus en plus fine, jusqu'à atteindre des parties qui ne sont pas structurées, ou sinon simplement nous arrêter. Nous appelons le résultat de cette opération une structure *ramifiée* pour a. Nous supposerons que la profondeur d'une ramification structurale est toujours finie, nous restreignant à nouveau aux cas concrets.

Donc, étant donnée une pluralité d'individus P, quand ceux-ci composent-ils un autre individu ? Notre réponse provisoire est la suivante : lorsqu'ils sont disjoints par paires, et lorsqu'il y a un système de relations Q faisant de $P; Q$ un système de connectivité. Il y a alors un objet Wh$(P; Q)$ totalement composé d'une pluralité d'individus P structurée par Q. Nous affinerons légèrement cette solution dans ce qui suit, mais, pour l'essentiel, il s'agit là de notre réponse à la question de la composition.

DES EXEMPLES DE STRUCTURES

Un avion moderne est une structure complexe. Il se compose de plusieurs parties principales, parmi lesquelles figurent le fuselage, les ailes, le gouvernail, les volets, les moteurs, le train d'atterrissage, les parties qui les lient telles que le support de montage du moteur, ainsi que les systèmes mécaniques, électroniques et hydrauliques qui courent à travers l'avion et le rendent opérationnel. Chacune de ces parties est elle-même un assemblage plus ou moins complexe, les ailes et les moteurs étant les plus complexes. Ceux-ci aussi se composent de sous-assemblages plus petits et plus simples, jusqu'à ce que nous atteignions des parties qui ne sont pas elles-mêmes des sous-assemblages, mais sont manipulées comme des touts durant l'assemblage. Ces parties simples possèdent leur propre structure physique, matériel et géométrique, mais, pour les buts de l'assemblage, sont traitées comme étant des unités indivisibles. Elles comprennent des choses telles que des lames de turbines, des roulements à billes, des arbres, des rivets, des sections de tuyau, etc. Des matériaux tels que de la colle et de la soudure permettent encore de construire l'avion. Un grand avion de ligne civil ou un avion militaire peuvent contenir des centaines de milliers de parties. Les relations entre ces parties sont avant tout spatiales : les avions sont fabriqués d'une manière qui fixe précisément toutes les positions relativement au nez. Mais, des relations d'interaction physique jouent également un rôle important : c'est la manière dont des parties telles que les moteurs déplacent des fluides dans les systèmes hydrauliques qui contrôlent l'altitude de vol de l'avion, et les parties doivent s'assembler et se déplacer correctement en relation les unes avec les autres pour que cela se produise. Dans le design industriel moderne, l'agencement des parties est conçu en utilisant des systèmes de conception assistée par ordinateur, qui fournissent des modèles géométriques tridimensionnels précis des parties ayant des formes complexes, et permettent de concevoir des changements de forme dans une partie qui seront répercutés par des changements compensatoires dans les parties adjacentes. Pour qu'un avion fonctionne correctement, d'autres « parties », évidemment temporaires, telles que l'essence, l'huile, l'eau et l'air sont requises. Celles-ci ne sont pas répertoriées parmi les parties, parce que leur présence est relativement brève, mais elles sont bien sûr essentielles au fonctionnement de l'avion.

Un deuxième exemple d'objet structuré complexe nous est donné par le cœur humain, avec son enveloppe musculaire enclose dans un sac à double paroi, le péricarde, ses différentes valves, et le réseau de vaisseaux sanguins qui le desservent et en sont des parties, tout comme la connexion avec les veines caves qu'il sert dans sa fonction de pompe complexe. Quatre caractéristiques du cœur sont particulièrement importantes : ses quatre chambres, les oreillettes et ventricules gauches et droits. Ceux-ci ne sont pas des parties du cœur, mais des cavités à l'intérieur de lui, s'adaptent en taille et en forme tout au long du cycle d'un battement de cœur. Ce sont les espaces au travers desquels le sang circule lorsque le cœur pompe, et ce ne sont donc évidemment pas des parties du cœur en tant que tel, mais ce sont là, en vertu de la forme anatomique des parties du cœur qui les entourent, les parois internes de ces cavités. Comme dans le cas de l'avion, toutes les parties du cœur sont physiquement connectées les unes aux autres, directement ou indirectement, de sorte qu'elles forment un corps compact unique lié aux artères et aux veines du système circulatoire, et relativement libre d'attachement à l'intérieur de la cage thoracique.

Ces exemples montrent que, pour de nombreux objets réels complexes tels que des organismes et des artéfacts, la description de la structure de l'objet nous fournit seulement une partie de l'information importante le concernant. Tout aussi importante est la description du mode de fonctionnement, et des fonctions respectives des différentes parties dans le fonctionnement du tout. Dans le cas à la fois des organismes et des artéfacts, la nature des relations réciproques des parties est intimement liée à la fonction qui est la leur. Les parties d'un moteur à réaction sont toutes impliquées, directement ou indirectement, dans ce qui fournit la poussée qui permet de propulser l'avion durant le vol, tandis que les muscles du cœur, les cavités et la structure nerveuse sont tous impliqués dans le pompage du sang désoxygéné dans les poumons et dans le pompage du sang oxygéné dans le corps. Tout cela est évidemment bien connu, mais devrait nous rappeler que la structure n'est dans de nombreux cas qu'une partie de l'histoire de l'unité des objets complexes. La tendance des ontologues à se concentrer sur la méréologie, aussi bénéfique qu'elle ait pu être après des décennies de sémantique et de théorie des ensembles en ontologie, a elle-même failli conduire à insister de manière unilatérale sur l'aspect statique des objets, au prix de leur dynamique. La science et l'ingénierie, par contre, ne peuvent se permettre de négliger la dynamique des objets, même là où, comme dans le cas des touts inorganiques allant des noyaux atomiques aux galaxies, il n'est pas question de fonction.

LES STRUCTURES RAMIFIÉES PRODUISENT DES STRUCTURES SIMPLES

Une structure ramifiée nous fournit des informations sur un individu complexe à différents niveaux de structuration, étant données les parties qui sont les siennes et leurs relations à chaque niveau. En prenant les individus aux niveaux inférieurs d'une structure ramifiée, ceux qui ne sont pas structurés, ou pour lesquels la structure n'est pas prise en compte, nous pouvons soulever la question de savoir si ces individus structurent le tout au sommet du système ramifié. Nous montrerons que la réponse est « oui ». Nous pouvons en tout cas l'espérer et nous y attendre : un être humain est structuré par un squelette, des muscles, un système nerveux, un système digestif, etc., et ceux-ci, à leur tour, sont structurés par des organes et des tissus, et ceux-ci encore par des cellules. Nous espérerions et nous nous attendrions à ce qu'un être humain soit composé d'une grande collection de cellules. En-deçà, ces dernières sont composées de substances chimiques, d'atomes, etc., jusqu'aux particules fondamentales. Peter van Inwagen a soutenu que l'existence de multiples couches de structures fait qu'il est impossible de considérer le tout original comme étant structuré par les parties inférieures ou ultimes. Nous allons démontrer que cet argument n'est pas correct, en montrant comment générer une structure unique à partir d'une structure ramifiée.

Tout d'abord, supposons qu'un individu a soit structuré par $M; R$, c'est-à-dire que nous ayons Str $(a, M; R)$. Supposons, de plus, que quelques ou tous les M sont eux-mêmes structurés, par exemple Str $(a_1, M_1; R_1)$, Str $(a_2, M_2; R_2), \ldots,$ Str $(a_n, M_n; R_n)$. Nous allons d'abord montrer que la collection $N = M_1 \cup M_2 \cup \ldots \cup M_n$ est une partition pour a. Premièrement, tous les membres de cette union sont des parties de parties de a et sont donc des parties de a. Deuxièmement, puisque chaque M_i est une partition disjointe, et M est également une partition disjointe, l'union N est également une partition disjointe de a. Finalement, les membres de l'union N couvrent a, parce que n'importe quelle partie de a chevauche quelque membre de M et tout ce qui chevauche un membre quelconque de M chevauche quelque membre de la partition de ces membres de M, et donc N couvre a. Par conséquent, N est une partition de a.

Ensuite, nous allons montrer qu'il y a des relations qui structurent a uniquement sur la base des individus N. Évidemment, puisque chaque membre de M est structuré, les parties en lesquelles il est partitionné ont chacune leur propre système de connectivité. Donc, les cas que nous devons considérer sont ceux concernant des relations liant des membres de N qui sont dans des parties différentes de la partition de a donnée par M, par exemple les parties a_1 et a_2. Comme a_1 et a_2 sont dans la structure de a, il y a au moins une relation S de Cn (R) telle que a_1 S a_2. N'importe quelle partie de a_1 dans la partition M_1 et n'importe quelle partie de a_2 dans la partition M_2 sont, dès lors, liées par la relation $</S/>$, qui est le produit relatif de la relation de partie, $<$, avec S et avec la converse, $>$, de la relation de partie : parce que $a_{1i} < a_1$, a_1 S a_2 et $a_{2j} < a_2$, par définition du produit relatif, nous avons que $(\exists xy)^\ulcorner a_{1i} < x \wedge x$ S $y \wedge y > a_{2j}^\urcorner$, donc $a_{1i} </S/> a_{2j}$. N'importe quelle partie de a_1 dans la partition M_1 et n'importe quelle partie de a_2 dans la partition M_2 sont dès lors liées par la relation $</S/>$. Cette forme de lien indirect fonctionne pour n'importe quelle paire de membres de N. Ainsi, pour avoir $\text{Str}(a, N; R\%)$, il faut que $R\%$ soit l'union $R \cup R_1 \cup R_2 \cup \ldots \cup R_n \cup <$, et alors, en vertu de notre définition d'un système de connectivité, la collection $R\%$ de relations génère un système de connectivité utilisant $^*(\text{Lk}(R\%))$, et chaque élément de N est lié à tout autre. D'où $\text{Str}(a, N; R\%)$. La seule information perdue est l'identité des parties $a_1, \ldots, a_n$ partitionnant a. Nous conservons, via le produit relatif, le fait qu'il y ait de telles parties, mais elles servent simplement d'étapes anonymes intermédiaires dans les liens entre les différents membres de N.

Cette réduction d'un système ramifié à deux niveaux à un système simple peut clairement être répétée aussi souvent que nous le désirons, de sorte que, pour toute structure ramifiée structurant un individu, il y a une structure simple structurant ce même individu et basée sur les parties ultimes (non intermédiaires) de a. Ceci est de toute évidence en accord avec notre intuition préthéorique, selon laquelle si certains objets en composent d'autres et ceux-ci un plus grand, les premiers objets composent le troisième. De plus, nous sommes capables de montrer comment la structuration a lieu, ainsi que nous nous y attendions : la structuration à chaque niveau est liée aux niveaux directement supérieur et inférieur via la relation de partie à tout. Et, si deux parties dans la partition de a sont liées par plus d'une relation, disons S et T, cette information est également conservée, puisque les deux relations composées $</S/>$ et $</T/>$ sont présentes dans $^*(\text{Lk}(R\%))$.

Puisque les structures ramifiées produisent des structures simples, nous n'avons pas besoin d'affiner notre proposition selon laquelle un tout composé est composé d'objets P disjoints si et seulement si un système de connectivité $P; Q$ existe. Lorsqu'un objet est structuré par un système ramifié de parties, il est également structuré par une structure simple. La seule légère modification que nous pourrions vouloir apporter à notre critère est celle qui tient compte du cas où les objets P ne sont pas tous disjoints par paires, par exemple si certains se chevauchent ou si l'un est une partie d'un autre. Dans ce cas, je pense que nous pouvons proposer, en toute sécurité, que P compose un objet, au sens où il le produit en accord avec l'idée d'un recouvrement exact plutôt que d'une partition, si et seulement si il y a quelque décomposition des membres de P en une collection P^+ telle que (i) chaque membre de P est recouvert (dans certains cas, de manière triviale, et dans d'autres non) par les membres de P^+ et (ii) il y a un système de connectivité $P^+; R$ tel que $\text{Wh}(P^+; R)$. La collection non disjointe P peut être considérée comme composant ce tout de manière dérivée, en vertu du fait que P^+ le compose.

Isomorphisme structurel

Dans quelles circonstances, deux objets composites ont-ils la même structure, ou, comme un nominaliste préférerait sans doute le dire, ont-ils des structures exactement similaires ? Quand est-ce que deux objets sont structurellement isomorphes ? Ici, nous pouvons chercher du secours auprès des mathématiques, en ce qu'elles définissent des isomorphismes pour toutes sortes de structures. Soit deux systèmes de connectivité $M;R$ et $N;S$. Ils sont alors isomorphes si et seulement si il y a une bijection $f : M \to N$ et une bijection $g : R \to S$ telles que des objets correspondants de M et N se trouvent dans des relations correspondantes :

$$M;R \text{ isom } N;S \equiv (\forall xyT)^{\ulcorner}(x \, \varepsilon \, M \wedge y \, \varepsilon \, M) \supset (x \, T \, y \equiv f(x) \, g(T) \, f(y))^{\urcorner}$$

La relation isom est clairement une équivalence sur des systèmes relationnels, de sorte qu'en abstrayant avec elle, nous pouvons dire que l'*abstractum* est *la* structure qu'ils ont en commun.

À l'exception des mathématiques où n'importe quel type d'isomorphisme structurel a de l'importance, dans la vie réelle, un isomorphisme structurel a de l'importance, par exemple, en chimie, en biochimie, en biologie, en ingénierie. Dans cette dernière, une maquette est structurellement isomorphe à son modèle à échelle réelle modulo des détails trop petits pour être capturés dans la maquette ou qui sont omis pour des raisons pratiques. Des relations de taille relative, de distance et d'angle des parties correspondantes sont invariantes par changement d'échelle. Ainsi que le montre cet exemple, des isomorphismes peuvent être restreints, en ce que deux objets structurellement similaires peuvent partager certaines caractéristiques structurelles, mais pas certaines autres. Nous pouvons tenir compte de cela dans notre définition en autorisant une certaine variabilité parmi les relations prises dans un système de connectivité. Ainsi, une maquette ne sera pas isomorphe à son modèle à échelle réelle si nous exigeons que les distances entre les parties correspondantes soient conservées par la bijection, mais elle le sera si nous relâchons cette contrainte pour exiger que ne soient préservées que les seules distances *relatives*, de sorte que, par exemple, si une voiture est trois fois plus longue que large, alors son modèle réduit devrait également être trois fois plus long que large. Nous permettons ainsi à un plus grand nombre de choses d'avoir la même structure. La pléthore de variétés que le changement de relations autorise est une mesure de la flexibilité et de l'ouverture de la notion de structure, mais aussi de son utilité, ce qui est une des caractéristiques que nous désirions capturer dans notre définition.

Éviter la trivialité au moyen des vérifacteurs relationnels

Jusqu'à présent, nous avons parlé des relations en tant qu'elles nous fournissent les liens entre les parties d'un tout pour nous donner sa structure. Mais, si nous ne sommes pas prudents, ceci pourrait n'être qu'une trivialité, en ce que n'importe quelle collection d'objets disjoints peut être liée dans un système de connectivité, et ainsi constituer la structure d'un tout. Puisque n'importe quelle collection arbitraire d'objets peut voir ses éléments décomposés en parties disjointes, cela signifierait que n'importe quelle collection d'objets produirait un tout, et nous arriverions alors à l'universalisme compositionnel, simplement par une voie détournée et totalement superflue. Étant donnée une collection quelconque d'objets, décomposons d'abord tous ceux qui partagent des parties, jusqu'à ce que nous ayons une collection disjointe D. Ensuite, prenons la relation universelle $V|_D$ restreinte à cette collection. Elle vaut entre n'importe quelle paire d'objets : $(\forall xy)\ulcorner x \text{ V } y\urcorner$. Une manière simple de définir V est la suivante :

$$(\forall xy)\ulcorner x \text{ V } y \equiv x = y \vee x \neq y\urcorner$$

La restriction de V à D nous donne l'équivalence suivante :

$$\forall xy\ulcorner x \text{ V}|_D\ y \equiv x\ \varepsilon\ D \wedge y\ \varepsilon\ D\urcorner$$

Cette relation est, de manière triviale, sa propre converse et sa propre relation ancestrale ; ainsi $D; V|_D$ est trivialement un système de connectivité, et nous pouvons aussi bien appeler le tout qu'il constitue la somme ΣD et nous en tenir à cela.

Évidemment, si nous voulons éviter ce résultat indésirable, nous devons, d'une manière ou d'une autre, restreindre les relations que nous pouvons utiliser dans un système de connectivité. Cela est plus facile à dire qu'à faire. Exclure simplement quelques fauteurs de troubles, comme la relation universelle V ou la relation de différence ≠, est dénué de sens, parce que cela ne nous fournit aucun diagnostic de ce qui ne va pas dans de tels cas ; cela ne revient qu'à les empêcher de se produire lorsqu'ils surgissent. La suggestion que nous allons faire est spéculative, elle est fondée sur une hypothèse métaphysique provisoire. Cependant, elle vaut la peine d'être considérée indépendamment, de sorte qu'elle n'est pas seulement *ad hoc*.

Malgré les avancées en *logique* des relations, dues à De Morgan, Peirce, Russell et d'autres, la *métaphysique* des relations, elle, demeure encore peu explorée et mal comprise. Durant la période pendant laquelle la métaphysique était considérée avec suspicion et, soit complètement

évitée, soit poursuivie avec précaution sous la bannière de la philosophie de la logique et du langage, il était plutôt rare que la question de
la nature métaphysique des relations fût détachée des questions concernant leur logique et leur sémantique. Un domaine dans lequel la controverse métaphysique persistait cependant, et s'embrasait même de temps
en temps, fut la question, très discutée vers le tournant du vingtième
siècle, de savoir si toutes les relations sont internes ou externes, ou peut-
être certaines internes et d'autres externes. Une relation interne était alors
comprise comme une relation essentielle à ses termes : s'ils existaient,
ils ne pouvaient pas ne pas être liés de la sorte. Russell, s'opposant à
Bradley (qui ne soutenait pas que les relations sont internes, mais qu'elles
n'existent pas), considérait que toutes les relations sont externes, tandis
que Moore, plus prêt à faire des concessions, pensait que certaines relations sont internes et d'autres externes. Depuis le regain d'intérêt partiel
pour l'idée de caractéristiques essentielles, dû principalement à Kripke, il
est possible de reconsidérer les notions de relations externes et internes.
Étant donné une relation R, nous pouvons dire qu'elle est interne aux
objets a et b s'il est nécessaire que, si a et b existent, alors ils se trouvent
dans cette relation :

$$\Box(E!a \land E!b \supset a\,R\,b)$$

À ce niveau, nous ajoutons une autre dimension à notre discussion, à
savoir la notion de *vérifacteur*. Ce n'est ni le lieu ni le moment pour
défendre la pertinence de ce concept. Nous énoncerons simplement l'idée
selon laquelle un vérifacteur est un objet – ou plusieurs objets – en vertu
de l'existence duquel une proposition est vraie. Cet objet, ou ces objets, est
appelé un vérifacteur pour la proposition en question. Si un seul individu
a rend une proposition p vraie, nous écrivons alors que $a \models p$. Une idée
raisonnable à propos de la notion de vérifacteur, bien que non dépourvue
d'un lustre indéfendable, consiste à dire que l'existence de a nécessite
que p :

$$\Box(E!a \supset p)$$

Si A désigne plusieurs individus dont l'existence nécessite, de manière
conjointe, que p, nous écrivons plutôt que :

$$\Box(EA \supset p)$$

où l'expression 'EA' signifie que tous les individus A existent. Si A
désigne seulement deux individus a et b, alors évidemment :

$$EA \equiv E!a \land E!b$$

De ce point de vue, si a et b sont liés de manière interne par R, alors a et b forment un vérifacteur pour la proposition $a R b$. Les exemples les plus évidents de relations internes qui viennent à l'esprit concernant deux entités a et b sont la relation universelle V et la relation de différence $\neq$, lesquelles sont sources de problèmes pour la théorie des structures et de la composition. Il y a en cependant d'autres : par exemple, si a et b sont deux événements tels que a se produit avant b, cette relation de préséance, a avant b, est interne à ces deux événements.

Si, maintenant, nous considérons la conception selon laquelle nous sommes ontologiquement engagés uniquement envers les entités que nous *devons* supposer exister de manière à ce que des propositions soient vraies (ce qui est une variante de la version quinéenne de l'engagement ontologique, dépouillée de sa formulation en termes de quantification du premier ordre), alors nous ne devons pas obligatoirement supposer qu'il y ait des relations internes en plus de leurs termes. Les termes serviront de manière tout à fait suffisante de vérifacteurs pour la proposition relationnelle. Pour cette raison, je ne pense pas qu'*il y ait* des relations internes, seuls les objets liés de manière interne et des prédications relationnelles vraies (des prédications relationnelles internes) sont rendus vrais par ces objets. Nous n'avons pas besoin de recourir aux *relations* internes à titre de sous-catégorie ontologique. Ceci laisse encore ouverte la question des relations externes. Il y a certainement des prédications relationnelles externes, comme le fait que ce livre repose maintenant sur la table. Pour cette sorte de prédication, la seule existence des termes de la relation ne suffit pas à rendre la proposition vraie, de sorte que quelque chose d'autre est requis, au moins dans les cas où nous considérons qu'il doit y avoir un vérifacteur.

Concernant la question de savoir ce que les vérifacteurs devraient être, nous avons ici affaire à plusieurs alternatives. Une solution largement répandue, défendue, entre autres, par Husserl, Russell, Wittgenstein et Armstrong, consiste à dire qu'un vérifacteur est un état de choses, par exemple l'état de choses que le livre est maintenant sur la table. Les états de choses constituent un choix évident et naturel, si on considère la conception selon laquelle les relations sont des universaux, car ce livre, cette table, cet instant et la relation d'être sur quelque chose pourraient tous exister sans que le livre soit maintenant sur la table, puisque l'existence de la relation serait garantie par l'être sur quelque chose de quelque chose d'autre. Mes propres préférences ontologiques, dont j'ai débattues plus longuement et à diverses reprises ailleurs, sont que le monde ne contient ni universaux, ni états de choses. Pour de nombreuses prédications atomiques positives, les vérifacteurs ne sont pas des universaux, mais des instances particulières d'entités dépendantes, ce que la tradition a appelé des accidents individuels, et qui sont généralement connus aujourd'hui sous le nom de tropes. Dans le cas des propositions relationnelles, de nombreux cas sont dus aux relations internes parmi les tropes de termes séparés, par exemple que John est plus lourd que Mary est vrai, du fait de l'existence du poids de John et du poids de Mary, qui sont des tropes particuliers, et de la relation d'être plus grand qu'entretiennent le trope de poids de John et le trope de poids de Mary entre eux. Donc, il n'y a rien d'intrinsèquement relationnel au sujet de telles comparaisons, à l'exception du fait que deux objets, ou plus, sont considérés ensemble. Par contre, certaines vérités relationnelles sont vraies du fait de l'existence, non des termes ou de leurs accidents personnels, mais du fait de quelque chose de réellement relationnel en soi. Par exemple, si le livre est lâché et heurte le sol, la vérité de *Le livre a heurté le sol* n'est garantie ni par le livre, ni par le sol, ni par les deux pris ensemble, mais, en suivant une théorie énoncée par Davidson et déjà esquissée par Russell et Ramsey, par l'occurrence d'un événement de heurt qui implique essentiellement le livre et le sol. Cet événement est existentiellement dépendant d'une double manière : il dépend à la fois du livre et du sol, mais il est quelque chose en plus d'eux et de leurs tropes de propriétés et leurs parties. Je l'appelle ainsi un *trope relationnel*. C'est un particulier, et non un universel, mais étant du type qui est le sien, il rend vraie une proposition générale, à savoir que le livre a heurté le sol. Si le livre heurtait le sol plus d'une fois, chacune de ces collisions rendrait vraie la même proposition, de sorte que la proposition a la force d'une généralisation existentielle.

Là où les propositions relationnelles vraies exigent un vérifacteur, et où ni les termes de la relation, ni les tropes non relationnels ne sont d'une quelconque utilité, nous avons besoin d'un trope relationnel. Je soutiens que ceux-ci sont les vraies relations externes. Ils sont exigés par une théorie des vérifacteurs, ils sont compatibles avec le nominalisme et leur existence est toujours contingente. Comme à chaque fois en théorie des vérifacteurs, le type de tropes relationnels que nous pouvons raisonnablement considérer comme existant ne peut pas être déterminé une fois pour toutes par la théorie sémantique, mais doit être examiné au cas par cas par un œil capable d'un certain discernement ontologique. Je ne nie pas le fait que certains cas gênants surgiront : en particulier, les relations spatio-temporelles qui sont contingentes et extérieures à leurs termes demandent des décisions difficiles concernant le traitement ontologique correct de l'espace et du temps. Cependant, nous avons, en tout cas ici, l'assurance que l'ontologie n'est pas sous la gouverne de la sémantique.

Donc, ma suggestion pour savoir comment éviter les conséquences désastreuses et trivialisantes de la considération de n'importe quelle relation comme étant impliquée dans les systèmes de connectivité est de nous restreindre aux relations en l'existence desquelles nous sommes suffisamment confiants et dont nous avons besoin pour rendre vraie une proposition. Cela signifie que les relations internes problématiques sont éliminées, non de manière *ad hoc*, mais au moyen d'une partie d'un schème général permettant de découvrir les vraies relations dans la nature. Puisque le but de toute la recherche d'une classe naturellement délimitée d'objets composites était précisément de découvrir comment la nature compose les choses, il n'est, dès lors, peut-être pas surprenant que les relations réelles et les touts réels dussent aller de paire, les termes médiateurs étant des structures réelles.

Peter Simons
Trinity College Dublin
Traduit de l'anglais par Sébastien Richard

THÉORIE RELATIONNELLE ET THÉORIE PHÉNOMÉNALE DE L'INTENTIONNALITÉ

> (a) *Que X pense à Y constitue une relation entre X et Y*
> *quand Y existe, mais* (b) *non pas quand Y n'existe pas ;*
> *mais* (c) *la pensée que X a de Y est la même sorte de chose*
> *que Y existe ou non. Il faut ici, c'est évident, abandonner*
> *quelque chose ; mais quelle sera la chose à abandonner ?*
>
> A.N. Prior[1]

Cette étude vise à commenter et à évaluer critiquement la théorie relationnelle de l'intentionnalité proposée, dès les années 1980, par Kevin Mulligan et Barry Smith[2]. Je commencerai par en énumérer certains aspects plus significatifs, puis je tenterai d'en indiquer les enjeux dans une perspective qui relève plus de la métaphysique appliquée que de la métaphysique générale. Je formulerai enfin quelques remarques critiques, en suggérant un problème de fond. Mon exposé s'achèvera ainsi sur la question, très discutée dans le contexte actuel, du rapport entre phénoménologie et intentionnalité.

Mon argumentation est, pour l'essentiel, la suivante. Pour commencer, il me semble possible de distinguer deux types de théorie relationnelle de l'intentionnalité : d'abord l'approche déflationniste de Smith et Mulligan, qui nous occupera plus spécialement, ensuite l'approche inflationniste de style meinongien ou twardowskien, que je commenterai dans la troisième section en partant d'une lecture de Husserl proposée récemment par David

---

1. A.N. Prior, *Objets de pensée*, trad. fr. J.-C. Pariente, Paris, Vrin, 2002, p. 141.

2. Ce texte est le fruit d'une longue réflexion dont les étapes précédentes, moins complètes, sont les § 6 et 10 de ma *Théorie de la connaissance du point de vue phénoménologique* (Liège, Bibliothèque de la Faculté de Philosophie et Lettres, 2006) et mon article « Intentionnalité, idéalité, idéalisme » (*Philosophie*, 105 (2010), p. 28-51). Je tiens à remercier Peter Simons pour ses précieux commentaires.

Grünberg. Ces deux approches me paraissent devoir être conservées en partie seulement, leur principal défaut étant qu'elles ne permettent pas un traitement satisfaisant de la question de l'opacité. Je leur préférerai en ce sens une certaine conception brentanienne, tout en la reformulant sur la base de la distinction de Smith et Mulligan entre théorie ontologique et théorie phénoménologique de l'intentionnalité, selon moi plus claire et plus fructueuse que la distinction usuelle entre internalisme et externalisme. Ce qui m'amènera, dans la conclusion, à distinguer, contre Smith et Mulligan, trois niveaux descriptifs selon moi irréductibles l'un à l'autre et essentiels à une philosophie complète de l'esprit : 1) la relation sujet-objet, 2) l'intentionnalité comme caractère monadique ou intrinsèque de l'acte mental, 3) l'intentionnalité comme relation simplement phénoménale.

La théorie relationnelle de Smith et Mulligan

Au début d'un article publié en 1986 dans la revue *Topoi*, Mulligan et Barry Smith posent clairement les enjeux de leur théorie de l'intentionnalité [1]. Ceux-ci, semble-t-il, se ramènent à trois principaux.

D'abord, leur approche est guidée par l'intuition – selon moi profondément juste si l'on considère la théorie de l'intentionnalité sous ses formes brentanienne et husserlienne, par contraste avec une certaine désontologisation de l'acte intentionnel probablement issue du néokantisme et devenue usuelle chez les héritiers de Husserl – que la question de l'intentionnalité est fondamentalement une question ontologique. Fait important, mais dont l'importance n'apparaîtra qu'ensuite, cette ontologisation de l'intentionnalité va de pair avec une ontologisation du problème de la connaissance, ou encore avec une nouvelle épistémologie qui se présente elle-même comme une « ontologie appliquée ». On verra plus loin en quel sens la théorie relationnelle est censée produire un concept de connaissance plus satisfaisant que celui obtenu dans les théories non relationnelles.

L'ontologisation de l'intentionnalité a par ailleurs, pour ces auteurs, une coloration résolument réaliste. Ontologiser l'intentionnalité, cela signifie autant que voir dans les actes intentionnels des objets du monde

---

1. K. Mulligan et B. Smith, « A Relational Theory of the Act », *Topoi*, 5 (1986), no. 2, p. 115-130.

réel dont l'investigation ontologique n'est pas fondamentalement différente de celle des objets physiques :

> Adopter une approche ontologique des actes mentaux, c'est affirmer
> que les actes mentaux sont des habitants du monde réel et qu'ils sont
> susceptibles d'être décrits, objectivement, d'une manière qui n'est pas
> différente en principe de celles dont les autres objets réels peuvent être
> décrits [1].

Le qualificatif « réel », compris au sens des *Recherches logiques* de
Husserl par opposition à « idéal », est synonyme d'existence temporelle,
ou parfois spatio-temporelle.

Le deuxième enjeu est que le point de départ de l'ontologie de l'intentionnalité doit être la théorie de la dépendance de la IIIe *Recherche logique*
de Husserl. Là encore, on ne peut que souligner la proximité entre cette
approche et celle de Husserl : s'il est vrai qu'elle ne l'est pas *seulement*, la IIIe *Recherche* est cependant *aussi* une préparation aux Ve et VIe
Recherches, ce que suggère déjà clairement le fait que la notion de dépendance de la IIIe *Recherche* vient de la phénoménologie de Stumpf où elle
servait à décrire des contenus intentionnels.

Le troisième enjeu, auquel je m'intéresserai plus spécialement, est
la relationnalité. L'article de Smith et Mulligan s'ouvre en effet sur une
référence à la première phrase de l'appendice 1 du deuxième volume
de la *Psychologie du point de vue empirique* de Brentano, où celui-ci
reformule sa thèse de l'intentionnalité en déclarant que « toute activité
psychique consiste en une relation à quelque chose pris comme objet » et
semble, par conséquent, « quelque chose de relatif » (*etwas Relatives*) [2].
Toutefois, on sait que la caractérisation de l'intentionnalité comme étant
une relation allait de pair, chez Brentano, avec l'idée que l'intentionnalité n'était pas une relation comme les autres, dans la mesure où elle
n'exige pas l'existence de tous ses termes. Je tâcherai de montrer, par
la suite, que Smith et Mulligan ne rejettent pas fondamentalement cette
observation de Brentano, mais que l'originalité et la fécondité de leur
approche résident, dans une large mesure, dans le fait qu'ils tentent de
la reformuler dans une perspective réaliste qui n'est que partiellement

---

1. *Ibid.*, p. 115.
2. F. Brentano, *Psychologie vom empirischen Standpunkt*, vol. 2 : *Von der Klassifikation
der psychischen Phänomene*, Hambourg, Meiner, 1925, p. 133 (*Von der Klassifikation der
psychischen Phänomene*, Leipzig, Duncker & Humblot, 1911, p. 122) ; *Psychologie du point
de vue empirique*, trad. fr. M. de Gandillac, revue par J.-F. Courtine, Paris, Vrin, 2008, p. 285.
Je traduis toutes les citations et signale les traductions françaises existantes à titre indicatif.

brentanienne. Cette reformulation passe par l'introduction de la notion de « relation cambridgienne » de Peter Geach, dont il sera question plus loin.

Une manière simple de poser le problème est de partir d'une thèse assez caractéristique de la théorie de la perception de Husserl – celle de l'indiscernabilité de la perception vérace et de la perception trompeuse. On oppose usuellement à cette thèse une conception qu'on appelle techniquement la théorie disjonctive de la perception. D'un côté la perception trompeuse est essentiellement homogène à la perception vérace, de l'autre elle n'est pas une véritable perception. L'opposition coïncide ainsi, au moins en partie, avec l'opposition de l'internalisme et de l'externalisme. Contrairement à la théorie disjonctive, la thèse de l'indiscernabilité définit la perception indépendamment des conditions externes, à savoir de l'existence de l'objet perçu. En réalité, cette constatation n'est pourtant correcte qu'approximativement. La distinction entre perception et expérience visuelle chez Searle, par exemple, lui permet de préconiser simultanément un disjonctivisme de la perception et un internalisme de l'expérience visuelle. Mais on peut malgré cela s'en tenir à cette formulation pour le moment. Ce qu'il est intéressant de noter, c'est que la caractérisation de l'intentionnalité comme une relation plaide en faveur de la théorie disjonctive. Si la proposition <*A* voit *B* > exprime une relation, alors sa vérité – donc, peut-on supposer, l'existence d'un état de choses relationnel /*A* voit *B*/ – dépend de l'existence d'un objet externe *B*. Ou si l'on préfère : l'existence d'une relation intentionnelle /*A* voit que *p*/ dépend de l'existence d'un fait *p*. Là où il n'y a aucun objet externe correspondant, comme dans le cas des hallucinations, il n'y aurait donc tout simplement aucune intentionnalité perceptuelle.

C'est cette difficulté et d'autres du même genre qui avaient amené Brentano à préciser que l'intentionnalité n'était pas une relation comme les autres. Comme le rappellent très justement Smith et Mulligan dans leur étude de 1986[1], la thèse du caractère relationnel de l'intentionnalité nous confronte à trois choix possibles.

Considérons d'abord la définition classique de la relation, que les deux auteurs s'approprient pleinement au début de leur article. D'après cette définition, que j'appellerai par commodité la définition standard, un objet relationnel est un objet dépendant par rapport à une pluralité de substances ou de « continuants ». Ou plus exactement, les objets dépendants sont non relationnels s'ils dépendent d'une unique substance et relationnels s'ils

---

1. K. Mulligan et B. Smith, « A Relational Theory of the Act », art. cit., p. 117.

dépendent d'une pluralité de substances [1] (ce qui implique notamment, il faut le remarquer, que l'identité n'est pas une relation et, plus générale-ment, qu'il ne peut y avoir de relations réflexives). Une fois cette définition admise, il y a trois façons de rendre le caractère relationnel de l'intention-nalité compatible avec les intentionnalités trompeuses ou erronées, par exemple hallucinatoires.

1) Premièrement, on peut persister à affirmer que tout acte est rela-tionnel, auquel cas il faudra assigner un objet aux hallucinations elles-mêmes. Smith et Mulligan attribuent cette manière de voir à Meinong mais aussi – vraisemblablement en référence à la notion problématique d'objet immanent – à Brentano et à Twardowski. Elle « conduit inexora-blement, constatent-ils, à une ontologie des inexistants », qui seule permet de maintenir l'objet dans les cas où l'acte mental est erroné ou trompeur.

2) Deuxièmement, l'extravagance de la *Gegenstandstheorie* meinon-gienne peut sembler une preuve par l'absurde que les actes mentaux ne sont pas relationnels et qu'aucun d'entre eux ne réfère au monde.

3) Enfin, on peut encore affirmer, en opposition conjointe aux deux premières positions, que *seuls certains actes mentaux sont relationnels*. Cette troisième option est celle retenue par Smith et Mulligan. Elle permet de maintenir tout à la fois l'intentionnalité-relation, la définition stan-dard de la relation et un réalisme modéré au sens que j'évoquais plus haut. « Une telle conception, déclarent Smith et Mulligan, nous permet de restreindre les *relata* des actes intentionnels à des objets dont tous sont réels au sens le plus immédiat » [2].

4) Je voudrais suggérer pour ma part une quatrième solution, à laquelle il me paraît plus juste d'associer le nom de Brentano et qui est peut-être plus féconde que les trois précédentes au moins pour résoudre certains problèmes. Sur ce point ma divergence avec Smith et Mulligan n'est qu'une différence d'accentuation, qui me permettra par ailleurs de mettre plus clairement en perspective leur théorie relationnelle de l'intention-nalité. Mon idée est que la solution brentanienne n'est pas fondamentale-ment différente de celle de Smith et Mulligan, et qu'un intérêt majeur de celle-ci est de l'avoir reformulée sur d'autres bases.

Cette quatrième solution consiste à dire que l'intentionnalité n'est pas une relation proprement dite, une relation standard, ou encore que le mot

1. Cf. également B. Smith, « Acta Cum Fundamentis in Re », *Dialectica*, 38 (1984), no. 2-3, p. 158.
2. K. Mulligan et B. Smith, « A Relational Theory of the Act », art. cit., p. 117.

« relation » est un mot équivoque qui désigne tantôt des relations standard et tantôt des relations non standard. En 1911, dans l'appendice 1
déjà cité, Brentano qualifiait effectivement l'intentionnalité de « relation psychique » : mais il s'empressait aussitôt d'ajouter que cette relation psychique n'est justement pas une relation « au sens propre » (*im
eigentlichen Sinne*). Elle n'est pas une relation proprement dite du fait
qu'il lui manque un caractère essentiel des relations proprement dites :
l'intentionnalité subsiste même si l'un des *relata* fait défaut. Brentano
donne l'exemple paradigmatique des jugements négatifs. En effet les jugements négatifs – c'est-à-dire, de son point de vue, les jugements existentiels négatifs – nient par définition l'existence de l'objet sur lequel on
juge. Notons au passage que cette observation a trouvé une transposition
métaphysique dans la critique adressée par Barry Smith et surtout par
Peter Simons au maximalisme en théorie des vérifacteurs : la vérité d'une
proposition existentielle négative n'implique l'existence d'aucun vérifacteur, affirment ces auteurs, mais justement elle est vraie « par défaut »,
c'est-à-dire du fait qu'il n'existe aucun objet correspondant [1].

Naturellement, ces vues entraînent un certain « déflationnisme » sur
la question de la relation intentionnelle. Quoi qu'il en soit des positions
antérieures de Brentano, il est en tout cas frappant que l'appendice 1
repose pour une grande part sur une critique réaliste de la solution de style
meinongien et, expressément, sur un rejet de la distinction meinongienne
entre être et existence. Brentano présente lui-même ce texte dans les
mêmes termes dans l'avant-propos de 1911, où il déclare : « L'une des
innovations les plus importantes est celle-ci : je ne suis plus d'avis qu'une
relation psychique puisse jamais avoir pour objet quelque chose d'autre
qu'un objet réel » [2] . Là où l'acte intentionnel ne se rapporte à rien de
réel, il n'y a pas lieu de supposer qu'il se rapporte à un objet irréel. Bien
plutôt, l'acte ne se rapporte alors à rien du tout et la « relation psychique »
subsiste alors même qu'un des deux termes fait tout simplement défaut.

Partant, toute la question est de savoir si l'on a raison de qualifier
l'intentionnalité de relation et de projeter, comme Smith et Mulligan, une
théorie relationnelle de l'intentionnalité. Brentano ne peut que constater
qu'il y a une « similitude » (*Ähnlichkeit*) entre les relations standard et

1. P. Simons, « Existential Propositions », *Grazer Philosophische Studien*, 42 (1992),
p. 229-259 ; B. Smith, « Truthmaker Realism », *Australasian Journal of Philosophy*, 77
(1999), no. 3, § 11.
2. F. Brentano, *Psychologie vom empirischen Standpunkt, op. cit.*, p. 2 (*Von der
Klassifikation..., op. cit.*, p. IV) ; trad. fr. p. 194.

les relations psychiques non standard. Mais il reste à voir « s'il y a réellement ici quelque chose de relatif (*etwas Relatives*) et si on n'est pas plutôt en présence de quelque chose qui serait à certains égards semblable à un relatif et qu'on pourrait, pour cette raison, qualifier de "relativique" (*Relativliches*) » [1]. Dès lors, comme Brentano le remarque dans la *Kategorienlehre* [2], il y va de deux choses l'une : soit nous exigeons un concept univoque de relation, et alors l'intentionnalité n'est pas une relation ; soit nous acceptons que l'intentionnalité soit une relation en un sens impropre, toute la question étant alors de savoir ce qu'elle est au sens propre.

Il n'entre pas dans mon propos de détailler la manière dont Brentano surmonte ces difficultés, qui est assez complexe. Je me bornerai à en esquisser plus loin certains aspects qui éclaireront mon propos. Revenons maintenant à Smith et Mulligan. Leur stratégie est une double stratégie. Il s'agit d'abord de défendre la thèse que seuls certains actes mentaux sont relationnels, ensuite de rendre compte en termes réalistes de l'ambiguïté de la notion de relation relevée par Brentano.

Commençons par la thèse suivant laquelle seuls certains actes sont relationnels. Cette thèse revient à dire que certains actes ne sont pas seulement dépendants d'un sujet mais qu'ils le sont aussi de leur objet. Son corollaire est la thèse que certains actes ne sont pas relationnels, qui est la négation de la « thèse de Brentano » comprise au sens (meinongien) où l'intentionnalité serait une relation standard. Si l'on garde à l'esprit que l'objet de l'acte doit être un objet réel, c'est-à-dire au minimum temporel, alors on peut déjà déterminer quels types d'actes devront être étiquetés comme non relationnels. Il y a d'abord les actes non véraces comme la pensée à des êtres fictifs ou à des objets impossibles. Mais la classe des actes non relationnels compte aussi un grand nombre d'actes véraces, à savoir, d'après Smith et Mulligan, ceux faisant intervenir des descriptions conceptuelles comme la pensée de *l'espion le plus grand* ou comme les actes dirigés vers des objets idéaux. Les actes descriptionnels et idéalisants, par définition, ne nécessitent pas l'existence réelle de leur objet [3].

---

1. *Ibid.*, p. 134 (p. 123) ; trad. fr. p. 286.
2. F. Brentano, *Kategorienlehre*, Hambourg, Meiner, 1985, p. 169.
3. L'opposition entre relationnel et non relationnel coïncide ainsi, jusqu'à un certain point, avec l'opposition entre *de re* et *de dicto*, ou plus justement elle en permet une reformulation ontologique (non pas simplement sémantique). Cf. B. Smith, « Acta Cum Fundamentis in Re », art. cit., p. 162-165.

Cependant, le problème est maintenant de rendre compte du fait que sinon tous, du moins la plupart des actes non relationnels en ce sens nous semblent néanmoins, en un autre sens, relationnels. C'est en vue de régler ce problème, qui est exactement celui posé par Brentano dans l'appendice 1, que Smith et Mulligan reprennent à Peter Geach sa notion de relation cambridgienne. La notion se trouve dans un texte de 1969 repris dans *Logic Matters*, où Geach problématise le concept thomiste de relation réelle[1]. Pour faire bref, il s'agissait alors de rendre compte de la différence entre une relation comme « Edith frappe Hubert » et une relation comme « Edith envie Hubert ». Quand Hubert entre dans la relation « *x* frappe *y* », la relation est quelque chose qui lui arrive réellement tout comme elle affecte aussi Edith. En revanche, la relation « *x* envie *y* » n'est pas du tout quelque chose qui arrive réellement à Hubert du fait qu'Edith l'envie, bien qu'elle soit assurément quelque chose qui arrive réellement à Edith. Le fait d'être envié par Edith n'entraîne aucun changement réel du côté de Hubert, mais seulement du côté d'Edith. Le même genre de constatations s'appliquent à un très grand nombre de cas : par exemple Socrate ne change pas réellement du fait qu'il devient plus petit que Théétète quand Théétète grandit, etc. Le second type de relation est précisément ce que Geach appelait une relation cambridgienne.

Smith et Mulligan reprennent à leur compte la notion de relation cambridgienne en la précisant et en la complétant sur deux points au moins. D'abord, dans le fil des analyses de Geach mais de façon plus tranchée, ils affirment le caractère *illusoire* des relations cambridgiennes. Comme chez Brentano, le point essentiel est le caractère équivoque du langage relationnel. Les états relationnels cambridgiens, affirment-ils, « sont de simples reflets (illusoires) des formes des phrases correspondantes, phrases qui sont logiquement indiscernables de celles décrivant des états réels »[2]. *Logiquement indiscernables* : c'est-à-dire que le langage traite équivoquement les relations cambridgiennes comme des relations réelles. C'est au fond aussi l'indiscernabilité phénoménologique des actes véraces et trompeurs qui est en cause. Ce qu'il s'agit de montrer, c'est que cette indiscernabilité est finalement l'effet d'un usage équivoque et métaphysiquement incorrect du *langage* relationnel. Le deuxième point, extrêmement important, est que, pour Smith et Mulligan, le caractère cambridgien d'une relation signifie qu'elle ne satisfait pas à la définition

1. P. Geach, « God's Relation to the World », in *Logic Matters*, Oxford, Blackwell, 1972, p. 321 *sq.*

2. K. Mulligan et B. Smith, « A Relational Theory of the Act », art. cit., p. 119.

standard des relations en termes de dépendance ontologique envers leurs *relata*. Ils donnent l'exemple d'un leader religieux qui, depuis son temple au Texas, bénit tous les habitants de Sibérie :

> Il apparaît alors que le procès de bénissement est une entité relationnelle, et *en tant que procès* il est réel. Mais il n'est pas une *relation réelle*, puisqu'il n'est pas fondé dans son *relatum* putatif à droite du signe de relation : exactement la même action de bénissement pourrait exister même si la Sibérie était peuplée d'individus fort différents (ou si elle n'était peuplée d'aucun individu du tout) [1].

Pour que le procès de bénissement existe, le leader texan doit certes exister mais il n'est pas besoin que l'objet du procès existe : le procès de bénissement n'est donc pas réellement une relation. De manière plus générale, Smith et Mulligan insistent sur le fait que les entités cambridgiennes sont relativement isolées de leur environnement, qu'« elles ne sont pas sensibles aux structures internes des objets réels du monde avec lesquels (si du moins ils existent) elles seraient associées, ni affectées par les changements dans ces objets » [2].

Voyons maintenant comment ces résultats s'appliquent aux états mentaux. Le but est de montrer que la relation entre une pensée et son objet fictif, ou entre une connaissance abstraite et son objet idéal, n'est pas une relation réelle mais une relation cambridgienne. Je fais remarquer au passage qu'on est au plus près, ici, des intentions de Geach lui-même, à qui la notion de relation cambridgienne permettait justement de disqualifier la posture meinongienne ou, plus largement, tout objectivisme sémantique :

> Les philosophes ont construit erronément savoir-*que* comme une relation binaire en *inventant* des objets de savoir comme des propositions intemporelles : « je sais que Jones boit » serait une abréviation pour « je sais la proposition que Jones boit », et cette proposition à laquelle on se référerait par l'expression complexe « la proposition que Jones boit » serait un individu, une entité dénommable, qui pourrait aussi être un objet de croyance, de doute, d'assertion, etc. Mais c'est un non-sens : « je viens juste d'asserter Fido » [...] est non signifiant si « Fido » est un nom propre d'un individu *quel qu'il soit* [3].

---

1. *Ibid.*, p. 120.
2. *Idem.*
3. P. Geach, « God's Relation to the World », art. cit., p. 324.

Ce rapprochement avec Geach soulève cependant un certain problème auquel je reviendrai plus loin. Un autre rapprochement, plus explicite et aussi plus important, est celui avec la théorie de l'intentionnalité de Husserl. La thèse husserlienne de l'indiscernabilité phénoménologique du vérace et du trompeur est en effet une conséquence manifeste du fait que Husserl, en dépit de sa théorie de la dépendance dans la IIIᵉ *Recherche*, s'est refusé à appliquer la distinction entre relation réelle et relation cambridgienne, ou plutôt du fait qu'il a jugé meilleur de ne conserver que des relations cambridgiennes.

> En fait, déclarent Smith et Mulligan, nous pouvons dire que l'intentionnalité elle-même, pour Husserl, est une relation cambridgienne. Mais maintenant la défectuosité de l'approche husserlienne est également claire : il ne reconnaît aucune différence entre d'une part les actes de pensée simplement descriptionnelle au sujet de l'espion le plus grand, où il semble approprié d'admettre une simple relationnalité cambridgienne, et d'autre part les actes de perception où il semble plus raisonnable de reconnaître des relations pures et dures [1].

Comme Smith et Mulligan le soulignent expressément, il s'agit maintenant d'« utiliser la théorie générale des relations de dépendance de Husserl pour aller au-delà de Husserl relativement à la sphère matérielle spécifique des actes » [2]. Ce qu'il faut remettre en cause, c'est l'idée d'une *homogénéité* essentielle des actes réellement relationnels et des actes qui ne sont relationnels qu'au sens cambridgien. Or cette remise en cause suffit pour mettre à terre la phénoménologie husserlienne en son fond et dans son ensemble. Car, disent avec raison Smith et Mulligan, « c'est cette irrelevance de la relationnalité pour la description phénoménologique qui est la base théorique de la méthode de l'*épokhé* ou de la mise entre parenthèses » [3]. Pratiquer l'*épokhé*, ce n'est précisément pas autre chose que se refuser à distinguer entre relations réelles et relations cambridgiennes.

---

1. K. Mulligan et B. Smith, « A Relational Theory of the Act », art. cit., p. 125. Cf. les conclusions de B. Smith dans « Husserl, Language, and the Ontology of the Act », in *Speculative Grammar, Universal Grammar, and Philosophical Analysis of Language*, D. Buzzetti et M. Ferriani (éds.), Amsterdam/Philadelphie, John Benjamins, 1987, p. 205-227.

2. K. Mulligan et B. Smith, « A Relational Theory of the Act », art. cit., p. 124.

3. *Ibid.*, p. 126. Cf., dans un autre contexte, le commentaire des objections de Daubert contre l'*épokhé* dans B. Smith et K. Schuhmann, « Against Idealism: Johannes Daubert vs. Husserl's Ideas I », *Review of Metaphysics*, 39 (1985), p. 763-793.

Avant d'évoquer quelques difficultés, j'en viens maintenant aux arguments qui plaident en faveur de la théorie relationnelle de l'intentionnalité. Il me semble y avoir deux arguments plus importants.

Le premier argument est la conclusion même de l'article de Smith et Mulligan. D'après cet argument, la prétendue homogénéité des actes réellement relationnels et des actes illusoirement relationnels est en quelque sorte une erreur métaphysique, dans la mesure où la théorie non relationnelle de l'intentionnalité empêche de distinguer des entités qui appartiennent *de fait* à des types ontologiques différents. Plus encore, *et par là même*, la théorie non relationnelle occulte ce qui fait la spécificité des actes cognitifs, à savoir le fait que de tels actes nous mettent en relation avec des objets du monde. L'erreur ontologique a donc inévitablement pour cas particulier une erreur dans le domaine de cette « ontologie appliquée » qu'est l'épistémologie (cf. *supra*).

Le deuxième argument concerne l'arrière-fond théorique de la théorie non relationnelle de l'intentionnalité. En dépit de sa ferme opposition au phénoménalisme et au réalisme indirect, qui est patente dès les *Recherches logiques*, Husserl serait resté victime d'un certain préjugé qui lui rendait suspecte l'idée d'actes réellement relationnels et qui, en définitive, n'est pas si éloigné du « préjugé lockéen » qu'il dénonçait par ailleurs vigoureusement. Ce préjugé, sommairement, est l'idée brentanienne et cartésienne que mes propres vécus sont des objets d'un type très spécial auquel j'ai un accès d'un type très spécial. Il va de pair avec le refus de Husserl d'envisager la possibilité que des actes soient ontologiquement dépendants de leur objet, comme c'est le cas des actes réellement relationnels.

C'est là une idée récurrente chez Smith et Mulligan, qui doit se comprendre en connexion directe avec celle, évoquée plus haut, suivant laquelle les actes mentaux ne sont ontologisables que si l'on accepte préalablement de voir en eux des entités individuelles existant dans le monde réel dans le même sens où y existent des objets physiques. Dans un compte rendu de la *Deskriptive Psychologie* de Brentano paru en 1985, Smith et Mulligan s'en prenaient ainsi à ce qu'ils assimilaient à un cartésianisme de Brentano, désignant par là la doctrine brentanienne suivant laquelle, la prétendue perception externe étant en réalité ultimement une perception interne, il nous faut renoncer à la croyance en un monde réel plus fiable que les phénomènes psychiques [1].

---

1. K. Mulligan et B. Smith, « Franz Brentano and the Ontology of Mind », *Philosophy and Phenomenological Research*, 45 (1985), p. 627-644 (recension de : F. Brentano, *Deskriptive Psychologie*, Hambourg, Meiner, 1982).

Barry Smith a étendu le même constat à Husserl dans son article de 1984 « *Acta Cum Fundamentis in Re* » et surtout dans son article de 1987 « Husserl, Language, and the Ontology of the Act ». Le point de vue cartésien y est ramené à deux présupposés principaux : 1) d'abord, la conscience aurait un accès privilégié à ses propres phénomènes mentaux ; 2) ensuite, ces phénomènes mentaux formeraient un domaine isolable, c'est-à-dire ontologiquement indépendant du monde physique. C'est le second présupposé que la théorie relationnelle prend en défaut, en affirmant au contraire – en un sens qui cependant n'est pas sans difficultés et qui fera l'objet d'une objection importante dans la conclusion – que certains actes sont réellement relationnels et donc ontologiquement dépendants de leur objet.

D'après Smith, la philosophie du vingtième siècle a montré que ces deux présupposés étaient erronés. D'abord, remarque-t-il en des termes qui ne sont pas sans faire penser à Dennett, l'accès à mes propres actes mentaux est le plus souvent partiel et il peut par ailleurs être aussi objectif et public que l'accès aux autres entités. Ensuite, « Wittgenstein a montré qu'une totalité d'actes mentaux ne pouvait être séparée de son environnement et surtout qu'une telle totalité ne pouvait être séparée du domaine public des actions, et spécialement des actions de langage, dans lequel nous sommes engagés » [1]. Sans entrer dans le détail de son interprétation, j'ajoute que Smith considère que le noème des *Ideen I* – qu'il comprend au sens d'une entité abstraite à la manière fregéenne – représente le point culminant du cartésianisme husserlien, à savoir ce point où Husserl a précisément abandonné toute tentative visant à mettre en relation le noème et l'objet de l'acte.

Dans une perspective assez semblable, Peter Simons a défendu plus récemment l'idée d'une théorie naturaliste de l'intentionnalité, en opposition frontale à Brentano et à Husserl [2]. Le cartésianisme brentanien et husserlien était alors attaqué sur deux fronts : d'une part ce qu'on pourrait appeler le fondationalisme psychique – que Simons oppose au réalisme robuste de Meinong et de Twardowski –, d'autre part le dualisme psychophysique, auquel Simons préfère un *naturalisme* qui n'est pas synonyme

---

1. B. Smith, « Husserl, Language, and the Ontology of the Act », art. cit., p. 217. On trouve une critique semblable dans P. Simons, « Prolegomenon to an Adequate Theory of Intentionality (Natural or Otherwise) », préface à *Ancient and Medieval Theories of Intentionality*, D. Perler (éd.), Leiden, Brill, 2001, p. 11.

2. *Idem*.

de physicalisme, mais qui se borne à affirmer « qu'il n'y a pas de discontinuités métaphysiques radicales ou infranchissables comme la discontinuité des cartésiens entre l'esprit et le corps »[1]. Bref, l'esprit est une entité du monde réel parmi d'autres.

REMARQUES CRITIQUES

Les développements précédents nous mettent en présence d'une difficulté très générale qui, sans être nécessairement insurmontable, est plausiblement inhérente à la théorie relationnelle de l'intentionnalité. C'est ici que je voudrais importer quelques éléments de réflexion issus de la philosophie de l'esprit, sans d'ailleurs prétendre faire autre chose que tracer des lignes directrices dans un style très sommaire.

La théorie relationnelle de Smith et Mulligan représente sinon une variante ontologique de l'externalisme et de la théorie de la référence directe, du moins quelque chose qui y ressemble beaucoup. Elle est manifestement étroitement apparentée à l'externalisme disjonctiviste. C'est, je pense, l'opinion de Mulligan, qui, dans sa contribution au *Cambridge Companion to Husserl*, reconnaissait le conjonctivisme massif de Husserl dès les *Recherches logiques* tout en citant, comme à décharge en somme, quelques plus rares passages où Husserl tend vers le disjonctivisme – passages qui concernent le dédoublement de l'objet et qui sont les mêmes usuellement cités dans les lectures externalistes de Husserl[2]. *A contrario*, on peut aussi noter que les interprétations *non relationnelles* de l'intentionnalité husserlienne s'inscrivent souvent dans le cadre d'un internalisme de style fregéen. C'est le cas de David Woodruff Smith ou de Ronald McIntyre, par exemple, qui ont souvent insisté avec force sur le fait que l'intentionnalité ne pouvait pas être une relation au sens normal[3]. On pourrait naturellement faire une observation analogue au

---

1. *Ibid.*, p. 7.
2. E. Husserl, *Logische Untersuchungen*, Hambourg, Meiner, 2009, 5, Appendice aux § 11 et 20, A396 *sq.* ; *Recherches logiques. Tome 2. Recherches pour la phénoménologie et la théorie de la connaissance. Deuxième partie : Recherches III, IV et V*, trad. fr. H. Élie, A.L. Kelkel et R. Schérer, Paris, PUF, 2002[4], p. 228 *sq.*
3. Voir D.W. Smith, « What is "Logical" in Husserl's Logical Investigations? The Copenhagen Interpretation », in *One Hundred Years of Phenomenology. Husserl's* Logical Investigations *Revisited*, D. Zahavi et F. Stjernfelt (éds.), Dordrecht, Kluwer, 2002, p. 65.

sujet de Searle qui, au début de son traité sur l'intentionnalité de 1983, introduit son internalisme dans les termes suivants :

> Notez que l'intentionnalité ne peut être une relation ordinaire comme s'asseoir sur quelque chose ou le frapper avec son poing, parce que pour un grand nombre d'états intentionnels je peux être dans l'état intentionnel sans que l'objet ou l'état de choses vers lequel l'état intentionnel est « dirigé » ait même besoin d'exister. Je peux espérer qu'il pleuve en ce moment même s'il ne pleut pas, et je peux croire que le Roi de France est chauve même s'il n'y a aucune personne telle que le Roi de France [1].

S'agissant de cette relation spéciale au monde qu'est la référence des noms, Barry Smith a clairement déterminé, dans les deux articles que j'ai cités, le rapport de proximité entre la théorie relationnelle et les théories de la référence directe. De son propre avis, ce rapprochement réclame pourtant d'importantes nuances. La plus importante est que la théorie relationnelle est moins restrictive et plus souple que les théories usuelles de la référence directe, en particulier parce que la théorie relationnelle substitue à la notion contraignante et rapidement inconfortable de causalité la notion de dépendance ontologique [2].

Soit dit en passant, cet élargissement de la notion de relation réelle marque aussi une divergence intéressante avec Geach. Ce dernier considérait que la connaissance était toujours une relation cambridgienne, parce qu'être connu n'induit aucun changement réel dans l'objet. Mais la dépendance ontologique est un critère plus faible, qui est pleinement compatible avec l'existence d'actes cognitifs réellement relationnels. On peut évidemment discuter si la notion de dépendance ontologique n'est pas insuffisamment restrictive : mais c'est là un débat d'une tout autre nature, qui a été mené autour de la notion de nécessitation en théorie des vérifacteurs. À titre d'exemple, je me borne à citer l'argument des « hallucinations véraces » utilisé dans un autre contexte par David Lewis, qui est une variante de l'argument searlien du cerveau dans la cuve [3]. Supposons que

---

1. J. Searle, *Intentionality: An Essay in the Philosophy of Mind*, Cambridge, Cambridge University Press, 1983, p. 4. Cf. « What Is an Intentional State? », *Mind* (N.S.), 88 (1979), no. 349, p. 74.

2. Cf. B. Smith, « Husserl, Language, and the Ontology of the Act », art. cit., p. 206. Pour une confrontation plus nuancée, voir B. Smith, « Acta Cum Fundamentis in Re », art. cit., p. 160 *sq.*

3. Cf. D. Lewis, « Veridical Hallucination and Prosthetic Perception », in *Vision and Mind: Selected Readings in the Philosophy of Perception*, A. Noë et E. Thompson (éds.), Cambridge (Mass.), MIT Press, 2002, p. 135-146.

Dieu décide de récompenser un aveugle sur son lit de mort en stimulant son système nerveux de telle manière qu'un instant durant, il se représente exactement ce que perçoit un voyant. Comment alors pourra-t-on faire la différence entre cette hallucination et une authentique perception, sinon justement en prescrivant, comme le fait Searle dans une autre perspective, que le perçu doit être la *cause* de l'authentique perception – ce qui reviendrait à imposer un critère beaucoup plus fort que celui de la dépendance ontologique ?

Mais la véritable pierre d'achoppement, s'il y en a une, me semble être l'opacité référentielle, ou plus justement l'« opacité représentationnelle », comme préfère dire Peter Simons dans le dessein d'étendre la notion d'opacité au-delà de la sphère linguistique [1].

La question de l'opacité est intimement solidaire de celle de la relationnalité. Au fond, c'est l'opacité qui formait déjà l'essentiel de l'argumentation de Brentano dans l'appendice 1. La « relation psychique » entre une pensée et son *intentum* fictif, disait-il en substance, ne réclame pas l'existence de l'objet et elle n'est donc pas une relation standard si l'on parle *in modo recto*, sur le mode du discours direct. Cependant elle est semblable à une relation dans la mesure où *il y a bien* un objet intentionné, un second *relatum*, quoique ce *relatum* soit seulement présent *in modo obliquo*, sur le mode opaque. La vérité de la proposition « Louis imagine le Père Noël » n'implique pas qu'il existe un objet qui est le Père Noël et que Louis imagine :

> Si l'on pense quelque chose, le pensant doit certes exister, mais nullement l'objet de son penser. [...] Ainsi, le pensant est l'unique chose que réclame la relation psychique. [...] La similitude consiste en ceci que, tout comme celui qui pense un relatif au sens propre, celui qui pense une activité psychique pense d'une certaine manière deux objets en même temps, l'un pour ainsi dire *in recto* et l'autre *in obliquo*. Si je pense à quelqu'un qui aime les fleurs, celui qui aime les fleurs est l'objet que je pense *in recto*, mais les fleurs sont ce que je pense *in obliquo* [2].

En clair : les actes mentaux non relationnels ressemblent aux actes relationnels dans la mesure où ils peuvent faire l'objet d'une lecture *opaque* qui les fait apparaître comme relationnels, quoique forcément en un sens impropre.

---

1. P. Simons, « Mind and Opacity », *Dialectica*, 49 (1995), no. 2-4, p. 133.

2. F. Brentano, *Psychologie vom empirischen Standpunkt, op. cit.*, p. 134 (*Von der Klassifikation..., op. cit.*, p. 123) ; trad. fr. p. 286.

On comprend dès lors pourquoi l'opacité est un problème pour la théorie relationnelle. Elle est un problème parce qu'elle a partie liée avec l'homogénéisation du relationnel et du non-relationnel. La ressemblance entre les relations réelles et les relations psychiques est l'effet d'une homogénéisation phénoménologique des actes relationnels et non relationnels que Smith et Mulligan ne peuvent que rejeter. Pourtant, on pourrait se demander si cette homogénéisation n'est pas utile du moins dans certains cas, et s'il n'est pas plus raisonnable d'envisager quelque chose comme une complémentarité ou une coopération entre les approches ontologique et phénoménologique. Mais pour des raisons bien précises, cette manière de voir est rejetée au moins partiellement par Smith et Mulligan.

De fait, Barry Smith défend l'idée que l'argument de l'opacité est une version linguistique du préjugé cartésien de l'accès privilégié mentionné plus haut[1]. Bien entendu, Smith ne nie pas l'existence de phénomènes d'opacité, mais il en donne, pour ainsi dire, une interprétation déflationniste en opposition à l'interprétation inflationniste caractéristique de la phénoménologie husserlienne. Ce qu'il combat, c'est l'idée que les verbes décrivant des actes mentaux devraient *dans tous les cas* être interprétés comme opaques. Cette idée lui semble à rejeter pour deux raisons. D'abord, l'usage normal des verbes mentaux est généralement transparent. En réalité, l'opacité réclame une attitude spéciale qu'on qualifie justement de phénoménologique, comme quand on rapporte un rêve, une hallucination ou une pensée fictive. Mais ce n'est pas tout. Non seulement la lecture opaque des verbes mentaux n'est vraiment relevante que dans un nombre restreint de cas, mais elle est encore fallacieuse. La lecture opaque des verbes mentaux, déclare Barry Smith, « parasite » la lecture transparente, alors qu'on pourrait dire que pour Husserl, à l'inverse, la lecture transparente parasite la lecture opaque. La lecture opaque parasite la lecture transparente parce qu'elle induit, selon Smith, quelque chose comme un réalisme indirect, en suggérant, une fois encore, une homogénéité entre actes véraces relationnels et actes trompeurs.

Une difficulté est que cette dernière implication n'est valide qu'à la condition d'approuver en partie la lecture fregéenne de Husserl, à savoir la thèse 3 de Føllesdal, qui ne va pas forcément de soi[2]. Il est vrai que l'interprétation adverse de Drummond et Sokolowski va largement dans le sens de Smith, mais elle généralise cependant aussi la lecture opaque – sous

---

1. Voir « Husserl, Language, and the Ontology of the Act », art. cit., p. 217.
2. Cf. D. Føllesdal, « Husserl's Notion of Noema », *The Journal of Philosophy*, 66 (1969), p. 682.

le titre d' « attitude transcendantale » – tout en disqualifiant l'interprétation indirecte. De plus, on ne voit pas bien pourquoi une phénoménologie *non fallacieuse*, s'appliquant à certains types d'actes sans mettre entre parenthèses la relationnalité, ne serait pas concevable, ce qui préserverait l'opacité mais neutraliserait l'implication de Smith. Enfin, il se peut aussi que la théorie relationnelle nous fasse jeter le bébé avec l'eau du bain. Si elle a le mérite de distinguer entre les actes relationnels et les actes non relationnels, en revanche elle rend plus difficile la distinction entre des actes non relationnels de contenus intentionnels différents, qui réclamerait qu'on prenne au sérieux des contextes intentionnels opaques [1]. Or, même l'interprétation déflationniste de l'opacité de Smith laisse intacte cette difficulté.

Très généralement, on peut se demander ce que la théorie relationnelle conserve encore de l'intentionnalité et si elle est encore une théorie *de l'intentionnalité*. On peut se demander, en définitive, si la théorie relationnelle n'est pas d'abord – peut-être comme tout externalisme – une critique de toute théorie de l'intentionnalité. Dire que les actes cognitifs entretiennent une relation d'un certain type avec des objets du monde, c'est là une thèse qui, en soi, n'a pas besoin d'une théorie de l'intentionnalité. La critique de Smith est éclairante à cet égard, puisqu'elle est avant tout une critique du contenu intentionnel. Mais qu'est-ce qu'une intentionnalité sans contenu intentionnel ? *Être intentionnel*, chez Brentano comme chez Husserl, n'est-ce pas par définition *avoir un contenu intentionnel* ? Cette difficulté apparaît clairement dans le fait que d'après Smith et Mulligan, s'il est vrai que les actes non relationnels peuvent être véraces ou trompeurs, en revanche tous les actes relationnels sont véraces. On peut se demander, en somme, si la théorie relationnelle ne nous fait pas perdre une distinction précieuse – celle entre vérité et condition de vérité, ou plus largement la distinction entre la réussite de l'acte et ses conditions de satisfaction.

Je laisse ces questions ouvertes parce qu'elles renvoient à d'autres travaux dont il ne m'est pas possible ici de tenir compte dans le détail.

Dans ses deux textes « Mind and Opacity » de 1995 et « Prolegomenon to an Adequate Theory of Intentionality » de 2001, Peter Simons a tenté

---

1. L'objection est adressée classiquement au réalisme robuste de Russell en théorie de la connaissance, avec laquelle la théorie relationnelle de Smith et Mulligan présente d'intéressantes convergences y compris dans son opposition à Meinong et sur la distinction entre connaissance par accointance et connaissance par description. Cf. B. Smith, « Acta Cum Fundamentis in Re », art. cit., p. 158.

d'ontologiser l'opacité représentationnelle comme Smith et Mulligan
avaient tenté d'ontologiser l'acte intentionnel. À mon sens, ces travaux
pourraient compléter utilement l'argumentation sous-jacente à la théorie
relationnelle, mais sans doute aussi la nuancer et la rendre plus accom-
modante. Je songe spécialement au fait que Simons est moins réticent
que Smith et Mulligan envers l'idée d'une collaboration de l'ontologie et
de la phénoménologie, qu'il appelle même de ses vœux dans sa préface
de 2001. Il ne tient pas l'ontologie et la phénoménologie pour mutuellement exclusives, mais voit dans l'ontologie un fondement pour une
phénoménologie qui est par ailleurs nécessaire en vue de la théorie de
l'intentionnalité :

> On ne doit pas penser que les considérations phénoménologiques sont
> antithétiques des considérations ontologiques. Au contraire, la phéno-
> ménologie présuppose et aussi articule une ontologie de l'apparence [1].

L'idée est à nouveau, comme chez Smith et Mulligan, celle d'une
application de la métaphysique générale à l'acte intentionnel. Ni l'intentionnalité ni la conscience ne nécessitent l'introduction de nouvelles catégories ontologico-formelles, mais la phénoménologie comme la théorie
de l'intentionnalité, bref la philosophie de l'esprit dans son ensemble, ont
besoin d'une ontologie formelle commune avec toutes les autres théories
du monde réel. Cette conception, à mon sens foncièrement juste, est sans
doute moins éloignée de Husserl qu'on ne pourrait le croire. En opposition
inévitable à des auteurs comme Fink et Heidegger, elle rappelle directement la phénoménologie réaliste d'Ingarden, qui définissait l'intentionnalité à travers la notion purement ontologico-formelle d'*hétéronomie*, ou
encore la thèse récente de la *topic-neutrality* de l'intentionnalité [2].

En deux mots, l'argumentation de Simons était alors la suivante.
D'abord, il assume que l'intentionnalité et l'opacité sont deux « aspects
d'une même chose, à savoir de l'existence de la représentation » [3]. Ce

---

1. P. Simons, « Prolegomenon to an Adequate Theory of Intentionality (Natural or
Otherwise) », art. cit., p. 18.

2. Cf. R. Ingarden, « Bemerkungen zum Problem "Idealismus-Realismus" », *Jahrbuch
für Philosophie und phänomenologische Forschung*, Ergänzungsband: *Festschrift Edmund
Husserl zum 70. Geburtstag gewidmet*, Halle, Niemeyer, 1929, p. 173 (trad. fr. P. Limido-
Heulot, in *Husserl, La controverse idéalisme - réalisme*, Paris, Vrin, 2001, p. 182-183), qui
définit l'objet intentionnel comme l'objet n'obéissant pas au principe (purement formel)
du tiers exclu (voir *infra*) ; C. McGinn, *The Problem of Consciousness. Essays Towards a
Resolution*, Oxford, Blackwell, 1991, p. 57.

3. P. Simons, « Mind and Opacity », art. cit., p. 132.

qui l'amène ensuite à reprendre à son compte la thèse de Brentano en termes d'opacité et sous une forme légèrement modifiée afin d'y inclure les cas d'intentionnalité dérivée : « L'opacité représentationnelle marque la présence du mental ». L'étape suivante consiste à défendre l'idée anti-cartésienne et anti-brentanienne que l'esprit est une entité naturelle et que la théorie de l'intentionnalité doit, en conséquence, être naturaliste. Enfin, Simons estime qu'en dépit des apparences, l'opacité ne fait pas obstacle à une théorie naturaliste de l'intentionnalité. En somme, on a affaire à quelque chose qui ressemble à ce que Galen Strawson a appelé la *no-problem thesis* : l'intentionnalité n'est pas un problème de fond pour une théorie naturaliste de l'esprit [1].

Si maintenant on introduit la distinction searlienne entre intentionna-lité intrinsèque et intentionnalité dérivée, on aboutit alors à une théorie naturaliste de l'intentionnalité qui semble proche de celle de Searle, mais seulement si on met à part sa composante internaliste. La différence, centrale, réside dans le fait que Peter Simons continue à définir l'inten-tionnalité comme une relation réelle :

> Ce n'est pas toute phénoménologie qui est phénoménologie de l'inten-tionnalité (et c'est pourquoi le point de vue purement phénoménolo-gique est voué à l'échec). L'intentionnalité, en tant que phénomène réel, ne peut pas être inférée légitimement de la seule phénoménologie de l'intentionnalité [2].

À première vue, cette idée fait encore penser à Searle : la conscience n'est pas équivalente à l'intentionnalité, il existe des états conscients non intentionnels et des états intentionnels non conscients [3]. Mais le fond de l'argument est très différent : ce n'est pas parce qu'il existe une intention-nalité dérivée ou des états mentaux non intentionnels que l'intentionnalité n'est pas réductible à la phénoménalité, mais c'est parce qu'elle est – en un sens qui est étranger à Searle – fondamentalement relationnelle. Cette position livre peut-être une version plus acceptable de la théorie relation-nelle, suivant laquelle les prétentions de la phénoménologie descriptive ne doivent pas être disqualifiées, mais *restreintes*.

---

1. P. Simons, « Prolegomenon to an Adequate Theory of Intentionality (Natural or Otherwise) », art. cit., p. 3. Cf. G. Strawson, *Mental Reality*, Cambridge (Mass.), MIT Press, 2010 [2], p. 208.

2. P. Simons, « Prolegomenon to an Adequate Theory of Intentionality (Natural or Otherwise) », art. cit., p. 10.

3. *Ibid.*, p. 11.

Deux propositions me paraissent à retenir dans l'analyse de Simons. La première est qu'ontologie et phénoménologie de l'intentionnalité sont complémentaires plutôt qu'exclusives. La seconde est l'idée que la phénoménologie, si elle est nécessaire pour rendre compte des phénomènes d'opacité représentationnelle, doit aussi être supportée par une « ontologie de l'apparence ». La triple hypothèse que je voudrais avancer dans la section suivante – cette fois en opposition à Simons – est d'abord qu'une telle « ontologie de l'apparence » n'est pas équivalente à l'ontologie relationnelle de l'acte mental de Smith et Mulligan, ensuite qu'elle doit être internaliste, enfin qu'elle seule mérite le titre d'ontologie de l'intentionnalité.

ÉPILOGUE : ONTOLOGIE ET PHÉNOMÉNOLOGIE DE L'INTENTIONNALITÉ

Transplantée sur un terrain plus familier aux philosophes de l'esprit, la caractérisation de l'intentionnalité comme relation réelle semble induire quelque chose d'assez semblable à la distinction, introduite récemment par Horgan, Tienson et Graham, entre intentionnalité externaliste et intentionnalité phénoménale [1]. D'un côté l'intentionnalité est une relation comme telle dépendante de son *fundamentum in re*, de l'autre elle est, au mieux, une relation cambridgienne non conforme à la définition métaphysique de la relation, en somme une fausse relation, voire une fausse intentionnalité.

Pourtant, cette observation appelle quelques réserves. D'abord, un mérite considérable des analyses de Smith et Mulligan est de donner une explication selon moi plus juste et plus féconde que celle, habituelle, à la lumière de l'antagonisme entre théorie externaliste et théorie internaliste de l'intentionnalité. Le véritable antagonisme, en définitive, se situe entre une approche ontologique et une approche phénoménologique – de style brentanien, husserlien ou searlien – de l'intentionnalité. Ensuite, j'ai émis plus haut l'hypothèse que l'approche ontologique en termes de relations

---

1. Cf. G. Graham, T. Horgan et J. Tienson, « Consciousness and Intentionality », in *The Blackwell Companion to Consciousness*, M. Velmans et S. Schneider (éds.), Oxford, Blackwell, 2007, p. 471. Cf. la distinction assez semblable de B. Loar entre *intentionnalité* et *référence*, qu'on peut retenir ici à condition de ne pas restreindre la seconde à la référence linguistique. Voir B. Loar, « Phenomenal Intentionality as the Basis of Mental Content », in *Reflections and Replies: Essays on the Philosophy of Tyler Burge*, M. Hahn et B. Ramberg (éds.), Cambridge (Mass.), MIT Press, 2003, p. 229-258.

réelles rend peut-être superflue la notion d'intentionnalité elle-même. Enfin, la section précédente a suggéré que l'approche ontologique ne neutralise pas forcément la question de la « quasi-relationnalité » des actes réellement non relationnels, qui peut et doit encore être prise au sérieux dans le cadre de la théorie de l'intentionnalité. Ou encore, ce qu'on attend d'une théorie de l'intentionnalité n'est pas simplement qu'elle permette une catégorisation métaphysique, voire une clarification constitutive de notre relation à la réalité, mais aussi qu'elle éclaire comment il se fait que certains actes mentaux, bien que réellement non relationnels, se présentent en un certain sens – c'est-à-dire phénoménologiquement, précisément – *comme s'ils étaient relationnels*, comme s'ils rapportaient réellement le sujet à un objet [1].

Je conclurai, en écho à l'appel de Simons à une « ontologie de l'apparence », par quelques remarques programmatiques destinées à compliquer quelque peu la distinction entre ontologie et phénoménologie de l'intentionnalité. Mon point de départ sera l'exemple, paradigmatique, de la perception, et plus spécialement une interprétation récente – d'allure meinongienne (ou peut-être twardowskienne, selon l'interprétation qu'on en donne) – du noème perceptuel husserlien.

Dans une étude de 2005 consacrée à la théorie de la perception de Husserl, David Grünberg mettait au fondement de celle-ci un caractère structurel selon lui distinctif de la perception en général : toute perception a un objet au sens fort. L'acte de perception ne doit pas seulement avoir un « objet intentionnel » au sens où un acte d'imagination, par exemple, a le Père Noël pour objet intentionnel, mais il réclame encore la *présence* de l'objet. Cette idée est l'effet d'une thèse centrale de Grünberg, suivant laquelle la perception ne doit pas être mise sur le même pied que des actes comme la croyance et la simple pensée. La différence, essentielle, serait justement que la notion d'objet intentionnel, si elle paraît suffisante dans le cas de la croyance et de la simple pensée, ne l'est plus dans le cas de la perception. L'intentionnalité perceptuelle n'introduit pas seulement un contenu intentionnel, elle donne encore le perçu en tant que *présent* au sujet percevant : « Si l'on pense à un objet, mettons, à un objet réel comme une fleur rouge, mais aussi à un objet irréel tel qu'un centaure, on ne présuppose en aucune manière que l'objet de pensée est présent au sujet pensant » [2].

---

1. Cf. les formulations de B. Smith lui-même dans « Acta Cum Fundamentis in Re », art. cit., p. 177.
2. D. Grünberg, « On the Ontological Structure of Husserl's Perceptual Noema and the Object of Perception », *Analecta Husserliana*, 88 (2005), p. 184.

Naturellement, cette manière de voir devient vite inconfortable, si l'on choisit, comme le fait Grünberg, d'inclure les hallucinations et les rêves dans la classe des perceptions[1]. Personne ne contesterait que les hallucinations et les rêves n'ont pas d'objet. Or, pour des motifs en partie valables, Grünberg maintient sa première thèse : toute perception vérace ou trompeuse, même hallucinatoire ou onirique, a un objet. Son argument principal est de nature phénoménologique. Les hallucinations et les rêves, rappelle-t-il, sont phénoménologiquement indiscernables des perceptions véraces. Si donc le phénoménologue définit la perception par la présence de l'objet perçu, alors il lui faut faire de même avec la perception trompeuse, y compris les hallucinations et les rêves. La conclusion est que toute perception, qu'elle soit vérace ou trompeuse, a un objet, et donc que l'objet, ici, n'est plus l'objet existant réellement. Le rêve et l'hallucination ont également, en tant que perceptions, un objet, mais un objet qui n'est ni l'objet réel de la perception vérace, ni le simple objet intentionnel. Le cas de la perception nous mettrait ainsi en présence d'une nouvelle catégorie ontologique, celle des objets « au sens large », ou encore, comme dit aussi Grünberg, des « objets immanents ».

Pour récapituler, l'argumentation de Grünberg est donc la suivante. 1) Par définition, toute perception a un objet au sens (S_1) d'un objet *présent*, donc d'un objet qui n'est pas simplement l'objet intentionnel. Or le rêve et l'hallucination, 2) qui n'ont manifestement pas d'objet au sens (S_2) de l'objet existant réellement, 3) sont des perceptions (trompeuses). 4) Donc S_1 doit être différent de S_2, le perçu peut être un objet au sens S_1 sans être simultanément un objet au sens S_2. C'est-à-dire qu'on doit supposer, pour toute perception vérace comme trompeuse, un objet « en un sens plus large » qui n'est ni l'objet existant réellement, ni le simple objet intentionnel.

La discussion doit porter sur la thèse (1) et donc sur le sens S_1 du mot *objet* supposé être un *tertium quid* entre l'objet réel et le simple objet intentionnel. Il est facile de voir que cette thèse représente l'enjeu central de l'étude de Grünberg. Comme elle est fausse dans l'hypothèse où le rêve et l'hallucination sont des perceptions et où l'objet signifie l'objet

---

1. D'autres stratégies sont possibles. Tout en s'inscrivant délibérément dans le sillage de la phénoménologie husserlienne, certains auteurs ont assimilé l'hallucination (R. McIntyre et D.W. Smith, « Theory of Intentionality », in *Husserl's Phenomenology: A Textbook*, W. McKenna et J. Mohanty (éds.), Washington DC, University Press of America, 1989, p. 150) ou le rêve (E. Fink, « Vergegenwärtigung und Bild: Beiträge zur Phänomenologie der Unwirklichkeit », in *Studien zur Phänomenologie 1930-1939*, Dordrecht, Nijhoff, 1966, p. 63 *sq.*) à l'imagination, ou contesté la thèse de l'indiscernabilité phénoménologique de la

réel, l'alternative est la suivante : soit l'objet, dans la thèse (1), est l'objet réellement existant, ce qui implique que le rêve et l'hallucination ne sont pas des perceptions, soit l'objet a ici un autre sens qui préserve la possibilité que le rêve et l'hallucination soient des perceptions. Grünberg choisit la seconde voie, principalement parce que c'est selon lui le meilleur (voire l'unique) moyen de maintenir la définition husserlienne de la perception en termes de présence. C'est donc à ce dernier point que nous renvoie finalement l'argumentation de Grünberg : la question est de savoir si la présence de l'objet définit la perception et, si oui, en quel sens. Si tout le monde s'accorde pour dire que le rêve et l'hallucination n'ont pas d'objet au sens de l'objet réellement existant, il reste à démontrer la nécessité de leur attribuer un objet en un autre sens, qui soit quelque chose de plus que leur contenu intentionnel. Il y a en effet de bonnes raisons de juger inutile, voire très problématique l'introduction d'objets « au sens large ». D'une part, on pourrait soutenir que le contenu intentionnel avec ses caractères thétiques – le « noème complet » au sens de Husserl – est parfaitement suffisant pour décrire les phénomènes perceptuels, y compris les rêves et les hallucinations. D'autre part, il semble dangereusement paradoxal de se donner des objets qui ne seraient pas des objets au sens normal, comme si « existant » et « non existant » admettaient un tiers terme.

Pourquoi Grünberg juge-t-il insuffisant, dans le cas de la perception, le contenu intentionnel ? Il avance deux arguments à l'appui de cette thèse.

D'abord, il reprend à Ronald McIntyre et David W. Smith l'idée que trois conditions sont nécessaires pour être un objet intentionnel [1]. Premièrement, l'objet intentionnel est quelque chose d'essentiellement

perception vérace et de la perception trompeuse (A.D. Smith, « Husserl and Externalism », *Synthese*, 160 (2008), p. 313-333, dans le contexte d'une lecture externaliste et disjonctiviste de la phénoménologie transcendantale husserlienne). D. Grünberg, « On the Ontological Structure of Husserl's Perceptual Noema and the Object of Perception », art. cit., p. 179, reprend la distinction classique entre illusion, hallucination et rêve (cf., par exemple, les distinctions assez semblables de W. James, *The Principles of Psychology*, vol. 2, New York, Dover, 1950, p. 114 *sq.*). L'illusion pose des problèmes particuliers du fait qu'elle ne semble pas totalement trompeuse : le bâton (droit) est bien quelque chose de présent et d'existant absolument parlant alors même qu'il m'apparaît plié. Brentano voyait ainsi dans l'illusion un intermédiaire entre l'expérience sensible objective et l'expérience sensible purement subjective, par exemple hallucinatoire (F. Brentano, *Deskriptive Psychologie*, *op. cit.*, p. 85).

1. D. Grünberg, « On the Ontological Structure of Husserl's Perceptual Noema and the Object of Perception », art. cit., p. 182, se référant à R. McIntyre et D.W. Smith, *Husserl and Intentionality: A Study of Mind, Meaning, and Language*, Dordrecht, Reidel, 1982, p. 42-44.

différent de l'objet ordinaire. Deuxièmement, l'objet intentionnel se distingue par sa « dépendance envers la conception » (*conception-dependence*). Un objet intentionnel comme le Petit Chaperon rouge imaginé n'a d'autre existence qu'une existence imaginée, il n'est rien en dehors de l'imagination. La troisième condition – dont la mise au jour remonte en réalité à la théorie des objets incomplets de Meinong et surtout à Ingarden[1] – est le caractère incomplètement déterminé des objets intentionnels. Ingarden caractérisait l'objet intentionnel comme « hétéronome » et énonçait à cette fin un critère formel précis : un objet est ontologiquement *autonome* si et seulement s'il est parfaitement déterminé, c'est-à-dire s'il ne présente aucun « lieu d'indétermination », et *hétéronome* dans tous les autres cas. Ce critère est simplement le principe du tiers exclu reformulé ontologiquement : pour toute propriété P, tout objet autonome est P ou n'est pas P. Par exemple cette fleur est soit *rouge*, soit *non rouge*, mais elle ne peut pas être ni *rouge* ni *non rouge*. Or, Ingarden remarquait que cette condition n'est pas remplie par les objets intentionnels. Par exemple, le Petit Chaperon rouge est-elle blonde ? A-t-elle encore son père ? Se brosse-t-elle les dents deux fois par jour ? Aime-t-elle la tarte aux cerises ? Si ces questions n'ont apparemment aucun sens, c'est parce que l'objet intentionnel présente des lieux d'indétermination qui violent le principe du tiers exclu : il n'est pas vrai que le Petit Chaperon rouge est blonde et il n'est pas vrai qu'elle n'est pas blonde, etc. En ce sens, l'objet intentionnel est dit ontologiquement *hétéronome*.

Or, Grünberg affirme – sans autre explication – que ses objets « au sens large » ne remplissent aucune des trois conditions :

> Les objets mentionnés plus haut (au sens large) ne satisfont aucune de ces trois caractéristiques des objets intentionnels. En effet, les premiers sont des choses ordinaires, ils ne sont pas dépendants de la manière dont ils sont perçus, et leurs propriétés ne sont pas restreintes par la perception, au sens où ils possèdent des propriétés non perçues[2].

---

1. Voir R. Ingarden, « Bemerkungen zum Problem "Idealismus-Realismus" », art. cit., p. 173 ; trad. fr. p. 182-183. Pour la théorie meinongienne des objets incomplets, voir A. Meinong, *Über Möglichkeit und Wahrscheinlichkeit. Beiträge zur Gegenstandstheorie und Erkenntnistheorie*, Leipzig, Barth, 1915, et le bon résumé qu'en donne F. Nef dans « La théorie modale de Meinong », in *La Philosophie autrichienne de Bolzano à Musil : Histoire et actualité*, J.-P. Cometti et K. Mulligan (dir.), Paris, Vrin, 2001, p. 81-99.

2. D. Grünberg, « On the Ontological Structure of Husserl's Perceptual Noema and the Object of Perception », art. cit., p. 182.

Mais comment comprendre que, quand j'hallucine un pingouin jouant de la guitare, mon pingouin musicien soit un objet ordinaire, en outre indépendant de moi ? Existerait-il un monde indépendant de moi, un « quasi-monde » comme dit Grünberg, où vivraient des pingouins musiciens ? De même, il est difficile d'associer un sens intelligible à l'affirmation que les objets rêvés ou hallucinés sont complètement déterminés et donc « possèdent des propriétés non perçues ». Par exemple, je rêve que je lis, à la première page du journal, l'annonce de la mort d'un proche. Le journal rêvé serait-il entièrement rédigé en sorte qu'il aurait un nombre déterminé de pages, de caractères, de coquilles, qu'il relaterait en détail des événements dont mon rêve ne me donne pas la moindre idée, etc., et que tout cela me serait seulement inconnu ? Quand je vois en rêve un passant dans la rue, quel sens y a-t-il à lui attribuer (ou à lui refuser) une mère hollandaise, une maladie du cœur, une voiture noire, etc., dont mon rêve ne me dirait absolument rien ?

Le second argument de Grünberg, déjà commenté plus haut, consiste à alléguer la nécessaire *présence* de l'objet dans la perception et, corollairement, à opposer la perception aux actes non présentants comme la simple pensée et la croyance. Mais cet argument n'est pas davantage probant. Il est certes plausible que, contrairement à l'imagination, l'hallucination et le rêve me font apparaître l'objet présent « lui-même » dans son existence. Mais cela nous oblige-t-il à introduire des objets « au sens large » ? Je pense que le principal mérite de la distinction de Smith et Mulligan entre approche ontologique et approche phénoménologique de l'intentionnalité est justement qu'elle nous permet d'éviter les conclusions problématiques de Grünberg. En quel sens, en effet, la perception exige-t-elle la présence du perçu ? Du point de vue ontologique réaliste, il suffit de dire que l'objet est présent ou absent absolument parlant, et que l'objet halluciné ou rêvé est simplement absent. Comprise au sens ontologique réaliste, l'affirmation que la perception exige la présence du perçu exclut ainsi les rêves et les hallucinations hors de la classe des perceptions. Du point de vue phénoménologique, en revanche, ce qui est présent absolument parlant ne peut pas être le perçu, mais seulement, comme prescrit par la réduction phénoménologique, l'acte perceptuel lui-même qui vise (dans l'attitude naturelle) ceci ou cela *comme présent*. Mais que veut dire « comme présent » ? Les cas du rêve et de l'hallucination ne suggèrent-ils pas que cette nouvelle présence, différente de la présence absolument parlant du vécu, doit être comprise au sens des objets « au sens large » de Grünberg ? Assurément non. En réalité, la présence phénoménale de l'objet rêvé ou halluciné n'est pas différente de l'existence réelle, au sens

normal du mot : je vise un objet inexistant absolument parlant, au sens
normal du mot, *comme* existant absolument parlant, au sens normal du
mot. L'indiscernabilité phénoménale signifie justement que c'est exactement *dans le même sens* de l'existence qu'un objet existant m'apparaît
comme existant et qu'un objet inexistant m'apparaît hallucinatoirement
comme existant.

Les analyses de Grünberg ont certainement le mérite de nous prémunir
contre la tentation d'identifier, dans le cas des perceptions sans objet,
le perçu au contenu intentionnel. Le fait que l'hallucination n'a pas
d'objet ne doit pas nous amener à substituer l'objet intentionnel à l'objet
perçu [1]. L'hallucination n'a tout simplement aucun perçu, mais cela ne
l'empêche pas d'être (phénoménalement) intentionnelle, c'est-à-dire de
posséder un certain caractère, par exemple « du Père Noël », qui apparaît
dans la réflexion. Toutefois, Grünberg semble aussi confondre erronément
la présence absolument parlant et la présence simplement phénoménale,
s'efforçant de réunir deux points de vue qui sont en réalité irréductible-
ment hétérogènes. D'abord on peut, du point de vue ontologique réaliste,
inclure l'existence du perçu – donc la relation à un objet existant réellement – parmi les traits définitoires de l'intentionnalité perceptuelle, mais
alors il est suffisant de dire que l'hallucination et le rêve n'ont pas d'objet,
même au sens large. Ensuite, l'hallucination et le rêve peuvent aussi être
intentionnels en un autre sens, purement phénoménal, pour autant qu'ils
ont la propriété de me faire apparaître quelque chose comme présent.

Négativement, ces difficultés révèlent les avantages inestimables de la
distinction de Smith et Mulligan entre phénoménologie et ontologie de
l'intentionnalité. Ce qu'on peut reprocher aux approches de style meinongien, c'est précisément qu'elles font passer pour ontologique ce qui n'est
que phénoménologique. La théorie de ce qui m'apparaît comme objet
n'est en aucun sens, même « au sens large », une théorie de l'objet ; une
théorie de ce qui m'apparaît comme une relation à un objet ne traite en
aucun sens de réelles relations. Mais au-delà de cette critique classique,
qui remonte à Brentano, les mêmes difficultés nous confrontent à la question de savoir ce que peut bien être une théorie de ce qui m'apparaît

---

1. Cf. R. McIntyre et D.W. Smith, « Theory of Intentionality », art. cit., p. 155-156 :
« Dans certains exemples, comme quand mon acte de perception est hallucinatoire, il n'y a
aucun objet ordinaire vers lequel serait dirigé mon acte. Mais cela ne veut pas dire que je
perçois [...] un objet intentionnel – par exemple une "représentation" ou un "*sense-datum*" :
cela veut simplement dire qu'en réalité, l'acte n'a pas d'objet du tout. Néanmoins, même
une perception hallucinatoire est intentionnelle : elle est un vécu visuel pourvu d'un contenu
intentionnel, le même contenu qu'elle aurait s'il y *avait* un arbre perçu par moi ».

comme objet, s'il est vrai qu'elle n'est ni une ontologie de l'objet réel, ni une ontologie de l'objet « au sens large ». La solution la plus raisonnable me paraît être, dans une optique brentanienne et husserlienne, de préserver la phénoménologie intentionnelle à titre de niveau indépendant et d'admettre que l'unique ontologie possible des contenus intentionnels est une ontologie internaliste des actes mentaux : en dépit des apparences, l'énoncé « Pégase est une fiction des poètes » ne nous parle pas de Pégase, mais seulement de l'imagination des poètes avec sa propriété sémantique « de Pégase ». Ce qui doit nous conduire à distinguer non seulement entre phénoménologie et ontologie de l'acte intentionnel, mais aussi entre l'ontologie de l'intentionnalité – l'« ontologie de l'apparence » de Simons – et l'ontologie des relations (par exemple cognitives ou perceptuelles) de l'acte mental avec les objets réels.

Les résultats obtenus jusqu'ici peuvent être récapitulés comme suit. Il me semble d'abord que l'approche ontologique de l'acte mental de Smith et Mulligan peut être approuvée pour l'essentiel, mais que la discussion doit tourner autour de sa véritable portée et des conséquences à en tirer. On peut certainement s'accorder avec ces auteurs sur le fait que, du moins dans une optique correspondantiste, la théorie relationnelle de l'intentionnalité est (peut-être conjointement avec la théorie phénoménale) nécessaire en théorie de la connaissance. De même, je ne vois aucune objection à leur réalisme de l'acte mental compris au sens très large où celui-ci est un objet, qui, comme tel, n'est pas soustrait aux lois ontologico-formelles – mathématiques et méréologiques – de l'objectivité en général. Enfin, les arguments de Smith et Mulligan comme les faiblesses de ceux de Grünberg suggèrent que le choix le plus plausible est celui d'une *via media* entre la relationnalité généralisée (meinongienne ou twardowskienne, voire brentanienne selon une certaine interprétation des « objets immanents ») et la non-relationnalité généralisée.

Pourtant, la section précédente a remis en cause certains aspects de la théorie relationnelle. Pour commencer, la portée de l'argument de l'homogénéité doit sans doute être restreinte, si l'on voit dans l'opacité – dans le même sens où Quine attribuait à Brentano, pour se l'approprier, la thèse d'une « irréductibilité des expressions intentionnelles » – un fait irréductible de la vie psychique[1]. Car une opacité irréductible signifie que l'indiscernabilité logique ou phénoménale des relations réelles et simplement phénoménales est irréductible, ou encore, dans les termes

---

1. W.V.O. Quine, *Word and Object*, Cambridge (Mass.), MIT Press, 1960, p. 221 ; *Le mot et la chose*, trad. fr. J. Dopp et P. Gochet, Paris, Flammarion, 2010, p. 306-307.

de Brentano, qu'il existe une « similitude » irréductible entre les relations psychiques et les relations réelles. Le fait que l'homogénéité n'est pas totale, qu'il doit subsister une différence métaphysique ou gnoséologique, ce fait ne contredit pas l'existence d'une homogénéité phénoménale qui devrait faire l'objet de descriptions séparées, mais restreint seulement les ambitions du phénoménologue au moins en théorie de la connaissance. Au-delà de la *via media* entre relationnalité généralisée et non-relationnalité généralisée, il est donc raisonnable d'envisager une *via media* entre le monopole des relations réelles de Smith et Mulligan et celui des relations phénoménales de la phénoménologie husserlienne, et d'en appeler, en conséquence, à une coopération (et donc d'une *compatibilité*) de l'approche ontologique et de l'approche phénoménale.

Le fond du problème réside, me semble-t-il, dans une double ambiguïté généralement sous-jacente aux débats sur l'intentionnalité. D'abord, la notion d'intentionnalité est elle-même ambiguë, désignant un caractère tantôt intrinsèque et tantôt relationnel. D'un côté, un grand nombre d'actes mentaux ne sont manifestement pas relationnels au sens normal où ils nous mettraient en relation avec un objet. Si donc l'intentionnalité est définie comme une relation au sens normal, alors une bonne part des actes mentaux ne sont pas intentionnels. De l'autre côté, on peut choisir de définir l'intentionnalité de telle manière qu'un acte non relationnel au sens normal puisse être intentionnel. Alors, l'intentionnalité n'est pas une relation standard, mais un caractère monadique, *intrinsèque* de l'acte.

Ensuite, cette ambiguïté de l'intentionnalité va de pair avec une ambiguïté de la relation. C'est là, finalement, la leçon à tirer de l'analyse brentanienne des relations psychiques : l'existence de phénomènes d'opacité rend la notion de relation elle-même singulièrement équivoque. Si l'on estime, comme c'est mon cas, que cette ambiguïté est en quelque sorte constitutive de l'intentionnalité, alors il devient nécessaire d'associer à celle-ci quelque chose comme une « quasi-relationnalité » qui, bien que simplement phénoménale, ne mérite pas moins d'être prise au sérieux que la relationnalité standard. Dans une certaine mesure, même la caractérisation des relations cambridgiennes comme *illusoires* va dans ce sens, pour autant qu'une clarification complète de la notion d'illusion semble difficilement réalisable sur la seule base d'une ontologie réaliste. En somme, on pourrait peut-être adresser à Smith et Mulligan la même objection que j'ai adressée ailleurs à l'empirisme carnapien : l'interdiction de prendre au sérieux les *Scheinprobleme*, d'en faire de *véritables* problèmes, n'empêche pas que leur existence (véritable) soulève de véritables problèmes, qui doivent *aussi* être pris au sérieux [1].

Assez paradoxalement, les approches de Grünberg et de Smith et Mulligan se rejoignent dans leur tendance à sous-estimer cette double ambiguïté de l'intentionnalité et de la relation, d'un côté en attribuant un objet (et donc une réelle relation, même si ce n'est pas une relation réelle) aux représentations sans objet réel, de l'autre en leur refusant toute relationnalité et toute intentionnalité. Le tort de Grünberg est d'interpréter *in modo recto* ce qui n'a de sens qu'*in modo obliquo* ; celui de Smith et Mulligan est d'éliminer ce qui n'a de sens qu'*in modo obliquo*. Le résultat est analogue de part et d'autre, du fait que les deux approches se veulent, en un sens différent, ontologiques. D'un côté les « relations psychiques » de Brentano sont rabattues sur les relations véritables, de l'autre elles sont éliminées au profit des seules relations véritables.

À l'opposé, je pense qu'en stipulant que l'intentionnalité n'est pas absolument parlant une relation standard, mais une relation seulement au sens où, *in modo obliquo*, elle apparaît *comme* une relation standard, la conception brentanienne répond mieux à ce qu'on attend d'une théorie de l'intentionnalité. Cette conception préserve d'ailleurs jusqu'à un certain point l'approche ontologique. D'abord, elle laisse intacte la possibilité d'une ontologie *in modo recto* de l'acte mental, considéré comme tantôt réellement relationnel et tantôt non réellement relationnel. Ensuite, elle préserve aussi l'ontologie comme une « quasi-ontologie » au sens où le phénomène d'une relation est bien toujours celui d'une relation *standard*, soumise aux lois de la théorie ontologico-formelle des relations. Tout se passe, en définitive, comme si le *modus obliquus*, la phénoménalité en général, jouait le rôle d'un *opérateur phénoménal* laissant intacts les objets et leurs ontologies [2]. Ce qui nous rapproche sensiblement des lectures externalistes de Husserl, mais avec cette réserve que l'ontologie *in modo recto* (absolument parlant) de l'*intentionnalité* pourrait sans contradiction demeurer internaliste. L'hypothèse internaliste est du moins directement suggérée par un certain flottement dans l'argumentation anti-cartésienne de Smith et Mulligan. Contrairement à ce que celle-ci peut laisser croire, la relationnalité réelle d'une perception vérace P d'un objet O n'implique pas le caractère ontologiquement dépendant de P ou du sujet

---

1. Cf. ma *Théorie de la connaissance, op. cit.*, p. 89-90.
2. Cette manière de voir n'est peut-être pas généralisable. Elle est ainsi difficilement applicable, du moins sans aménagements, aux représentations d'*impossibilia* comme la pensée à un carré rond.

percevant S, mais seulement celui de la relation perceptuelle ou de l'état de choses relationnel $/P$ est une perception de $O/$ ou $/S$ perçoit $O/$ (au sens réaliste). À l'inverse, la notion même de relation réelle implique que le percevant doit être indépendant du perçu comme le perçu doit l'être du percevant : la relation « ... salue... » unissant Joseph à son voisin est certes dépendante de ses *relata*, mais Joseph ne cesserait pas d'exister si son voisin venait à disparaître.

J'ai présenté deux variantes de l'interprétation *ontologiquement relationnelle* de l'intentionnalité, l'une « inflationniste » et l'autre « déflationniste », qui toutes deux se sont révélées problématiques. La variante inflationniste de Grünberg est sinon fausse, du moins inutilement acrobatique, la variante déflationniste de Smith et Mulligan semble éliminer ce qu'elle est censée expliquer. Les difficultés de l'une et de l'autre nous mettent sur la voie d'une conception sensiblement différente. D'une part, nous pouvons conserver les relations réelles unissant certains actes mentaux aux objets réels sans pour autant les regrouper sous le terme d'intentionnalité, dont la fonction est classiquement différente. Il pourrait en résulter une théorie de la connaissance débarrassée du vocabulaire de l'intentionnalité, qui serait à concevoir comme une « ontologie appliquée » et qui, sans l'exclure, serait différente d'une phénoménologie de la connaissance. Cela aurait pour effet, d'autre part, de déplacer la question de l'intentionnalité sur un autre plan. Nous pouvons ainsi, parallèlement, défendre une interprétation de l'intentionnalité qui soit à la fois *ontologiquement monadique* (intrinsèque) et *phénoménologiquement relationnelle*. Le premier aspect – selon moi le chemin le plus sûr pour une ontologie de l'intentionnalité – est généralement associé à l'« internalisme », ou « intentionalisme » ; le second correspond à ce que la littérature récente intitule « intentionnalité phénoménale » ou « phénoménologie de l'intentionnalité »[1].

En quel sens ces deux aspects sont étroitement interreliés et dans quelle mesure ils peuvent faire l'objet de descriptions séparées, c'est là une question à laquelle il est difficile de répondre avant d'avoir clarifié le rapport, abondamment discuté dans la littérature actuelle, entre intentionnalité et conscience phénoménale. De même, le rapport entre ontologie non relationnelle de l'intentionnalité et ontologie relationnelle de l'état

---

1. Cf., parmi beaucoup d'autres, l'éclairante vue d'ensemble de T.E. Horgan et J.L. Tienson, « The Intentionality of Phenomenology and the Phenomenology of Intentionality », in *Philosophy of Mind. Classical and Contemporary Readings*, D. Chalmers (éd.), Oxford, Oxford University Press, 2002, p. 520-533.

mental doit encore être éclairci. Dans l'attente de résultats plus précis, l'essentiel est que l'idée d'une double approche ontologico-phénoménologique en philosophie de l'esprit s'oppose autant à une désontologisation de l'intentionnalité qu'à son ontologisation en termes de relations réelles. Au terme de notre investigation, les perspectives ouvertes en philosophie de l'esprit sont ainsi au nombre de trois : 1) une ontologie des relations réelles appliquée à l'état mental, 2) une ontologie de l'intentionnalité, distincte de la précédente et assimilable à une ontologie internaliste de l'état mental, 3) une phénoménologie de l'intentionnalité.

À mon sens, cette nouvelle division du travail permet de conserver ce qui fait la force de la théorie relationnelle – le fait qu'elle s'accorde mieux avec une théorie correspondantiste de la connaissance et qu'elle maintient la relationnalité dans un contexte raisonnablement réaliste, loin des extravagances meinongiennes – sans en avoir les inconvénients relevés plus haut. Elle permet ainsi de rendre justice à la double ambiguïté, supposée irréductible et constitutive de la vie mentale, de la relation (standard - cambridgienne) et de l'intentionnalité (intrinsèque - extrinsèque).

Pourtant, la distinction entre approche phénoménologique et approche ontologique de l'intentionnalité laisse dans une large mesure ouverte la même question que Barry Smith reprochait à Husserl d'éluder dans les *Ideen I* (voir *supra*) : quel type de relation faut-il supposer entre le contenu intentionnel et (s'il existe) l'objet de l'acte mental ? Le seul résultat assuré est que cette question n'est pas une question *phénoménologique*, qu'elle nécessite un traitement ontologique qui ne s'accorde pas avec le point de vue purement phénoménologique. Or, si l'on assume que l'ontologie du contenu intentionnel est entièrement intrinsèque, qu'elle est en fait l'ontologie de propriétés monadiques d'un certain type (intentionnelles) de l'acte mental, alors la question concerne plus généralement la relation (cognitive, perceptuelle, etc.) entre les actes mentaux et leurs objets. Elle est une question au sujet de certaines propriétés intrinsèques de l'acte mental et de leurs relations aux objets « externes ». Le problème est donc le suivant. Dans le cas d'actes réellement relationnels, nous avons d'un côté l'acte mental avec ses propriétés intentionnelles, de l'autre l'objet externe, l'hypothèse défendue ici étant que les propriétés intentionnelles sont ontologiquement non relationnelles, monadiques, et qu'elles sont indépendantes du *relatum* réel de l'acte. Cependant, il y a un sens à évoquer la présence d'une sorte de *similitude* entre les propriétés intentionnelles et l'objet de l'acte. Le caractère (phénoménologiquement analysable) « de l'arbre » de ma perception visuelle ne semble pas tout à fait hétérogène à la chose que je perçois et que je peux appeler « arbre », comme en témoigne déjà le fait que nous employons dans les deux cas le mot « arbre ». Mais il est difficile de rendre compte d'une telle « similitude » si l'on sépare les deux approches phénoménologique et ontologique aussi radicalement qu'on l'a fait plus haut, car la description « de l'arbre » est supposée accessible seulement phénoménologiquement. Sur cette base, la seule voie restante semble d'évoquer – comme beaucoup de philosophes, de Fink à Chalmers – une essentielle ambiguïté du langage : mais la nature même de cette ambiguïté reste mystérieuse.

Il ne me paraît pas suffisant de dire qu'un acte de contenu intentionnel « de A » *prétend référer* à un objet existant A, ou qu'un sujet intentionnant un inexistant A se comporte *comme s'*il se référait à un objet existant A. Loin d'apporter une solution, ces tournures sont des formulations différentes d'un même problème, qui reste entier : que signifient « prétendre référer à » et « comme si », sinon seulement une ambiguïté ontico-phénoménale ? De même, le problème n'est résolu que très partiellement quand on évoque, comme je l'ai fait plus haut, le fait qu'apparaître est bien, au moins dans un grand nombre de cas, apparaître existant, et qu'on peut donc souvent concevoir l'apparaître sur le modèle d'un « opérateur phénoménal ». Selon moi, s'il est correct de dire que l'analyse du contenu intentionnel doit être purement phénoménologique, la question est de savoir à quelles conditions cette approche peut être compatible et articulée intelligiblement avec l'approche ontologique suivant laquelle le contenu intentionnel « correspond » à quelque chose dans le monde objectif. Cette question n'est pas distincte de celle, métaphysique, de la différence générale entre *être* et *paraître*.

Denis SERON
F.N.R.S. - Université de Liège

DÉPENDANCE ET ONTOLOGIE FORMELLE
LA QUESTION DE L'INTÉGRITÉ DES OBJETS

Nous tenterons dans cet article d'exposer comment une notion de dépendance existentielle, c'est-à-dire le besoin qu'a un objet d'un autre objet pour exister, permet de rendre compte de l'intégralité de certains touts. Cette question est centrale au sein du projet d'ontologie formelle. En effet, celui-ci se développe généralement sous la forme d'une méréologie classique qui ne possède comme concept de tout que la seule notion de somme méréologique. Or, celle-ci ne permet de rendre compte que de simples agrégats, mais pas de ce qui les distingue des touts possédant une forme d'unité plus forte.

Avant de montrer comment les outils formels développés au sein de la philosophie analytique contemporaine permettent de distinguer différentes notions de touts sur la base de la notion de dépendance existentielle, nous éclairerons l'arrière-fond historique de notre problématique dans la tradition brentanienne.

Sur le projet d'ontologie formelle

Le projet d'ontologie formelle a été formulé par Husserl dans ses *Recherches logiques*. Il s'agit d'une ontologie analytique *a priori* et ontologiquement neutre. Qu'est-ce à dire ? L'ontologie formelle étudie les « catégories ontologiques formelles », telles que « quelque chose », « objet », « relation », « connexion », « nombre », etc., ainsi que les « lois d'essences » qui s'y rapportent *a priori*[1]. Il s'agit donc d'une doctrine

---

1. Cf. E. Husserl, *Logische Untersuchungen*, III, in *Logische Untersuchungen. II.1. Untersuchungen zur Phänomenologie und Theorie der Erkenntnis*, Tübingen, Niemeyer, 1993[7], § 11, p. 252 ; *Recherches logiques. Tome 2. Recherches pour la phénoménologie*

centrée sur la « région formelle » de « l'objet ou du quelque chose en général [*Etwas überhaupt*] », et qui postule que certaines catégories formelles, dites ontologiques, sont régies par des axiomes et des thèses purement formelles. Elle peut être contrastée avec deux autres types d'ontologies : les ontologies matérielles et les ontologies ontiques.

La différence essentielle entre l'ontologie formelle et les ontologies matérielles réside dans le type de lois qui les régissent. Tandis que les lois de l'ontologie formelle sont analytiques *a priori*, celles des différentes ontologies matérielles sont synthétiques *a priori*[1]. Les lois synthétiques *a priori* ne sont pas formelles, c'est-à-dire qu'elles dépendent précisément du genre des objets sur lesquels elles portent. Par exemple, une loi analytique sera 'Il n'y a pas de partie sans tout'. Une telle loi peut être particularisée, et on obtient alors ce que Husserl appelle une « nécessité analytique », comme, par exemple, 'L'existence de cette maison implique celle de ses murs, de son toit, etc.' Une telle proposition est « formalisable », et c'est en la formalisant, c'est-à-dire en la rendant indépendante du contenu matériel sur lequel elle porte, que nous obtenons une loi analytique relevant de l'ontologie formelle, laquelle porte ici sur les catégories ontologiques formelles de tout et de partie. Par contre, une proposition comme 'Il n'y a pas de couleur sans une certaine étendue recouverte par elle' n'est pas une loi relevant de l'ontologie formelle, car il s'agit d'une loi synthétique *a priori* appartenant à une ontologie matérielle ; elle énonce une loi d'essence qui s'ancre dans des catégories matérielles, c'est-à-dire des concepts tels que 'couleur' ou 'étendue' qui « expriment quelque chose de concret »[2]. La particularisation d'une proposition de ce type, comme, par exemple, 'S'il y a une couleur rouge, celle-ci doit être sur une certaine surface', n'est pas susceptible d'être formalisée ; il est impossible d'éliminer la matière de cette proposition, sans perdre la loi elle-même. Les lois synthétiques *a priori* ne portent pas sur les catégories ontologico-formelles, mais sur les genres les plus généraux. Si les premières sont obtenues par « formalisation », les secondes le sont par « abstraction ».

Ce que nous appelons une ontologie ontique est une ontologie qui porte sur l'étant. Elle succombe donc à un préjugé en faveur de l'effectivité, de la *Wirklichkeit*, qu'elle ne remet pas en cause. L'ontologie

---

et la théorie de la connaissance. Deuxième partie : Recherches III, IV et V, trad. fr. H. Elie, A.L. Kelkel et R. Schérer, Paris, PUF, 2002[4], p. 35.
    1. *Ibid.*, § 12, p. 254-256 ; trad. fr. p. 38-40.
    2. *Ibid.*, § 11, p. 252 ; trad. fr. p. 36.

formelle, elle, par contre, est « pure de toute position d'être individuel ». En deux mots, elle est « ontologiquement neutre ». Ceci n'est précisément possible que parce qu'elle est formelle, qu'elle traite de la sphère vide de l'objet en général. De ce point de vue, il est important de souligner que l'ontologie formelle, du moins telle que défendue par Husserl, n'est pas une simple ontologie symbolisée qui utiliserait les outils déductifs de la logique. Premièrement, parce que tout système formel n'est pas ontologiquement neutre [1]. Deuxièmement, parce que la simple symbolisation n'entraîne pas automatiquement le caractère formel de ce qui est symbolisé. Par exemple, si je symbolise 'Aristote' au moyen de a, '(est) un homme' au moyen de H et '(est) le fils de' au moyen de F, je peux formaliser la phrase 'Si Aristote est un homme, alors son fils est également un homme' de la manière suivante : $Ha \supset (\forall x)^\ulcorner x \, F \, a \supset Hx^\urcorner$. Or, cette phrase, bien que symbolisée, n'a rien de formelle, puisque sa vérité réside dans les différents concepts matériels qui s'y trouvent. D'ailleurs, ininterprétée, elle est (logiquement) fausse : il ne s'agit en rien d'une tautologie.

La question du tout en méréologie

Grâce aux travaux de l'École de Manchester (Peter Simons, Kevin Mulligan et Barry Smith) à la fin des années 1970 sur l'œuvre du Husserl des *Recherches logiques* et sur la tradition autrichienne, le projet d'ontologie formelle a connu un renouveau important dans la tradition analytique, et plus particulièrement dans ce que l'on appelle la « métaphysique analytique », dont elle constitue l'une des tendances actuelles les plus importantes.

Au centre du projet contemporain d'ontologie formelle se trouve la méréologie, c'est-à-dire une théorie formelle de la relation de partie à tout. Celle-ci a été formulée pour la première fois sous sa forme extensionnelle classique axiomatisée par Leśniewski en 1916 [2]. Mais, c'est essentiellement dans la version qu'en donnèrent Henry Leonard et Nelson

---

1. Parmi les systèmes logico-formels ontologiquement neutres, on pourra citer l'ontologie de Leśniewski ou les logiques libres.
2. Des considérations méréologiques traversent l'histoire de la philosophie au moins depuis l'antiquité grecque, mais c'est Leśniewski qui formula le premier une telle théorie sous forme axiomatisée.

Goodman en 1940, sous le nom de « calcul des individus »[1], que la méréo-logie formelle entra réellement dans la tradition analytique. Cette autre théorie formelle des touts et des parties fut développée indépendamment des travaux de Leśniewski et popularisée, dans une version modifiée[2], par le magistral ouvrage de Goodman, *La structure de l'apparence*, paru en 1951[3].

Le cœur de la méréologie classique repose essentiellement sur trois principes qui caractérisent le « squelette logique »[4] de la relation de partie propre, que nous notons $\ll$:

Asymétrie $(\forall xy)^\ulcorner x \ll y \supset \sim (y \ll x)^\urcorner$

Transitivité $(\forall xyz)^\ulcorner x \ll y \wedge y \ll z \supset x \ll z^\urcorner$

Supplémentation $(\forall xy)^\ulcorner x \ll y \supset (\exists z)^\ulcorner z \ll y \wedge \sim (z \approx x) \wedge$
$\sim (x \ll z) \wedge \sim (z \ll x) \wedge \sim (\exists u)^\ulcorner u \ll z \wedge$
$u \ll x^{\urcorner\urcorner\urcorner}$

Nous pouvons baser ce système formel sur une logique libre, à titre de logique sous-jacente, afin de garantir sa neutralité ontologique. Dans ce cas, il est possible de déduire le « principe de fausseté » sous forme non modale[5] :

Fausseté $(\forall xy)^\ulcorner x \ll y \supset \mathrm{E}!x \wedge \mathrm{E}!y^\urcorner$

où E! est un prédicat d'existence individuelle. Ce principe affirme que 'Si un objet est une partie propre d'un deuxième objet, alors ces deux objets existent tous les deux'.

Nous pouvons également définir différentes notions méréologiques sur la base de l'unique relation primitive de partie propre. Par exemple, les relations de partie, notée <, et de chevauchement, notée ∘ :

Partie $(\forall xy)^\ulcorner x < y \equiv x \ll y \vee x = y^\urcorner$

Chevauchement $(\forall xy)^\ulcorner x \circ y \equiv (\exists z)^\ulcorner z < x \wedge z < y^{\urcorner\urcorner}$

Ces définitions affirment, respectivement, que 'Un objet est une partie d'un deuxième objet si et seulement si le premier est une partie propre

1. H. Leonard et N. Goodman, « The Calculus of Individuals and its Uses », *The Journal of Symbolic Logic*, 5 (1940), no. 2, p. 45-55.

2. Le système de Goodman diffère essentiellement de celui qu'il élabora en 1940 avec Leonard en ce que, pour des raisons nominalistes, il rejette toute utilisation des ensembles.

3. N. Goodman, *La structure de l'apparence*, trad. fr. J.-B. Rauzy (coordinateur), Paris, Vrin, 2004 [1977].

4. P. Simons, *Parts. A Study in Ontology*, Oxford, Oxford University Press, 1987, p. 362.

5. *Idem*.

du second ou ils sont identiques l'un à l'autre' et que 'Deux objets se chevauchent si et seulement si ils ont au moins une partie en commun'. Avec ces deux nouvelles notions, nous pouvons reformuler le principe de supplémentation de la manière suivante :

$$(\forall xy)^\ulcorner x \ll y \supset (\exists z)^\ulcorner z \ll y \wedge \sim (z \circ x)^\urcorner{}^\urcorner$$

qui signifie alors que 'Si un objet y possède une partie propre x, alors il en possède une autre disjointe de x'.

La méréologie possède une notion simple de tout, à savoir celle de somme méréologique :

Somme $\qquad (\forall xy)^\ulcorner x + y \approx (\imath z)(\forall w)^\ulcorner w \circ z \equiv w \circ x \vee w \circ y^\urcorner{}^\urcorner$

Autrement dit, la somme méréologique (binaire) de deux objets a et b est l'unique individu tel que tout ce qui le chevauche chevauche a ou chevauche b, et inversement. En fait, une somme méréologique est un agrégat, la simple juxtaposition de ses parties. Le problème de cette notion est qu'elle ne permet pas de caractériser ce qui fait l'intégrité de certains touts. En effet, une somme méréologique n'exige aucune condition sur ses parties. Il s'agit de l'adjonction purement arbitraire de deux objets considérés comme étant des parties d'un même tout.

Ce qui nous intéresse ici, c'est la possibilité de caractériser différents concepts de touts, qui ne se réduisent pas à de simples sommes méréologiques, au moyen d'une notion de dépendance ontologique, plus particulièrement existentielle [1]. C'est précisément cette manière de caractériser certains touts qu'a suivie Husserl dans sa troisième *Recherche logique*, comme nous le verrons plus loin.

La notion de dépendance existentielle
dans la tradition brentanienne

La théorie husserlienne de la dépendance existentielle est développée dans le cadre de la théorie des « formes pures de touts et de parties » de la troisième *Recherche logique* de 1901. Or, le jeune Husserl est, comme

---

1. Une autre manière classique d'étendre la méréologie classique de manière à pouvoir rendre compte de l'intégrité qui caractérise la notion de tout, par différence avec celle de simple agrégat, consiste à faire intervenir dans celle-ci des notions topologiques. De la sorte, un tout intégral peut être caractérisé comme un tout dont toutes les parties sont connectées au sens topologique.

on le sait, un héritier de la tradition brentanienne et sa théorie méréologique n'échappe pas à la règle. L'une des caractéristiques de la réflexion
méréologique du maître de Würzbourg, et de ses disciples, est qu'elle
se centre sur la notion de dépendance. De ce point de vue, il ne s'agit
pas d'une méréologie extensionnelle classique, telle celle de Leśniewski.
Nous verrons en effet que le développement d'une théorie de la dépendance fait intervenir des notions qui, comme celles de fondation ou de
modalité, ne relèvent pas de la théorie classique des touts et des parties,
voire contreviennent à certains de ses principes, tel celui de « supplémentation ». Mais qu'entend-t-on par « dépendance » ? En fait, il y a plusieurs
types de dépendances. Par exemple, nous pouvons avoir une « dépendance
logique » d'une proposition p par rapport à une proposition q, lorsque
p ne peut être vraie à moins que q ne le soit également, une « dépendance causale » entre un événement a et un événement b lorsque a ne
peut se produire à moins que b ne se produise également[1]. La sorte de
dépendance qui nous intéresse ici est la dépendance dite « existentielle »
– laquelle comprend elle-même plusieurs types –, au sens où un objet a
est existentiellement dépendant d'un objet b si et seulement si a a besoin
qu'un certain b existe pour lui-même exister. Ce qui est fondamental,
du point de vue qui est le nôtre ici, est que, selon Husserl, cette notion
vaut entre des objets en général. Donc, lorsque nous disons que deux
objets dépendent existentiellement l'un de l'autre, il ne s'agit pas de dire
qu'ils ne peuvent être conçus séparément pour des raisons d'impossibilité
physique, conceptuelle ou simplement psychique. Nous avons ici affaire à
une notion ontologique, et même ontologico-formelle. Remarquons bien
néanmoins que le fait même que deux objets soient dépendants ou indépendants l'un de l'autre ne relève pas de l'ontologie formelle, mais d'une
ontologie matérielle. Ce qui relève de l'ontologie formelle, c'est la théorie
de la relation de dépendance ontologique. Celle-ci ne tente pas d'établir
les lois en vertu desquelles un certain objet a besoin de l'existence d'un
autre pour exister, mais les lois qui régissent formellement la relation
de dépendance existentielle elle-même, indépendamment de tout contenu
matériel, comme, par exemple, celle qui énonce que si a est une partie
indépendante de b et b est une partie indépendante de c, alors a est une
partie indépendante de c. Il s'agit d'une loi analytique qui vaut pour
n'importe quel type d'objets que nous puissions substituer à a, b et c.

---

1. Simons distingue jusqu'à dix types différents de dépendances (cf. P. Simons, *Parts.
A Study in Ontology, op. cit.*, p. 293).

Avant d'en venir à la théorie husserlienne de la dépendance existentielle proprement dite, examinons d'abord celles formulées par ses deux maîtres, à savoir Brentano et Stumpf.

BRENTANO ET LES RELATIONS DE DÉPENDANCE UNILATÉRALE

La contribution décisive de Brentano à l'ontologie est très certainement à rechercher dans sa théorie des touts et des parties. Celle-ci a connu plusieurs évolutions sensibles. Il ne nous appartient pas ici de les retracer; cela a déjà été fait par d'autres auteurs plus compétents que nous sur ce sujet. Nous nous en tiendrons à la dernière période de sa réflexion métaphysique – la phase parfois dite « réiste » –, laquelle nous est connue par des dictées faites par Brentano durant les années 1907 à 1917, puis regroupées et publiées par Alfred Kastil en 1933 sous le titre de *Kategorienlehre*[1].

Comme on le sait, la théorie des catégories d'Aristote – et la pensée du Stagirite en général – constitue le fil conducteur qui court à travers toute l'œuvre du maître de la tradition philosophique autrichienne. Or, dans la *Kategorienlehre*, ce rapport à Aristote est franchement critique. Brentano y opère une refonte de la théorie des catégories dans laquelle les notions de tout, de partie et de dépendance jouent un rôle pivot[2]. Ses analyses méréologiques distinguent trois types de parties[3] :

a) Les « parties physiques » sont les parties soit des « collectifs », c'est-à-dire des agrégats, soit des « choses ». Dans les collectifs, comme, par exemple, une constellation ou une nuée d'oiseaux, les parties ne sont rassemblées en un tout que de manière extrinsèque. Par contre, dans les choses, comme, par exemple, un *continuum*, les parties sont liées intrinsèquement.

---

1. F. Brentano, *Kategorienlehre*, Hambourg, Meiner, 1985 [1933]. Il existe une traduction anglaise de ce texte par R. Chisholm et N. Guterman : F. Brentano, *The Theory of Categories*, Dordrecht, Nijhoff, 1981.

2. Sur cette question, cf. J.-F. Courtine, « Brentano et l'ontologie », in *Compléments de substance. Études sur les propriétés accidentelles offertes à Alain de Libera*, C. Erismann et A. Schniewind (éds.), Paris, Vrin, 2008, p. 197-214.

3. M. Antonelli, *Seiendes, Bewußtsein, Intentionalität im Frühwerk von Franz Brentano*, Fribourg, Karl Alber, 2001, p. 290-291 et p. 299-314. Cf. également A. Chrudzimski, *Die Ontologie Franz Brentanos*, Dordrecht, Kluwer, 2004, p. 95-110.

b) Les « parties logiques » d'une chose sont les parties de sa définition, d'une espèce, d'une différence, ou encore d'une différence
de différence. Elles sont logiques, parce qu'elles constituent le
logos de la chose. En ce sens, 'être un félin' est une partie logique
de 'être lion', 'être coloré' est une partie logique de 'être rouge'
et le genre est une partie logique de l'espèce.

c) Les « parties métaphysiques » concernent la structure catégoriale
de l'étant (*Seiende*), la relation substance-accident et les relations entre accidents. Selon Brentano, « toute partie métaphysique appartient à un tout d'une certaine manière, [...] le désigne
d'un autre point de vue » [1].

Sur cette tripartition de la notion de partie, vient se greffer une théorie
de la séparabilité, ou indépendance. Seules les parties physiques sont
« réellement séparables » (*wirklich ablösbar*), c'est-à-dire « détachables »
(*abtrennbar*), alors que les parties logiques et métaphysiques, elles, ne
le sont « que conceptuellement » (*bloß distinktionelle*). La séparabilité
est, dans ce deuxième cas, une *distinctio rationis* [2]. De plus, Brentano
distingue clairement entre la séparabilité « mutuelle » (*gegenseitig*), c'est-
à-dire le fait que deux objets soient séparables l'un de l'autre, et la séparabilité « unilatérale », c'est-à-dire le fait qu'un objet soit séparable d'un
autre mais pas l'inverse. C'est l'analyse de la deuxième sorte de séparabilité, dans le cas de la relation substance-accident, qui nous semble ici la
plus intéressante.

Pour Brentano, dans sa phase réiste, seules les « choses » (*Dinge*) sont
« au sens strict » (*im eigentlichen Sinne*) [3]. Or, parmi les choses, nous
avons non seulement les « substances », les « multiplicités [*Mehrheiten*]
de substances », « toutes les parties d'une substance », mais également
les « accidents » (*Akzidentien*) [4]. Le maître de Würzbourg affirme donc,
contre Aristote, que l'accident, compris au sens d'« accident individuel »
– ce que la métaphysique analytique contemporaine appelle aujourd'hui
un « trope » –, est un *ens reale* au même titre que la substance.

---

1. Manuscrit M 96, feuillet 32013, du *Nachlass* de Brentano (*Cours sur la métaphysique*), cité dans M. Antonelli, *Seiendes, Bewußtsein, Intentionalität im Frühwerk von Franz
Brentano*, *op. cit.*, p. 291.

2. La différence entre séparabilité réelle et conceptuelle est surtout développée dans
la *Deskriptive Psychologie* de 1889-1890 (cf. F. Brentano, *Deskriptive Psychologie*,
Hambourg, Meiner, 1982, p. 12-27).

3. F. Brentano, *Kategorienlehre*, *op. cit.*, p. 4. Par « chose », Brentano entend tout ce qui
peut « être correctement accepté ou affirmé au *modus praesens* » (*ibid.*, p. 18).

4. *Ibid.*, p. 11.

Les accidents, dit Aristote, ne sont pas des choses dans le même sens que les substances. Cette conception est liée d'une certaine manière à celle qu'il a soutenue à propos de l'unité et de la multiplicité. Il a énoncé qu'un agrégat de choses ne peut être considéré comme une chose effective, et que les parties des corps ne sont que des choses en puissance. Supposons maintenant qu'il ait affirmé qu'un accident est une chose au même sens qu'une substance dépourvue d'accident, et envisageons cela avec sa conception de la relation partie/tout. Il aurait dû dire qu'une substance contenue dans un accident existe seulement en puissance, et non effectivement. Mais Aristote ne pouvait que difficilement accepter cette conséquence [1].

La solution de Brentano consiste à dire que la substance est une partie (propre) de l'accident. Mais, comme le remarque Chisholm, il ne s'agit pas ici de la relation de partie à tout au sens ordinaire [2]. Pour le comprendre, il faut bien différencier les notions de « séparabilité unilatérale » (*einseitige Ablösbarkeit*) et de « séparabilité mutuelle » :

> Un *ens reale* peut avoir des parties qui sont liées pour former une unité uniquement dans notre pensée. Et il peut avoir des parties qui sont unies dans la nature. [...] Nous trouvons de telles parties dans les *continua*, dans lesquels des parties de plus en plus petites peuvent être distinguées *ad infinitum*. Ici, n'importe quelle partie peut disparaître, tandis que l'autre demeure inchangée à tous égards, sauf pour ce qui concerne son isolement.
>
> Il y a, cependant, des touts réels d'une autre sorte, pour lesquels seule la séparabilité unilatérale est possible. Celle-ci est comme celle que nous trouvons dans le cas de la couleur : nous pouvons distinguer le concept de couleur en tant que partie du concept rouge, mais ce qui distingue le rouge des autres couleurs ne peut être pensé séparément du concept de couleur. Donc, dans les touts en question, la partie est séparable du tout, même s'il est impossible de spécifier une quelconque autre partie séparable qui, avec la première, constitue le tout [3].

Les premiers types de touts semblent être ceux dont la relation à leurs parties – que nous appellerons, en suivant la terminologie de Husserl, des « fragments » – est régie par la méréologie extensionnelle classique.

---

1. *Ibid.*, p. 53-54.
2. R. Chisholm, « Brentano's Theory of Substance and Accident », in *Brentano and Meinong Studies*, Amsterdam, Rodopi, 1982, p. 9.
3. F. Brentano, *Kategorienlehre, op. cit.*, p. 151-152.

Il s'agit de la conception ordinaire de la relation de partie à tout. Par exemple, une allée d'arbres peut être considérée comme un tout, une unité, uniquement pensée dont des parties peuvent être supprimées sans que les autres s'en trouvent affectées : si j'abats un des arbres de l'allée, les autres arbres ne changent pas pour autant. Si je prends un exemple de tout naturel, comme, par exemple, le *continuum* que constitue mon corps, je peux distinguer une de ses parties, comme, par exemple, mon bras gauche, et même la supprimer sans que le reste de mon corps ne s'en trouve changé. Donc, il semble que pour ce type de touts, toutes les parties sont mutuellement séparables les unes des autres.

Dans le deuxième type de touts, il n'y a qu'une séparabilité unilatérale. Qu'est-ce à dire ? Il semble que nous puissions affirmer que *a* est unilatéralement séparable de *b* si et seulement si *a* est tel qu'il peut continuer à exister, alors que *b* a cessé d'exister et *b* ne peut continuer à exister, lorsque *a* a cessé d'exister. Par exemple, si la pensée particulière que j'ai d'un certain objet ne peut survivre à ma disparition, je peux très bien survivre à la disparition de cette pensée. Or, sur la question particulière de la substance et de l'accident, Brentano et le Stagirite sont en accord sur au moins un point : la substance est unilatéralement séparable de l'accident. À cet effet, rappelons qu'Aristote, dans un passage célèbre des *Catégories*, distingue quatre types d'êtres :

> Parmi les êtres, les uns sont affirmés d'un sujet (χαθ' ὑποχειμένον τινός λέγεται), tout en n'étant dans aucun sujet (ἐ ὑποχειμένῳ δὲ οὐδεί ἐστι) : par exemple *homme* est affirmé d'un sujet, savoir d'un certain homme, mais il n'est dans aucun sujet. D'autres sont dans un sujet, mais ne sont affirmés d'aucun sujet (par *dans un sujet*, j'entends ce qui, ne se trouvant pas dans un sujet comme sa partie, ne peut être séparé de ce en quoi il est) : par exemple, une certaine science grammaticale existe dans un sujet, savoir dans l'âme, mais elle n'est affirmée d'aucun sujet ; et une certaine blancheur existe dans un sujet, savoir dans le corps (car toute blancheur est dans un corps), et pourtant elle n'est affirmée d'aucun sujet. D'autres êtres sont à la fois affirmés d'un sujet et dans un sujet : par exemple, la Science est dans un sujet, savoir dans l'âme, et elle est aussi affirmée d'un sujet, la grammaire. D'autres êtres enfin ne sont ni dans un sujet, ni affirmés d'un sujet, par exemple, *cet homme, ce cheval*, car aucun être de cette nature n'est dans un sujet, ni affirmé d'un sujet [1].

---

1. Aristote, *Catégories*, 1a 20-1b 10, trad. fr. J. Tricot, Paris, Vrin, 1994, p. 3-4.

Ce passage est généralement compris comme posant une distinction entre substances universelles, accidents singuliers, accidents universels et substances singulières [1]. Ainsi que le remarque Ross, l'opposition « être affirmé d'un sujet » / « ne pas être affirmé d'un sujet » concerne celle de l'universel et du singulier et l'opposition « être dans un sujet » / « ne pas être dans un sujet » concerne celle de l'abstrait et du concret. En résumé, nous avons le tableau suivant :

	être dit d'un sujet (universel)	ne pas être dit d'un sujet (singulier)
être dans un sujet (abstrait)	propriétés générales	propriétés individuelles
ne pas être dans un sujet (concret)	substances secondes	substances premières

Aristote ne qualifie pas explicitement d'« accident singuliers », ou « individuels », la catégorie d'êtres qui sont dans un sujet, mais ne sont affirmés d'aucun sujet. Néanmoins, d'une part, il est clair que les êtres qui sont dans un sujet caractérisent la relation d'inhérence et ont été traditionnellement qualifiés d'« accident » [2] et, d'autre part, les êtres qui ne sont pas dits d'un sujet caractérisent bien, pour Aristote, l'individuel [3].

Dans le passage cité, l'accident est, pour Aristote, « ce qui, ne se trouvant pas dans un sujet comme sa partie, ne peut être séparé de ce en quoi il est » [4]. Par conséquent, la relation 'dans' caractérise chez Aristote celle d'inséparabilité unilatérale ; l'accident individuel est dans la substance, en ce qu'il ne peut en être séparé. Mais Aristote précise que cet 'être dans' ne doit pas être compris au sens d'' être une partie de'. Or, c'est là une différence majeure avec Brentano. En effet, ce dernier conçoit, dans le passage cité précédemment, que la séparabilité unilatérale fait intervenir la notion de partie. Mais il convient ici d'être prudent, car Brentano ne dit pas que l'accident est une partie de la substance, et en cela il est fidèle à Aristote, mais plutôt que la substance est une partie de l'accident, ce que

---

1. Nous suivons l'analyse de ce passage par Jules Vuillemin : *De la logique à la théologie. Cinq études sur Aristote*, nouvelle éd. remaniée et augmentée, Louvain-la-Neuve, Peeters, 2008 [1967], p. 35 *sq*.
2. Le terme συβεβηκός ne se trouve pas dans le texte des *Catégories*. Pour la qualification traditionnelle d'accidents, on pourra se reporter, par exemple, à Boèce (*Categorias Aristotelis*).
3. Aristote, *Catégories*, 1b 6, trad. fr. p. 4.
4. *Ibid.*, 1a 23-24, trad. fr. p. 3.

n'aurait sûrement pas accepté le Stagirite. Dès lors, s'ils s'accordent tous
les deux pour dire que l'accident est inséparable de la substance, alors
que la substance est, elle, séparable de ses accidents, Brentano ajoute que
l'accident est un tout dont la substance est une partie. En fait, selon nous,
les deux philosophes s'accordent pour rejeter une même notion de partie,
à savoir celle qui appartient au premier type de touts que Brentano distin-
guait dans le passage cité précédemment : les fragments, c'est-à-dire, finalement, des parties mutuellement séparables.

Ce qu'il faut bien comprendre, c'est que la relation de partie à tout, qui
lie une substance à l'un de ses accidents chez Brentano, est celle qui intervient dans le deuxième type de touts distingué par lui. Au premier type,
celui de ce que nous pourrions appeler des touts ordinaires, s'applique
ce que Simons appelle le « principe faible de supplémentation » (*weak
supplementation principle*)[1], et que Smith appelle le « principe du reste »
(*remainder principle*)[2], c'est-à-dire le principe selon lequel si un objet a
une partie propre, alors il y a une autre partie propre de ce tout, disjointe de
la première, qui constitue la différence (méréologique) des deux. Ce n'est,
par contre, pas le cas des touts du deuxième type[3]. Ainsi, dans l'exemple
du rouge et de la couleur, le concept 'couleur' est une partie propre du
concept 'rouge'. Il s'agit, de plus, d'une partie unilatéralement séparable
au sens où je peux penser le concept de couleur sans celui de rouge, mais
l'inverse n'est pas vrai. Étant une partie propre du concept de rouge, le
concept de couleur ne lui est pas identique, néanmoins ce qui enrichit
le premier pour obtenir le second n'est rien, ce n'est pas une autre partie
propre du concept de rouge. De la même manière, si une substance est une
partie propre d'un accident, il n'y a pas pour autant d'autre partie propre
de cet accident qui en constituerait le reste méréologique par rapport à
la substance. De la sorte, si l'accident est bien « quelque chose de plus »
que la substance, la seconde étant « enrichie » par rapport au premier, il
n'y a pas de « chose » qui, étant une partie propre « réelle » de l'accident,
constituerait son reste si la substance était supprimée (ce qu'elle ne peut
être).

---

1. P. Simons, *Parts. A Study in Ontology*, *op. cit.*, p. 28.
2. B. Smith, *Austrian Philosophy: the Legacy of Franz Brentano*, Chicago, Open Court,
1994, p. 71.
3. A. Chrudzimski et B. Smith, « Brentano's Ontology: from Conceptualism to Reism »,
in *The Cambridge Companion to Brentano*, D. Jacquette (éd.), Cambridge, Cambridge
University Press, 2004, p. 213.

La théorie des parties psychologiques de Stumpf
et la notion de fusion

Les recherches de Stumpf sur la notion de dépendance s'inscrivent dans un débat de premier plan qui s'est développé au sein de la psychologie et de la philosophie de la fin du XIXe siècle et du début du XXe : le débat sur la *Gestalt*. Le point de départ de celui-ci est la publication en 1890 de l'article séminal « Sur les "qualités de forme" » [1], dans lequel Ehrenfels avait mis en évidence l'existence de certaines « formes » (*Gestalten*), de certains touts irréductibles à la simple somme méréologique de leurs parties. La controverse à laquelle allait donner lieu cette découverte peut être divisée en deux grandes périodes [2]. Premièrement, celle qui s'étend de 1890 à 1910 et qui coïncide avec le développement des différentes formes de « psychologies descriptives » dans l'École de Brentano. Deuxièmement, la période qui débute avec la naissance de la psychologie de la forme à l'Institut de psychologie de Berlin fondé par Stumpf, et dans lequel seront formés Wertheimer, Koffka et Bühler. C'est à la première période que nous nous intéresserons ici [3], car c'est durant celle-ci que seront développées plusieurs notions d'une importance fondamentale pour la problématique qui est ici la nôtre.

Le point de départ de l'article d'Ehrenfels est constitué par la thèse, soutenue par Mach dans *L'analyse des sensations*, selon laquelle « nous avons la capacité de "sentir" [*empfinden*] de manière immédiate » les « formes spatiales », comme un arbre, et même les « formes sonores », ou mélodies [4], lesquelles formes nous apparaissent, de prime abord, « comme un tout *unitaire et indivisible* » [5]. La question fondamentale qui se pose alors est la suivante :

> [...] que *sont* en soi ces formations de représentation appelées « forme spatiale » et « mélodie » : une simple synthèse d'éléments, ou quelque

---

1. C. Ehrenfels, « Über "Gestaltqualitäten" », *Vierteljahrsschrift für wissenschaftliche Philosophie*, 14 (1890), no. 3, p. 128-155 ; trad. fr. D. Fisette *in À l'école de Brentano. De Würzbourg à Vienne*, D. Fisette et G. Fréchette (dir.), Paris, Vrin, 2007, p. 225-259.

2. D. Fisette et G. Fréchette, « Le leg de Brentano », in *À l'école de Brentano. De Würzbourg à Vienne*, *op. cit.*, p. 81.

3. Sur cette période, cf. *ibid.*, p. 82-126.

4. C. Ehrenfels, « Über "Gestaltqualitäten" », art. cit., § 1, p. 128 ; trad. fr. p. 225.

5. E. Mach, *Beiträge zur Analyse der Empfindungen*, Iena, Fisher, 1886, p. 40 ; *L'analyse des sensations. Le rapport du physique au psychique*, trad. fr. F. Eggers et J.-M. Monnoyer, Nîmes, Chambon, 1996, p. 94.

chose de nouveau par rapport à ceux-ci, quelque chose qui se représente bien *avec* cette synthèse, mais qui en est pourtant *distinct*[1] ?

Autrement dit, pour prendre le cas particulier de la mélodie, lorsque nous appréhendons une « forme sonore » composée de *n* unités de conscience correspondant à *n* notes successives, nous représentons-nous quelque chose de plus que ces *n* unités de conscience prises ensemble[2] ?

La réponse d'Ehrenfels à cette question, qui est également celle qui prévaut dans la tradition brentanienne, est que ces structures, complexes, ou encore formes, ne résultent pas de la simple sommation méréologique de leur parties ; il faut quelque chose de plus. Un fait remarquable à propos d'une mélodie semble d'ailleurs nous suggérer une telle réponse : c'est le fait qu'elle puisse être transposée dans une autre tonalité. Il s'agit alors de la même mélodie, malgré le fait que toutes ses notes aient pu en être changées. C'est donc qu'il y a quelque chose de plus dans ce complexe sonore qui ne se réduit pas à la simple somme des notes individuelles qui la composent[3]. L'argument avancé ici se fonde, en quelque sorte, sur une remise en cause du principe d'extensionalité atomique de la méréologie extensionnelle classique selon lequel deux touts, au sens de simples sommes méréologiques, sont identiques si et seulement si ils possèdent les mêmes parties atomiques (ici les notes individuelles). Or, dans l'exemple de la transposition des mélodies, ce principe n'est clairement pas respecté. C'est donc que les mélodies ne sont pas de simples sommes méréologiques de leurs parties élémentaires.

Ehrenfels qualifie de « qualité de forme » (*Gestaltqualität*) ce qui s'ajoute aux éléments dans les touts qui, comme la forme spatiale ou la mélodie, ne se réduisent pas à la somme de leurs éléments. Il définit cette notion de la manière suivante :

> Par « qualité de forme », nous entendons les contenus positifs de représentation qui sont liés dans la conscience à la présence de complexes de représentation, lesquels consistent en éléments séparables les uns des autres (c'est-à-dire représentables indépendamment les uns des autres). Ce complexe de représentation, qui est nécessaire à la présence des qualités de forme, nous le nommons « fondement » [*Grundlage*] des qualités de forme[4].

1. C. Ehrenfels, « Über "Gestaltqualitäten" », art. cit., § 1, p. 128-129 ; trad. fr. p. 226.
2. *Ibid.*, § 2, p. 130 ; trad. fr. p. 228.
3. *Ibid.*, § 2, p. 134 ; trad. fr. p. 233.
4. *Ibid.*, § 4, p. 136 ; trad. fr. p. 236.

Les qualités de forme sont donc identifiées par Ehrenfels à des contenus de représentation et ces contenus sont en relation avec des « complexes de représentation », c'est-à-dire des ensembles de représentations mutuellement indépendantes. Par exemple, dans le cas de la mélodie, ce complexe de représentation sera constitué par l'ensemble des représentations de notes qui composent la mélodie. Ces représentations sont mutuellement indépendantes, puisque je peux tout à fait avoir une représentation d'une note sans une autre. Le complexe de représentation est appelé par Ehrenfels le « fondement de la qualité de forme », ce qui correspond au « contenu fondateur » de Meinong [1], la qualité de forme correspondant, elle, au « contenu fondé ».

À ce niveau, la question centrale que nous pouvons nous poser concernant les qualités de forme est celle de la nature des relations qui lient un contenu fondé à un contenu fondateur. Sont-elles immanentes à l'un des contenus ? Sont-elles produites par le sujet percevant ? Ehrenfels, pour sa part, soutient qu'elles sont données directement avec les contenus fondateurs, « sans qu'une activité soit spécifiquement dirigée vers elles » [2]. Sur ce point, la position de Stumpf est identique à celle d'Ehrenfels et s'oppose à la « théorie de la production » de l'École de Graz, et donc à Meinong qui en est le maître.

Le fondateur de l'Institut de psychologie de Berlin aborde une première fois la notion de dépendance dans son *Raumbuch* de 1873, lequel s'inscrit dans le débat entre « nativisme » et « empirisme » sur l'origine de la représentation de l'espace [3]. Pour répondre à la question de savoir « comment l'espace et la qualité se tiennent l'un et l'autre dans la représentation » (*wie sich Raum und Qualität in der Vorstellung zu einander verhalten*) [4], il y envisage différentes manières dont des « contenus » (*Inhalte*) peuvent être représentés ensemble. La considération de celles-ci

---

1. Cf. A. Meinong, « Zur Psychologie der Komplexionen und Relationen », in *Gesamtausgabe. Band II. Abhandlugen zur Erkenntnistheorie und Gegenstandstheorie*, R. Haller, R. Kindinger et R. Chisholm (éds.), Graz, Akademische Druck -und Verlagsanstalt, 1971, p. 288. Cf. aussi « Über Gegenstände höherer Ordnung und deren Verhältnis zur inneren Wahrnehmung », *Zeitschrift für Psychologie und Physiologie der Sinnesorgane*, 21 (1899), p. 182-272 ; trad. fr. G. Fréchette in *À l'école de Brentano. De Würzburg à Vienne*, D. Fisette et G. Fréchette (dir.), *op. cit.*, p. 261-341.

2. C. Ehrenfels, « Über "Gestaltqualitäten" », art. cit., § 9, p. 152 ; trad. fr. p. 256.

3. Sur cette controverse et son importance philosophique et scientifique au XIXᵉ siècle, cf. D. Fisette, « La philosophie de Carl Stumpf, ses origines et sa postérité », in *C. Stumpf. Renaissance de la philosophie. Quatre articles*, Paris, Vrin, 2006, p. 38-50.

4. C. Stumpf, *Über den psychologischen Ursprung der Raumvorstellung*, Leipzig, Hirzel, 1873, p. 107.

met, selon lui, en évidence la distinction entre deux classes principales de contenus : les « contenus indépendants » (*selbständige Inhalte*) et les « contenus partiels » (*Teilinhalte*)[1] :

> [...] les contenus indépendants sont donnés là où les éléments d'un complexe de représentation [*Vorstellungscomplexe*] peuvent, selon leur nature, aussi être représentés séparément [*getrennt*] ; les contenus partiels là où ce n'est pas le cas[2].

Par exemple, l'extension et la couleur d'une surface visuelle représentée sont des contenus partiels en ce qu'ils ne peuvent, d'après leur nature-même, être représentés séparément. Du point de vue ontologique, nous pouvons dire que l'étendue et la couleur sont deux parties mutuellement dépendantes d'un même tout, à savoir une certaine surface colorée.

La perspective de Stumpf, comme d'ailleurs celle d'Ehrenfels, consiste, au final, à privilégier le tout sur ses parties, ou, en termes plus psychologiques, à affirmer que ce qui est originaire dans la représentation, c'est le complexe articulé par des relations entre différents contenus partiels, ce qu'Ehrenfels appelait une *Gestalt*[3]. Mais contre cette manière de voir qui met en évidence des relations de dépendance entre les parties d'un même tout, on pourrait rétorquer que nous pouvons parler de contenus partiels indépendamment les uns des autres. Ainsi, je peux parler d'étendue sans couleur et de couleur sans étendue, alors que leurs représentations ne peuvent jamais nous être données séparément. Stumpf ne nie pas ce point. Ce qu'il faut plutôt souligner, c'est que de tels concepts sont, en fait, des *abstracta* « formés par notre seul entendement afin de décrire les phénomènes en soi unitaires et leurs changements »[4]. Mais, bien que nos concepts soient formés par abstraction, cela ne veut nullement dire qu'ils sont des *entia rationis* arbitraires ; ils ont un *fundamentum in re*, plus précisément ils sont fondés dans le matériau phénoménal[5].

En 1883 et 1890, dans sa *Tonpsychologie*, Stumpf revient sur la notion de dépendance[6]. Dans le deuxième volume de cet ouvrage, il distingue plusieurs types d'« unités » (*Einheiten*), de « touts » (*Ganze*). La forme

1. C. Stumpf, *Über den psychologischen Ursprung der Raumvorstellung*, op. cit., p. 109.

2. *Idem.*

3. D. Fisette, « La philosophie de Carl Stumpf, ses origines et sa postérité », art. cit., p. 37.

4. C. Stumpf, *Erkenntnislehre*, vol. 1, Leipzig, Barth, 1939, p. 23 ; trad. fr. D. Fisette *in* « La philosophie de Carl Stumpf, ses origines et sa postérité », art. cit., p. 38.

5. *Idem.*

6. Cf. en particulier C. Stumpf, *Tonpsychologie*, vol. 2, Leipzig, Hirzel, 1890, p. 65 *sq.*

la plus « lâche » de tout est la simple « somme » méréologique. Lorsque nous avons affaire à des « moments », c'est-à-dire à ce que Stumpf appelait des « contenus partiels » dans son *Raumbuch*, nous avons, par contre, une connexion forte entre les parties du tout, puisque celles-ci ne peuvent être séparées les unes des autres. C'est par exemple le cas de la qualité et de l'intensité dans la sensation d'une note de musique : nous ne pouvons avoir une sensation de qualité sans une sensation d'intensité, et inversement. Entre ces deux extrêmes, nous avons encore différents types de « fusions » (*Verschmelzungen*), c'est-à-dire des touts dans lesquels les parties forment une unité plus forte que celle de la simple somme, mais qui peuvent néanmoins faire l'objet de sensations séparées :

> Nous avons nommé fusion ce rapport entre deux contenus et spéciale-ment entre deux contenus d'impression par lequel ils ne forment pas une simple somme mais un tout [1].

Par exemple, des notes différentes peuvent faire l'objet de sensations séparées, mais si celles-ci sont senties simultanément, par exemple dans un accord, il est impossible de ne pas les sentir comme un tout qui ne soit pas leur simple somme méréologique. La fusion est donc une certaine unification de ses parties en un tout qui manifeste une qualité originale – entendons qui ne se situe pas dans chacune des parties prises séparément –, à savoir une certaine qualité sensible.

Dans une somme, les parties restent indépendantes les unes des autres « au sens où leur liaison au sein du tout n'entraîne aucune dépendance interne nécessaire » [2]. Il n'y a donc dans ce cas aucun moment. Dans une fusion, par contre, les éléments du tout sont liés de telle sorte qu'ils mani-festent un rapport particulier. Par conséquent, la fusion est, pour Stumpf, un « rapport fondamental » (*Grundverhältniss*) qui n'est pas introduit par le jugement, mais qui est « immanent aux impressions sensibles » [3]. La fusion n'est pas le résultat d'un acte psychique, mais est « découverte » « à même » (*an*) les contenus sensibles, ou « entre » (*zwischen*) eux [4]. Ce point est essentiel car, contre une certaine conception kantienne, il affirme que la sensibilité est déjà organisée, de manière « pré-catégoriale » [5].

---

1. *Ibid.*, p. 128 ; trad. fr. B. Bégout *in* « Le phénomène de la fusion chez Stumpf et Husserl », *Annales de phénoménologie*, 7 (2008), p. 13.
2. B. Bégout, « Le phénomène de la fusion chez Stumpf et Husserl », art. cit., p. 13.
3. C. Stumpf, *Tonpsychologie*, vol. 1, Hirzel, Leipzig, 1884, p. 97.
4. *Ibid.*, vol. 2, *op. cit.*, p. 96 et B. Bégout, « Le phénomène de la fusion chez Stumpf et Husserl », art. cit., p. 11.
5. *Idem.*

La fusion se situe donc entre la simple somme méréologique et la forme de dépendance forte que nous trouvons entre l'intensité et la hauteur d'un son ou entre la couleur et la surface. Dans ce dernier cas, la dépendance est mutuelle, de telle sorte que nous pouvons percevoir l'une sans l'autre. Dans la fusion, par contre, je peux très bien percevoir séparément les différentes parties qui la composent. Dans une mélodie, par exemple, je peux tout à fait isoler les différents sons qui la constituent, que ce soit avant leur insertion dans la mélodie ou après. La dépendance, ici, n'est pas mutuelle entre les différentes parties de la mélodie, mais unilatérale : de la mélodie par rapport aux sons qui la composent. Elle est donc dans ce cas plus « lâche ». Ce qui semble être ici une différence de degré dans la dépendance, sera envisagé comme des formes d'unification radicalement différentes par Husserl dans sa troisième *Recherche logique*. Ainsi, la dépendance forte que nous trouvons entre une couleur et une surface sera considérée comme étant de nature ontologique, plus précisément comme relevant d'un *a priori* matériel ; la fusion sera envisagée comme relevant du domaine phénoménologique, car interne à la sensibilité ; et la simple somme méréologique sera comprise au sens de collection, c'est-à-dire d'un rassemblement arbitraire d'éléments par la seule subjectivité, sans fondement dans les objets ou dans les contenus de la sensibilité.

LES NOTIONS DE DÉPENDANCE ET D'INDÉPENDANCE EXISTENTIELLES CHEZ HUSSERL

Rappelons que, si Husserl fut l'élève de Brentano, c'est sous la direction de Stumpf qu'il rédigea sa thèse d'habilitation sur l'origine du concept de nombre en 1887 [1]. La conception stumpfienne des totalités eut une influence déterminante dans le développement du jeune Husserl. Ainsi, dans la *Philosophie de l'arithmétique* de 1894, dont le contexte est l'élucidation du concept de nombre, le fondateur de la phénoménologie soutient que les relations entre les contenus fondés et les contenus fondateurs sont données avec ces derniers, et ne sont donc pas imposées de l'extérieur par le sujet percevant. Par exemple, lorsque nous percevons une rangée d'arbres, c'est-à-dire une « multiplicité sensible d'objets égaux

---

1. D. Fisette, « La philosophie de Carl Stumpf, ses origines et sa postérité », art. cit., p. 22.

entre eux », nous avons une « intuition unitaire totale » qui est appréhendée « d'un seul coup d'œil » [1]. Par conséquent, ce caractère d'unité d'une multiplicité sensible n'est pas de nature conceptuelle, il n'est pas le résultat d'un « acte de colligation ». Nous appréhendons, en fait, ici ce que Husserl appelle un « moment figural », lequel est une « quasi-qualité », c'est-à-dire quelque chose qui est appréhendé de la même manière – d'une manière aussi immédiate – qu'une qualité, comme, par exemple, le rouge d'une surface, mais qui s'établit sur la base d'autres qualités primaires. Les moments figuraux sont le résultat de la « fusion » des particularités des contenus et des relations [2]. Par là, Husserl veut souligner que se forme une unité qui est autre chose que la simple somme de ses parties.

Nous voyons ce que les analyses des moments figuraux de 1894 doivent encore à Stumpf. C'est dans sa troisième *Recherche logique* que Husserl se détachera réellement de son maître, bien qu'il continuera alors à se revendiquer à plusieurs reprises de ses analyses. L'apport majeur de ce texte, du point de vue de notre problématique, est double. D'une part, s'y opère la distinction nette entre la sphère ontologico-formelle et celle ontologico-matérielle que nous avons déjà évoquée. D'autre part, y est établie la distinction de cette même sphère ontologico-formelle avec celle des phénomènes.

Jusqu'à présent, le statut de la relation de dépendance existentielle était demeuré ambigu. S'agit-il d'une relation psychologique ou d'une relation ontologique ? Le fait pour une couleur et une étendue de ne pas pouvoir être séparées relève-t-il d'une impossibilité mentale ou bien est-elle intrinsèque aux objets eux-mêmes ? S'appuyant sur les remarques « pertinentes » de Stumpf, Husserl s'attache justement à caractériser plus précisément la signification de ce fait de « pouvoir » ou de « ne pas pouvoir être représenté séparément » (*Getrennt-vorgestellt-werden-nicht-könnens*). Ainsi, nous avons, d'une part, des contenus qui ne sont concevables que « comme parties de touts plus vastes », en ce que nous avons l'évidence que la modification ou la suppression d'au moins un contenu donné avec eux doive les modifier ou les supprimer eux-mêmes et, d'autre part, des contenus qui peuvent être conçus comme isolés, en ce qu'il est tout à fait concevable, c'est-à-dire sans aucune incompatibilité, qu'une modification ou une suppression de tous les contenus coexistants avec

---

1. E. Husserl, *Philosophie der Arithmetik. Psychologische und logische Untersuchungen*, La Haye, Nijhoff, 1970, p. 228 ; *Philosophie de l'arithmétique. Recherches psychologiques et logiques*, trad. fr. J. English, Paris, PUF, 1972, p. 249-250.

2. *Ibid.*, p. 250 ; trad. fr. p. 228-229.

eux les laissent « intacts » [1]. Toute « chose phénoménale » (*jedes phäno-menale Ding*), ainsi que tout fragment de cette chose est « séparément représentable » en ce dernier sens. Par exemple, un cheval ou un complexe sonore sont représentables séparément de l'environnement qui nous est donné avec eux, et il en est de même de leurs fragments : la tête d'un cheval peut être représentée séparément du cheval pris comme un tout ou un son peut être représenté séparément du complexe sonore dont il est une partie. Mais qu'en est-il maintenant des contenus qui ne peuvent être représentés séparément, comme, par exemple, ceux d'une qualité visuelle et d'une extension ? Bien sûr, nous pouvons faire varier ces deux moments indépendamment l'un de l'autre : par exemple, la couleur peut rester la même, alors que l'extension varie, et inversement. Mais, précise Husserl, cette « variabilité indépendante » ne concerne que « les espèces de ces moments à l'intérieur de leurs genres » [2]. Autrement dit, pour être précis, alors que l'espèce de la couleur demeure inchangée, l'extension peut changer spécifiquement à volonté : je peux en changer la forme ou les dimensions, par exemple ; et, inversement, je peux maintenir l'espèce de l'extension et faire varier celle de la couleur en passant, par exemple, du rouge au vert. Par contre, si je remplace le genre 'extension' par un autre genre, c'est-à-dire, en fait, que j'élimine entièrement l'extension, alors j'élimine simultanément la couleur. De même, si je change le genre 'couleur', je n'aurai plus l'extension. Donc, la couleur et l'extension ne sont pas séparément représentables, ce sont des parties dépendantes l'une de l'autre et du tout qu'elles composent. Il en est de même pour l'intensité et la qualité d'un son : bien que l'on puisse faire varier l'une par rapport à l'autre, et inversement, elles ne peuvent, par leur nature-même, exister séparément ou indépendamment l'une de l'autre dans la représentation. De ces exemples, et d'autres dans les *Recherches logiques*, nous pouvons conclure que Husserl conçoit les espèces comme étant structurées selon deux dimensions : d'une part, nous avons une relation verticale d'inclusion entre espèces qui s'exprime sous la forme d'une « hiérarchie des espèces » de type traditionnel, entendons aritotélico-porphyrien, avec des « genres suprêmes » et des « différences ultimes » [3] et, d'autre part, nous avons une relation horizontale de dépendance, qui peut être mutuelle ou unilatérale, entre espèces.

1. E. Husserl, *Logische Untersuchungen*, III, *op. cit.*, § 3, p. 230 ; trad. fr. p. 11.
2. *Ibid.*, § 4, p. 231 ; trad. fr. p. 13.
3. Cf. par exemple *ibid.*, § 7a, p. 242 ; trad. fr. p. 25.

Lorsque nous disons qu'un contenu est séparable, ou indépendant, cela ne signifie pas qu'il puisse être effectivement détaché : que ce soit dans la sphère phénoménologique, un contenu effectivement vécu ne peut être détaché « de tout fusionnement avec des contenus existants », ou que ce soit dans la sphère phénoménale, une chose ne peut nous apparaître comme détachée d'un contexte, de l'« arrière-plan objectif qui apparaît en même temps » [1]. Non, par « séparabilité », ou « indépendance », d'un contenu, Husserl, qui transforme ici la démonstration empirique d'inséparabilité de Stumpf en définition de son essence, signifie plutôt que :

> [...] nous pouvons maintenir ce contenu identique dans notre représentation, malgré une variation illimitée (arbitraire, qui ne soit interdite par aucune loi fondée dans l'*essence* du contenu) des contenus liés et, en général, donnés avec lui ; ce qui à son tour, veut dire que ce contenu resterait inchangé par la suppression de tout ensemble quelconque de contenus donnés avec lui [2].

Husserl ajoute que cela implique que l'existence d'un contenu séparable, d'après son « essence », n'est en aucune sorte conditionnée par l'existence d'autres contenus ou, encore, que, a priori, il pourrait exister si absolument rien n'existait en dehors de lui ou si tout se modifiait de manière arbitraire, c'est-à-dire en dehors de toute loi, autour de lui. C'est donc dans son essence, dans sa nature a priori, que se fonde la séparabilité d'un objet. Certes, son existence peut très bien être donnée de manière empirique avec celle d'autres objets, mais son essence, elle, n'exige pas d'être « entrelacée » à d'autres essences.

C'est donc un passage à la sphère objective – caractérisé par la substitution au vocabulaire, encore psychologique, de contenus partiels et de contenus indépendants de celui, proprement ontologique, de « parties indépendantes» (*selbständige Teile*) et de « parties dépendantes » (*unselbständige Teile*), ou encore de « fragments » (*Stücke*) et de « moments » (*Momente*) – qui s'opère dans la troisième *Recherche logique*, plus précisément à la sphère ontologique a priori. La relation de dépendance existentielle peut alors être étudiée de deux points de vue : matériel ou formel. Dans la sphère ontologico-matérielle, il s'agira d'établir les lois et nécessités se rapportant aux « différentes *espèces de dépendances* » [3]. Que 'Une couleur ne puisse exister sans une certaine étendue qui soit

---

1. *Ibid.*, § 5, p. 235 ; trad. fr. p. 17.
2. *Idem.*
3. *Ibid.*, § 11, p. 252 ; trad. fr. p. 36.

recouverte par elle' est une proposition qui relève de cette sphère, en ce qu'elle affirme une relation de dépendance existentielle entre une chose colorée et une chose étendue, laquelle dépendance est ancrée *a priori* dans les genres matériels 'couleur' et 'étendue'. Dans la sphère ontologico-formelle, il s'agira plutôt d'établir les lois et nécessités gouvernant la relation de dépendance existentielle elle-même, indépendamment de ce qui peut concrètement dépendre ou non d'autre chose. Par exemple, 'Si un tout *a* est une partie dépendante d'un tout *b*, il est aussi une partie dépendante de n'importe quel autre tout dont *b* est une partie' est une loi de ce type. Avec ce deuxième champ d'étude, s'ouvre alors la possibilité d'une « théorie pure des touts et des parties » centrée sur les notions de dépendance, de partie et de tout, qui n'est qu'esquissée par Husserl dans sa troisième *Recherche logique*. Il reviendra à d'autres de la développer plus amplement sous une forme axiomatico-déductive – ce que faisait déjà Husserl – et symbolisée – ce que ne faisait que partiellement Husserl [1].

Cette découverte d'une sphère ontologique *a priori*, dont relève la notion de dépendance existentielle, oblige Husserl à revenir sur les analyses qu'il avait effectuées en 1894 sur le phénomène de fusionnement, et, par là, à préciser celles de Stumpf. Dans sa troisième *Recherche logique*, il soutient qu'à chaque tout appartient un « moment d'unité » [2], c'est-à-dire ce qu'il appelait un « moment figural » [3] dans la *Philosophie de l'arithmétique*. Mais, au vu des analyses précédentes, il s'agit mainte-nant de bien distinguer les « moments d'unité *phénoménologiques* » des « moments d'unité *objectifs* » [4]. Tandis que les premiers « confèrent l'unité aux vécus ou aux parties de vécus elles-mêmes (aux données phénoméno-logiques réelles) », les seconds « appartiennent aux objets ou aux parties d'objets *intentionnels* et, en général, transcendants par rapport à la sphère des vécus ». Autrement dit, il faut distinguer entre les moments d'unité qui relèvent d'une phénoménologie des vécus et ceux qui relèvent d'une ontologie matérielle. Or, le phénomène de fusionnement, n'est pas régi par des lois de dépendance appartenant à un *a priori* matériel, comme c'est le cas de la couleur vis-à-vis de la surface, mais est un caractère intrinsèque de l'intuition et appartient donc à une analyse phénoménologique.

---

1. Husserl utilise des lettres schématiques pour représenter des parties et des touts quelconques, mais ne symbolise pas les relations et autres opérateurs entre ces variables ; ce qui n'empêche pas sa théorie d'être bien de nature formelle.

2. E. Husserl, *Logische Untersuchungen*, III, *op. cit.*, § 22, p. 277 ; trad. fr. p. 63.

3. Ce changement de terminologie a été suggéré à Husserl par Riehl.

4. E. Husserl, *Logische Untersuchungen*, III, *op. cit.*, § 4, p. 234 ; trad. fr. p. 16.

Par conséquent, il convient de ne pas confondre les objets dépendants et les objets indépendants dans le domaine ontologique avec les contenus « séparés » (*abhebenden*), ou « scindés » (*abscheidenden*), et les contenus fusionnés dans le domaine des données intuitives, c'est-à-dire dans le domaine phénoménologique [1]. Selon Husserl, un contenu est séparé intuitivement lorsqu'il peut acquérir, par rapport à d'autres contenus coexistants, une « valeur propre » et « se détacher pour lui-même ». Un contenu non séparé intuitivement n'est, lui, pas seulement lié, mais fusionné avec d'autres contenus.

APPROCHES ANALYTIQUES CONTEMPORAINES
DE LA NOTION DE DÉPENDANCE EXISTENTIELLE

Arrêtons-nous un instant pour faire le point. D'une part, nous avons vu qu'il était possible, en suivant Husserl, Stumpf et Brentano, de distinguer plusieurs types de dépendances existentielles. Nous pouvons définir la plus simple d'entre elles, provisoirement, de la façon suivante :

(1) a est existentiellement dépendant de b si et seulement si a a besoin de b pour exister.

Par simple négation, nous pouvons définir la notion corrélative d'indépendance existentielle :

(2) a est existentiellement indépendant de b si et seulement si a n'a pas besoin de b pour exister.

Sur la base de ces définitions, nous pouvons distinguer (de manière sous-entendue au sens existentiel) la « dépendance mutuelle », la « dépendance unilatérale », ou encore l'« indépendance mutuelle » :

(3) a et b sont mutuellement dépendants si et seulement si a est existentiellement dépendant de b et b est existentiellement dépendant de a.

(4) a est unilatéralement dépendant de b si et seulement si a est existentiellement dépendant de b et b est existentiellement indépendant de a.

(5) a et b sont mutuellement indépendants si et seulement si a est existentiellement indépendant de b et b est existentiellement indépendant de a.

---

1. *Ibid.*, § 8, p. 243 ; trad. fr. p. 26.

La notion d'« indépendance unilatérale » est simplement la converse de celle de dépendance unilatérale, au sens où a est unilatéralement dépendant de b si et seulement si b est unilatéralement indépendant de a. Ce n'est évidemment pas le cas de la dépendance et de l'indépendance mutuelles, car deux objets peuvent ne pas être mutuellement dépendants, sans être forcément mutuellement indépendants, à savoir lorsqu'il entretiennent une relation de dépendance unilatérale.

D'autre part, nous avons vu dans quelle mesure, selon Husserl, la notion de dépendance existentielle pouvait relever d'une ontologie formelle. Au sein de la reprise analytique contemporaine de ce dernier projet, cette notion pourrait être amenée à jouer un rôle central, en ce qu'elle permettrait, en s'inspirant de quelques suggestions de Husserl, de rendre compte de certaines formes de totalités qui ne se réduisent pas à la simple sommation méréologique. Mais, avant d'en venir là, il convient de préciser la notion de dépendance existentielle elle-même. C'est à ce niveau-là qu'interviennent les outils de la logique moderne. Ceux-ci nous permettent de développer principalement trois approches de la notion de dépendance existentielle dans la tradition analytique. La première est modale, la seconde essentialiste et la troisième fondationnelle.

L'APPROCHE MODALE

La question fondamentale, à ce niveau, est celle de savoir comment interpréter le besoin de complétude existentielle d'un objet présent dans la définition (1) de la dépendance existentielle. Que peut signifier, précisément, le fait pour un objet « d'avoir besoin » d'un autre objet pour exister ? La solution la plus simple à cette question semble être celle qui consiste à considérer qu'il s'agit d'une « nécessité métaphysique » au sens de Kripke[1]. Si nous symbolisons la relation '(est) existentiellement dépendant de' au moyen du symbole $\prec$, la définition (1) de la section précédente pourra alors être formalisée de la manière suivante[2] :

$$(\text{DepExD1}) \quad (\forall xy)^\ulcorner x \prec_{nec} y \equiv\ \sim \Diamond(E!x \wedge\ \sim E!y)^\urcorner$$

---

1. Cf. S. Kripke, *La logique des noms propres*, trad. fr P. Jacob et F. Recanati, Paris, Les éditions de minuit, 1980 [1972], p. 24.

2. Simons appelle « fondation faible » et Correia « nécessitation faible » la dépendance ontologique définie de cette manière (cf. P. Simons, *Parts. A Study in Ontology*, *op. cit.*, p. 295 ; F. Correia, *Existential Dependence and Cognates Notions*, Munich, Philosophia Verlag, 2005, p. 42).

qui signifie que 'x est existentiellement dépendant de y si et seulement si il est impossible que x existe sans que y existe'. Nous aurions évidemment pu formuler le *definiens* au moyen de $\Box(E!x \supset E!y)$, c'est-à-dire 'Nécessairement, y existe si x existe', qui lui est tout à fait équivalent.

Il suit de (DepExD1) que tout objet est existentiellement dépendant de lui-même, puisqu'un objet ne peut exister s'il n'existe pas. Bien que ce cas soit trivial, nous ne voyons pas de raison, d'un point de vue ontologico-formel, de l'exclure *a priori*, c'est-à-dire de supposer que $\prec$ soit irréflexif. Une conséquence plus gênante de notre définition de la dépendance ontologique en termes de modalités métaphysiques, est que si un objet existe nécessairement, alors tout objet dépend existentiellement de cet objet [1]. Autrement dit :

(6) $(\forall xy)^{\ulcorner}\Box E!y \supset \sim \Diamond(E!x \land \sim E!y)^{\urcorner}$

dont nous pouvons dériver la propriété d'« irrelevance à droite » (*Right-Irrelevance*) [2] :

(7) $(\forall y)^{\ulcorner}\Box E!y \supset (\forall x)^{\ulcorner}x \prec_{nec} y^{\urcorner\urcorner}$

Cette conséquence est pour le moins problématique. Un exemple souvent avancé [3] consiste à dire que, si nous accordons, avec la théologie traditionnelle, que Dieu existe nécessairement, alors toute chose dépend existentiellement de lui. De notre point de vue, cet exemple ne devient problématique que si nous supposons une forme d'indépendance entre Dieu et les choses. Mais, si nous accordons une quelconque forme de dépendance entre Dieu et les choses, (7) devrait plutôt être une conséquence de cette forme de dépendance. Par exemple, si Dieu crée toute chose et existe nécessairement, alors il semble difficile de concevoir qu'une chose puisse exister sans que Dieu existe. Néanmoins, la dépendance existentielle des étants créés vis-à-vis de Dieu devrait alors être une conséquence du fait qu'ils sont créés par lui, et non simplement du fait qu'il existe nécessairement.

Un autre type d'exemple, à notre avis plus problématique, consiste à dire que certains objets abstraits, comme, par exemple, les nombres, les universaux ou l'ensemble vide, existent nécessairement. Or, il ne semble

---

1. P. Simons, *Parts. A Study in Ontology*, op. cit., p. 295.
2. F. Correia, *Existential Dependence and Cognates Notions*, op. cit., p. 42.
3. Par exemple par Peter Simons : *Parts. A Study in Ontology*, op. cit., p. 296.

pas que je sois existentiellement dépendant du nombre 2 ou de l'ensemble vide. La source du problème vient de la validité du schéma suivant en logique modale propositionnelle :

(8) $\Box B \supset \Box(A \supset B)$

lequel peut être démontré dans le système de logique modale K[1]. Or, ce dernier est le plus faible système de « logique modale normale », de sorte que ce qui est prouvable dans ce système est également prouvable dans tous les autres systèmes de logique modale normale classiques qui en sont des extensions[2]. Dès lors, il ne semble pas possible d'échapper à la difficulté en changeant de système de logique modale métaphysique.

Une solution simple à ce problème consiste à ajouter une condition à la dépendance existentielle d'un premier objet vis-à-vis d'un deuxième, à savoir que ce dernier ne soit pas nécessairement existant :

(DepExD2) $(\forall xy)^\ulcorner x \prec_{nec} y \equiv\ \sim \Box E!y \wedge\ \sim \Diamond(E!x \wedge\ \sim E!y)^\urcorner$

Nous avons alors affaire à ce que Simons appelle la « dépendance rigide faible »[3]. Malheureusement, une telle solution décide *a priori* qu'aucun objet ne peut dépendre existentiellement d'un objet qui existe nécessairement. Ce qui nous semble contraire au réquisit de neutralité métaphysique de l'ontologie formelle.

---

1. Le système K peut être obtenu en ajoutant au calcul classique des propositions les deux principes suivants :

> *règle de nécessitation* :   si A est un théorème de K, alors $\Box A$ l'est également ;
> *axiome de distribution* : $\Box(A \supset B) \supset (\Box A \supset \Box B)$,

ou, alternativement, en ajoutant à ce même calcul des propositions les deux règles de déduction naturelles suivantes pour l'opérateur '$\Box$' :

m	$\Box A$			m	$\Box$	$H(\Box)$
n		$\Box$	$H(\Box)$		$\vdots$	
p		A	$\Box E, m, n$	n	A	
				p	$\Box A$	$\Box I, m{-}n$

Munis de ces deux règles, nous pouvons facilement démontrer $\Box B \supset \Box(A \supset B)$.

2. Pour les relations entre les différents systèmes de logique modale propositionnelle, cf. J.W. Garson, *Modal Logic for Philosophers*, Cambridge, Cambridge University Press, 2006, p. 222.

3. P. Simons, *Parts. A Study in Ontology, op. cit.*, p. 296. Simons rajoute une condition de non-identité entre les deux objets.

Remarquons bien que, dans l'approche modale, ce n'est pas l'irrelevance à droite elle-même qui pose problème, puisqu'il est contradictoire de concevoir un monde possible dans lequel un certain objet existe sans qu'existe un autre objet dont l'existence est nécessaire, c'est-à-dire qui existe dans tout monde possible. Ce qui est problématique dans cette approche, c'est le conditionnel qui va du membre de droite au membre de gauche de (DepExD1). C'est lui qui entraîne la dépendance existentielle de n'importe quel objet par rapport à un objet existant nécessairement. Par contre, nous pouvons raisonnablement exiger que le membre de gauche de (DepExD1) entraîne le membre de droite. Autrement dit, nous exigeons qu'une définition de la dépendance existentielle ait la conséquence suivante :

$$(9) \quad (\forall xy)^\ulcorner x \prec y \supset \Box(E!x \supset E!y)^\urcorner$$

c'est-à-dire que la dépendance existentielle implique ce que Correia appelle la « nécessitation modale » [1]. Il semble en effet naturel de supposer que, si un objet dépend existentiellement d'un second, alors il n'y a pas de monde possible dans lequel le premier existe sans le second.

L'APPROCHE ESSENTIALISTE

Une deuxième solution à l'interprétation du besoin de complétude existentielle présent dans la définition (1) consiste à la concevoir en termes d'essence, de sorte que 'a est existentiellement dépendant de b' signifiera 'a est essentiellement tel qu'il ne peut exister sans que b existe'. La question fondamentale devient alors celle de savoir comment interpréter, à son tour, une proposition du type 'a est essentiellement F'. 'Essentiellement' peut ici être compris comme un foncteur ayant pour argument le prédicat '(est) F' et pour valeur '(est) essentiellement F', ou comme un opérateur qui appliqué à 'a est F' nous donne 'a est essentiellement tel que a est F', ou 'Il est le cas en vertu de la nature de a que a est F'. Nous suivons Correia en choisissant la seconde solution et nous symboliserons 'Il est le cas en vertu de la nature de a que B' au moyen de $\Box_a B$ [2].

1. F. Correia, *Existential Dependence and Cognates Notions, op. cit.*, p. 42.
2. *Ibid.*, p. 24-25.

Dans les recherches modales en philosophie analytique, les propositions du type $\square_a A$ ont généralement été comprises en termes modaux de
la manière suivante [1] :

(10) $\square_a B \equiv \square(E!a \supset B)$

qui signifie que 'Il est le cas en vertu de la nature de a que B si et
seulement si il est nécessaire que B si a existe' [2]. Fine a développé un
argument intéressant à l'encontre de cette réduction modale de l'essence [3].
Celui-ci consiste à soutenir que lorsque nous considérons un objet, par
exemple Socrate et son Singleton, {Socrate}, la relation essentielle qui les
lie est asymétrique. Plus précisément, s'il est dans la nature du singleton
{Socrate} de contenir Socrate comme membre, il ne semble pas, du moins
du point de vue de notre intuition de l'essence, qu'il soit dans la nature de
Socrate d'être membre du singleton {Socrate}. Or, les principes de base de
la logique modale nous permettent de dériver cette deuxième conséquence
de la première [4].

En ce qui concerne plus particulièrement notre problème, la définition (10) est surtout inadéquate en ce qu'elle réduit l'approche essentialiste de la dépendance à celle purement modale que nous avons vue
précédemment. Elle ne nous apporte donc rien de neuf, et est soumise
exactement aux mêmes difficultés. Plus prometteuse semble être la solution qui consiste à envisager une logique propre à l'essence, au lieu d'une
réduction de celle-ci à une logique existante. Une solution de ce type
semble avoir été soutenue par Mulligan, Smith et Simons [5], d'une part,

---

1. Une autre solution de ce type consiste simplement à dire que $\square_a B$ est équivalent à $\square B$.

2. Cf. K. Fine, « Essence and Modality », *Philosophical Perspectives*, 8 (1994), p. 4.

3. *Ibid.*, p. 4-5.

4. La démonstration repose sur le principe de théorie modale des ensembles selon lequel
« nécessairement, un singleton existe si et seulement si son uniquement élément existe »
(E.N. Zalta, « Essence and Modality », *Mind*, 115 (2006), no. 459, p. 660). Sur la base de
ce principe et de (10), nous pouvons dériver la conséquence non voulue. Nous pourrions
croire que cet argument est moins propre à (10) qu'à la théorie modale des ensembles,
mais Fine développe également un autre argument ne faisant pas du tout intervenir la notion
d'ensemble.

5. Cf. K. Mulligan, P. Simons et B. Smith, « Truth-Makers », *Philosophy and Phenomenological Research*, 44 (1984), no. 3, p. 290 et 294. La conception de la dépendance
ontologique défendue par ces auteurs provient de Husserl. Selon eux, « un moment est un
objet existentiellement dépendant ou non autosuffisant, c'est-à-dire un objet qui est d'une
nature telle qu'il ne peut exister seul, mais qu'il exige l'existence d'un autre objet en-dehors
de lui », ou encore « un moment est un objet dont l'existence dépend d'un autre objet. Cette
dépendance n'est pas une caractéristique contingente du moment, mais quelque chose qui
lui est essentiel ». Ils précisent que le type de nécessité ici en jeu, est une nécessité *de re*,
c'est-à-dire ontologique, par contraste avec la nécessité *de dicto*.

et par Fine [1], d'autre part. Celle-ci consiste à poser :

(DepExD3) $(\forall xy)^\lceil x \prec_{ess} y \equiv \Box_x(\mathrm{E}!x \supset \mathrm{E}!y)^\rceil$

qui signifie que 'x est existentiellement dépendant de y si et seulement si il est dans la nature de x de ne pouvoir exister sans y' et où $\Box_x$ est régi par une logique propre. Remarquons au passage qu'il est possible d'interpréter la dépendance existentielle husserlienne en ces termes [2]. Cela est particulièrement frappant, le vocabulaire des espèces mis à part, dans le passage suivant :

> Le ne-pas-pouvoir-exister-pour-soi d'une partie dépendante signifie, par conséquent, *qu'il y a une loi d'essence d'après laquelle l'existence d'un contenu de l'espèce pure de cette partie* (par exemple de l'espèce, couleur, forme, etc.) *présuppose* absolument *l'existence de contenus de certaines espèces correspondantes* [3].

Correia a proposé une logique propre à l'opérateur $\Box_x$, qu'il appelle « logique de l'essence » [4] et qui s'inspire de celle développée par Fine [5], mais restreinte aux propositions [6].

Cette logique propositionnelle de l'essence se compose de six axiomes. Le premier nous dit que 'Tout ce qui est essentiellement le cas est nécessairement le cas' :

(EssAx1) $(\forall x)^\lceil \Box_x A \supset \Box A^\rceil$

Ainsi, de '2 est essentiellement un nombre', nous pouvons déduire que '2 est nécessairement un nombre', c'est-à-dire que 2 est un nombre dans

---

1. Cf. F. Correia, *Existential Dependence and Cognates Notions*, *op. cit.*, note 17, p. 49-50.

2. C'est par exemple ce que propose Jimmy Plourde : « Nécessité, phénoménologie et essence », in *Aux origines de la phénoménologie. Husserl et le contexte des* Recherches logiques, D. Fisette et S. Lapointe (éds.), Paris et Québec, Vrin et Les Presses de l'Université Laval, 2003, p. 143. Correia propose également une interprétation de ce type (cf. F. Correia, *Existential Dependence and Cognates Notions*, *op. cit.*, p. 98-110).

3. E. Husserl, *Logische Untersuchungen*, III, *op. cit.*, § 7, p. 240 ; trad. fr. p. 23.

4. Cf. F. Correia, « Propositional Logic of Essence », *Journal of Philosophical Logic*, 29 (2000), p. 295-313. Nous suivons ici la présentation qui est faite de cette logique dans F. Correia, *Existential Dependence and Cognates Notions*, *op. cit.*, p. 26-30.

5. Cf. K. Fine, « The Logic of Essence », *Journal of Philosophical Logic*, 24 (1995), p. 241-273 ; « Semantics for the Logic of Essence », *Journal of Philosophical Logic*, 29 (2000), p. 543-584.

6. Dans son ouvrage de 2005, Correia nous dit que x dans $\Box_x$ est un « terme » (*Existential Dependence and Cognates Notions*, *op. cit.*, p. 151). Dans la logique de l'essence présentée dans un article de 2000, X dans $\Box_X A$ est un « délimiteur » (*delimiter*), c'est-à-dire un nom de classe, $\Box_X A$ doit être lu : 'il est vrai en vertu de la nature de quelques éléments de X que A' (« Propositional Logic of Essence », art. cit., p. 295-296).

tout monde possible [1]. Cet axiome nous permet immédiatement de déduire la nécessitation modale de (DepExD3), et donc d'avoir (9) à titre de conséquence de notre théorie de la dépendance ontologique, ainsi que nous l'avions exigé précédemment.

Le deuxième axiome affirme que tout ce qui est essentiellement le cas l'est de manière nécessaire :

(EssAx2) $(\forall x)^\ulcorner \Box_x A \supset \Box\Box_x A^\urcorner$

Par exemple, s'il est dans la nature de Socrate d'être un homme dans notre monde, nous pouvons affirmer que c'est également le cas dans tout monde possible.

Le troisième axiome permet de déduire de nouvelles propriétés essentielles sur la base de propriétés affirmées précédemment :

(EssAx3) $(\forall x)^\ulcorner \Box(A \supset B) \supset (\Box_x A \supset \Box_x B)^\urcorner$

étant donné que tout terme libre dans B est également libre dans A [2]. Il s'agit d'un analogue de l'axiome de distribution typique du système K de logique modale propositionnelle. Il nous permet de déduire, par exemple, de la supposition que, nécessairement, tout homme est un animal, et que Socrate est essentiellement un homme, que Socrate est essentiellement un animal.

Le quatrième axiome est de la forme suivante :

(EssAx4) $(\forall xy)^\ulcorner \Box_x A \wedge \Box_y B \supset \Box_x B^\urcorner$

étant donné que y est libre dans A. Correia nous en donne l'application suivante : s'il est essentiel pour moi que je sois le fils de mon père et s'il

---

1. (EssAx1) peut poser certains problèmes lorsque nous considérons des objets contingents, c'est-à-dire des objets qui existent dans certains mondes possibles, mais pas dans tous. Prenons, par exemple, le cas d'une licorne. Nous pouvons certainement affirmer qu'il est dans la nature d'une licorne d'avoir une corne. Dès lors, nous pouvons en déduire, par l'intermédiaire de (EssAx1) qu'une licorne possède une corne dans tous les mondes possibles. Mais, si nous supposons, de plus, que le prédicat 'a une corne' satisfait le principe de fausseté, nous pourrons en déduire que la licorne existe dans tous les mondes possibles, alors que nous avons tendance à la considérer comme un objet contingent. Ainsi que le fait remarquer Correia, (EssAx1) exige que nous soyons prudent dans la formulation des affirmations essentialistes. En effet, lorsque nous voulons affirmer d'un objet contingent une certaine propriété symbolisée par un prédicat F qui satisfait le principe de fausseté, nous devons utiliser $\Box_a(E!a \supset Fa)$ en lieu et place de $\Box_a Fa$, afin d'échapper à la conséquence indésirable que cette objet contingent existe nécessairement.

2. Sur la raison de cette restriction, cf. F. Correia, *Existential Dependence and Cognates Notions, op. cit.*, p. 27-28.

est essentiel pour mon père qu'il soit un être humain, alors il est essentiel pour moi que mon père soit un être humain.

Le cinquième axiome :

(EssAx5) $(\forall x)^\ulcorner \Box_x A \wedge \Box_x B \supset \Box_x (A \wedge B)^\urcorner$

qui signifie que 'Si deux propositions sont vraies en vertu de la nature de quelque chose, alors c'est également le cas de leur conjonction'.

Le sixième et dernier axiome est la version essentialiste de l'identité à soi de tout objet :

(EssAx6) $(\forall x)^\ulcorner \Box_x (x = x)^\urcorner$

Il semble en effet évident que tout objet est identique à soi en vertu de sa nature-même.

Correia élève lui-même une objection au traitement essentialiste de la dépendance existentielle [1]. De manière générale, considérons un objet a dont il est dans la nature, s'il existe, d'être dans une certaine relation R à un autre objet b. Autrement dit, nous avons comme première prémisse : $\Box_a(E!a \supset a\,R\,b)$. Supposons, de plus, que la relation R satisfasse le principe de fausseté : $\Box(\forall xy)^\ulcorner \Box(x\,R\,y \supset E!x \wedge E!y)^\urcorner$. Il est alors possible de déduire de ces deux prémisses et de (EssAx3) que $\Box_a(E!a \supset E!b)$, c'est-à-dire qu'il est dans la nature de a de ne pouvoir exister sans b. Donc, en vertu de (DepExD3), a dépend ontologiquement de b. Un exemple problématique d'une telle relation R serait la relation de causalité. En effet, si nous supposons, de manière plausible, qu'il est dans la nature d'une cause, si elle existe, de causer son effet, $\Box_c(E!c \supset c\ cause\ e)$, et, lorsqu'une certaine cause cause son effet, c'est que la cause et l'effet existent, $\Box(c\ cause\ e \supset (E!c \wedge E!e)$, alors il est possible d'en déduire que la cause dépend existentiellement de son effet, $c \prec e$, ce qui semble tout à fait contre-intuitif. Notre compréhension, pour ainsi dire naturelle, de la notion de cause nous pousse plutôt à affirmer que, si un objet c cause un effet e, l'effet est existentiellement dépendante de la cause, mais pas l'inverse.

L'APPROCHE FONDATIONNELLE

Dans *Existential Dependence and Cognate Notions*, Correia a proposé une approche en termes de « fondation » du problème de la caractérisation

---

1. *Ibid.*, p. 51-52.

de la dépendance existentielle[1]. Celle-ci doit notamment rendre compte d'une certaine forme de « priorité ontologique » qui revient à un objet dont un autre dépend existentiellement, mais de manière unilatérale. Qu'est-ce à dire ? Si nous prenons le cas du singleton {a} et de son unique élément a, il semble que non seulement l'existence de {a} dépend unilatérale-ment de celle de a, mais que a jouisse également d'une certaine prio-rité ontologique, de ce fait même. De ce point de vue, l'existence de {a} semble en quelque sorte fondée dans celle de a, au sens où l'existence de a « explique », ou « permet d'expliquer », l'existence de {a}, alors que l'inverse n'est pas vrai[2].

Correia considère ainsi que la relation de dépendance existentielle est un cas particulier d'une relation plus générale de fondation, celle-ci étant de type « explicatif ». Mais il précise que cette dernière doit être comprise en termes « objectifs », c'est-à-dire qu'elle ne dépend pas de la manière dont nous pensons aux *relata* ou à leur relation[3]. Il semble, dès lors, préférable d'éviter le vocabulaire subjectif de l'explication et de dire que 'x existe en vertu du fait que y existe' ou que 'L'existence de y fait que x existe' plutôt que 'L'existence de y explique l'existence de x'. Nous pensons effectivement que le vocabulaire de l'explication est malheureux. C'est pourquoi nous utiliserons systématiquement celui de la fondation.

Notre auteur choisit la relation de fondement comme primitive et la symbolise au moyen de l'opérateur ▷, de sorte que $B, C, \ldots \triangleright A$ signifie que 'Le fait que A est fondé dans le fait que B, le fait que C, ...'[4]. Ceci lui permet de définir un opérateur de « fondation partielle », noté $\trianglerighteq$:

(11) $B \trianglerighteq A \equiv (\exists C), \ldots \ulcorner B, C, \ldots \triangleright A \urcorner$

qui signifie que 'Le fait que A est partiellement fondé dans le fait que B si et seulement si il y a au moins un fait que C, un fait que D, ..., tels que le fait que A est fondé dans le fait que B, le fait que C, le fait que D, ...'. Autrement dit, pour qu'un fait soit partiellement fondé dans un autre fait, il faut, et il suffit, que le premier soit fondé dans le second et dans d'autres faits.

Il faut remarquer que l'opérateur ▷ est intensionnel, c'est-à-dire que si un fait que B fonde un fait que C, il ne s'ensuit pas qu'un fait que C fonde également le fait que A, parce que C a même valeur de vérité

1. Cf. F. Correia, *Existential Dependence and Cognates Notations*, *op. cit.*, p. 53-87.
2. *Ibid.*, p. 53.
3. *Idem.*
4. *Ibid.*, p. 60.

que B. C'est même le cas si C et B ont même valeur de vérité dans tous les mondes possibles [1]. Par contre, il s'agit d'un opérateur référentiellement transparent.

Correia n'axiomatise pas l'opérateur de fondement. Il esquisse plutôt ce que pourrait être une théorie de cette relation au moyen de plusieurs principes. L'un des plus importants, affirme que ▷, et par conséquent ⊵, est « factif », c'est-à-dire que nous avons [2] :

$$(12) \quad \Box(B, C, \ldots \triangleright A \supset A \land B \land C \land \ldots)$$

qui signifie que 'Nécessairement, si le fait que A est fondé dans le fait que B, le fait que C, ..., alors A, B, C, ..., sont tous le cas'. Ce principe est particulièrement important en ce qui concerne le problème de la dépendance existentielle. Celle-ci est définie, provisoirement, de la manière suivante par Correia [3] :

$$(13) \quad (\forall xy)^\ulcorner x \prec_{fond} y \equiv \Box(E!x \supset (\exists\Phi)^\ulcorner \Phi y \trianglerighteq E!x^\urcorner)^\urcorner$$

qui signifie que 'x dépend existentiellement de y si et seulement si il est impossible que x existe et que le fait qu'il existe ne soit pas partiellement fondé dans un certain fait à propos de y'. Or, nous avons vu qu'une définition correcte de la dépendance existentielle doit entraîner la nécessitation modale. C'est ce que permet le principe de factivité de la relation de fondation, mais cela n'est pas suffisant. Il faut en plus que la caractéristique Φ qui fonde l'existence de l'objet existentiellement dépendant entraîne l'existence, c'est-à-dire que posséder cette caractéristique exige l'existence [4]. Par conséquent, la définition de la dépendance existentielle prend, en fait, la forme suivante :

$$(DepExD4) \quad (\forall xy)^\ulcorner x \prec_{fond} y \equiv \Box(E!x \supset (\exists\Phi)^\ulcorner \Box(\forall z)^\ulcorner \Phi z \supset E!z^\urcorner \land \\ \Phi y \trianglerighteq E!x^\urcorner)^\urcorner$$

Avec cette définition, nous avons bien que :

$$(14) \quad (\forall xy)^\ulcorner x \prec_{fond} y \supset \Box(E!x \supset E!y)^\urcorner$$

mais pas la converse.

1. *Idem.*

2. *Ibid.*, p. 61.

3. *Ibid.*, p. 66. Une première approche de la dépendance existentielle en termes de fondation a été proposée dans F. Correia, « Dépendance existentielle, fondation et objets composés », in *Méréologie et modalités. Aspects critiques et développements. Actes du colloque (Neuchâtel, 20-21 octobre 2000)*, D. Miéville (dir.), Travaux de logique no. 14, Neuchâtel, Université de Neuchâtel, 2001, p. 123. Il a ensuite renié cette dernière (cf. F. Correia, *Existential Dependence and Cognates Notions, op. cit.*, note 1, p. 65).

4. *Ibid.*, p. 61-62.

Il est à remarquer que les définitions (13) et (DepExD4) diffèrent des approches précédentes dans la mesure où ce qui, en quelque sorte, justifie l'existence de x, n'est pas la simple existence de y, mais, plus généralement, au moins une certaine caractéristique de y. Nous aurions pu nous attendre à une définition du type :

(15) $(\forall xy)^\ulcorner x \prec_{fond} y \equiv \Box(E!x \supset E!y \triangleright E!x)^\urcorner$

qui signifie que 'x est existentiellement dépendant de y si et seulement si il est impossible que x existe et que l'existence de x ne soit pas fondée dans l'existence de y'. Dans ce cas, la condition d'existence présente dans (DepExD4) n'est pas nécessaire : (15) entraîne bien la nécessitation modale du simple fait de la factivité de $\triangleright$. Toutefois, nous pourrions considérer que la seule existence de y ne suffit pas à justifier celle de x, qu'il faut quelque chose de plus. Il vient, dès lors, directement à l'esprit de remplacer $\triangleright$ par $\trianglerighteq$:

(DepExD5) $(\forall xy)^\ulcorner x \prec_{fond} y \equiv \Box(E!x \supset E!y \trianglerighteq E!x)^\urcorner$

Une telle approche semble avoir été proposée par Lowe ; en tout cas, elle peut être interprétée de cette manière [1].

L'avantage insigne des définitions (DepExD4) et (DepExD5) est qu'elles échappent toutes les deux aux diverses critiques que nous avons soulevées précédemment. Par exemple, si l'existence d'un singleton est bien fondée sur l'existence de son unique élément, l'inverse n'est pas vrai. De même, nous ne pouvons déduire de ce qu'un objet, s'il existe, cause un certain effet en vertu de sa nature, que la cause dépend existentiellement de l'effet.

Des différentes notions de touts

Nous avons vu que la simple notion de somme méréologique ne permettait pas de caractériser ce qui faisait proprement un tout au sens intégral. Est-ce à dire qu'il y a une véritable notion de tout et que la somme méréologique n'en est pas une ? Nous ne le pensons pas. Nous

---

1. Cf. (D1*) dans E.J. Lowe, *The Possibility of Metaphysics. Substance, Identity and Time*, Oxford, Oxford University Press, 1998, p. 145. Une autre défense de l'explication de la dépendance existentielle inspirée de la même proposition de Lowe peut être trouvée dans B.S. Schnieder, « A Certain Kind of Trinity : Dependence, Substance, Explanation », *Philosophical Studies*, 129 (2006), p. 393-419.

défendons plutôt une conception pluraliste de la notion de tout, c'est-à-dire qu'il existe plusieurs sortes d'intégrité d'un tout. Le type le plus lâche de tout est simplement un agrégat et le type le plus fort est constitué par ce que nous appellerons un tout au sens prégnant.

Mais qu'est-ce qu'un tout de manière générale ? La manière la plus simple de l'envisager est de dire qu'un tout est le simple corrélat d'une partie. Autrement dit, un tout est ce qui possède au moins une partie :

(16) $(\forall x)^\ulcorner tout(x) \equiv (\exists y)^\ulcorner y < x^\urcorner{}^\urcorner$

Il s'agit là, en fait, d'une définition triviale, puisque tout objet peut, de ce point de vue, être considéré comme un tout. En effet, la relation de partie à tout ici en jeu est celle dite impropre : la relation d'être une partie propre de ou être identique à. Utilisée en lieu et place de celle-ci la relation '(est) une partie propre de' aurait pour conséquence d'exclure de la notion de tout les atomes méréologiques, c'est-à-dire les objets qui n'ont pas de parties propres. Or, ceux-ci semblent bien constituer une certaine forme de totalité. En tout cas, ce point mériterait discussion.

Ce que nous aimerions montrer ici, c'est comment la relation de dépendance existentielle permet de caractériser différents types de touts. Nous rejetons de notre investigation la notion de « collection » au sens d'une multiplicité d'objets simplement rassemblés en un tout par l'esprit, car elle ne peut concerner l'ontologie formelle. Selon nous, au-delà de la somme méréologique, une première notion importante de tout que permet d'expliciter formellement la dépendance existentielle est celle de « tout intégral », au sens d'un tout autosuffisant, c'est-à-dire d'un tout qui ne dépend de rien en dehors de lui-même pour exister. C'est dans un sens similaire que Descartes définissait la notion de « substance » dans ses *Principes de la philosophie* :

> Lors que nous concevons la substance, nous concevons seulement une chose qui existe en telle façon qu'elle n'a besoin que de soi-même pour exister [1].

Une première manière, assez simple, de formaliser cette définition serait la suivante [2] :

(17) $(\forall x)^\ulcorner tout_{int}(x) \equiv {\sim} (\exists y)^\ulcorner y \neq x \wedge x \prec y^\urcorner{}^\urcorner$

---

1. R. Descartes, *Les principes de la philosophie*, I, 51, in *Œuvres*, vol. 9, C. Adam et P. Tannery (éds.), Paris, Vrin, p. 47.
2. La question de la justesse de cette interprétation d'un point de vue de l'exégèse cartésienne n'est évidemment pas ce qui nous importe ici. Nous prenons simplement la définition de Descartes comme point de départ de notre investigation de la notion de tout intégral.

Remarquons qu'avec cette définition, nous rejetons la possibilité qu'un tout intégral puisse dépendre existentiellement de ses parties essentielles. Or, nous avons de bonnes raisons de croire qu'au moins certaines parties d'un objet sont essentielles : un atome d'hélium ne peut être sans un de ses protons ou un violon sans sa caisse de résonance. En tout cas, du point de vue métaphysiquement neutre de l'ontologie formelle, nous ne pouvons exclure *a priori* la possibilité qu'une substance possède des parties essentielles, à moins de définir précisément cette notion comme un objet indépendant ne possédant pas de telles parties. Mais une telle décision devrait reposer au moins sur une analyse philosophique de ce concept.

Une solution naturelle à ce problème consisterait à spécifier dans la définition de la notion de tout intégral que ce dont cette dernière est indépendante ne peut être une de ses parties essentielles. Pour cela, nous devons disposer d'une définition de cette dernière notion. Une manière traditionnelle de la définir consiste à recourir aux modalités :

$$(18) \quad (\forall xy)^\ulcorner x <_{nec} y \equiv \Box(\mathrm{E}!y \supset x < y)^\urcorner$$

Mais, vu que nous rejetons l'assimilation de l'essence à la nécessité métaphysique, il convient plutôt de parler ici de « parties nécessaires » et de réserver la notion de « parties essentielles » à la définition suivante [1] :

$$(19) \quad (\forall xy)^\ulcorner x <_{ess} y \equiv \Box_y(\mathrm{E}!y \supset x < y)^\urcorner$$

qui signifie que 'x est une partie essentielle de y si et seulement il est dans la nature de y, s'il existe, d'avoir x à titre de partie'. Il suit immédiatement de (EssAx1) qu'une partie essentielle est une partie qu'a un tout dans tout monde possible dans lequel il existe. Autrement dit :

$$(20) \quad (\forall xy)^\ulcorner x <_{ess} y \supset x <_{nec} y^\urcorner$$

Remarquons que, moyennant le principe de fausseté pour la relation de partie, il est possible de déduire de $x <_{ess} y$ que y dépend existentiellement de x au sens essentialiste et de $x <_{nec} y$ que y dépend existentiellement de x au sens modal [2].

---

1. Cf. F. Correia, *Existential Dependence and Cognates Notions*, *op. cit.*, p. 125.

2. Remarquons que les notions de partie essentielle et de partie nécessaire ont des contreparties du point de vue du tout, c'est-à-dire ce que nous pourrions appeler un tout nécessaire et un tout essentiel relativement à une de ses parties. Nous les définissons de la manière suivante :

$$(21) \quad (\forall xy)^\ulcorner y >_{nec} x \equiv \Box(\mathrm{E}!x \supset x < y)^\urcorner$$

$$(22) \quad (\forall xy)^\ulcorner y >_{ess} x \equiv \Box_x(\mathrm{E}!x \supset x < y)^\urcorner$$

Mentionnons ici au passage la thèse de l'«essentialisme méréologique» défendue par Chisholm [1] et qui consiste à soutenir que toute partie d'un objet est une partie de cet objet dans tous les mondes possibles où ce dernier existe. En fait, au vu de ce que nous venons de dire, nous parlerions mieux à propos en qualifiant cette thèse de « nécessitarisme méréologique ». Nous pouvons la formaliser de la manière suivante :

(23) $(\forall xy)^\ulcorner x < y \supset x <_{nec} y^\urcorner$

Nous pourrions alors distinguer cette thèse de celle de l'essentialisme méréologique au sens propre que nous pourrions formaliser de la manière suivante :

(24) $(\forall xy)^\ulcorner x < y \supset x <_{ess} y^\urcorner$

(24) impliquant (23) en vertu de (20).

Pour notre part, nous pensons qu'aucune de ces thèses n'est vraie. Autrement dit, il y a des formes de totalités qui possèdent des parties non nécessaires et non essentielles. Par contre, un tout au sens d'une simple somme méréologique n'a que des parties essentielles et nécessaires. En effet, nous voyons mal comment il pourrait ne pas être dans la nature de $a+b$ de ne pas avoir a, ou b, à titre de partie ; il ne s'agirait tout simplement pas de la même somme méréologique. Par conséquent, nous défendons un essentialisme méréologique restreint – et par conséquent également un nécessitarisme méréologique restreint – au niveau des sommes méréologiques [2].

Étant en possession d'une définition de la notion de partie essentielle, nous pouvons définir celle de tout intégral de la manière suivante :

(25) $(\forall x)^\ulcorner tout_{int}(x) \equiv\, \sim (\exists y)^\ulcorner y \neq x \wedge \sim (y <_{ess} x) \wedge x \prec y^{\urcorner\urcorner}$

Cette définition semble impliquer une difficulté [3], à savoir que la somme méréologique de différents touts intégraux est elle-même un tout intégral. Par exemple, du fait que Barack Obama et George Bush sont des touts intégraux, il semble que nous soyons obligés de reconnaître que leur

---

Autrement dit, 'y est un tout nécessaire relativement à x si et seulement il est impossible que x existe sans être une partie de y' et 'y est un tout essentiel relativement à x si et seulement il est dans la nature de x de ne pouvoir exister sans être une partie de y'.

1. Cf. R. Chisholm, « Parts as Essential to their Wholes » *Review of Metaphysics*, 26 (1973), p. 581-603.

2. Nous nous accordons sur ce point avec D. Willard : « Mereological Essentialism Restricted », *Axiomathes*, 5 (1994), no. 1, p. 133.

3. Nous remercions ici Peter Simons qui nous l'a indiquée.

somme méréologique, que nous pourrions appeler Barack Bush, est elle-même un tout intégral. En effet, Barack Bush ne dépend existentiellement de rien si ce n'est de ses parties essentielles, ce que sont, à notre avis, Barack Obama et George Bush.

Néanmoins, il ne s'agit pas réellement d'une difficulté. Ceci parce que la notion de tout intégral, telle que définie ici, n'est qu'une forme encore très lâche d'unité. Mais elle est déjà plus forte que la simple somme méréologique. Par exemple, un état de choses peut être considéré comme un tout intégral qui ne se réduit pas à une somme méréologique. Ainsi, l'état de chose *que a est plus grand que b* ne se réduit pas à la somme de *a*, de *b* et de la relation '(est) plus grand que', car alors il serait impossible de le distinguer de l'état de choses que *b est plus grand que a*, la notion de somme méréologique n'impliquant aucune structuration entre ses parties.

Ayant défini la notion de somme méréologique au début de cet article et maintenant celle de tout intégral, sommes-nous désormais en possession de toutes les formes de cohérence ontologique dont puisse rendre compte la notion de dépendance existentielle ? Non, comme le montre à l'évidence l'exemple de Barack Bush. Ce qui semble distinguer ce dernier de formes plus fortes de totalités, ce sont certaines relations de dépendance existentielle au sein de leurs parties. Nous avons alors affaire à ce que Husserl nomme des touts au sens « prégnant » [1]. En simplifiant beaucoup, nous pourrions dire qu'il s'agit de touts dans lesquels toutes les parties sont reliées les unes aux autres, soit directement soit indirectement, en vertu d'une relation de dépendance existentielle. Selon le fondateur de la phénoménologie, ceci peut se produire de deux manières différentes : d'une part, lorsque toutes les parties du tout sont dépendantes les unes des autres et, d'autre part, lorsque le tout dépend des parties toutes ensemble. Nous aurions donc un premier type de touts prégnants que nous pourrions définir de la manière suivante :

$$(26) \quad (\forall x)^\ulcorner tout_{preg1}(x) \equiv (\forall yz)^\ulcorner y \ll x \land z \ll x \land y \neq z \supset$$
$$y \prec z \lor z \prec y^{\urcorner\urcorner}$$

où nous laissons ouverte la question de savoir si toute paire de parties est mutuellement ou unilatéralement dépendante. Par exemple, une donnée visuelle colorée et étendue semble être un tout en ce sens, puisque la couleur et l'étendue sont des parties du tout que constitue la donnée visuelle et qu'elles ne peuvent exister l'une sans l'autre. Barack Bush, par contre, n'est clairement pas un tout en ce sens, puisque ni Barack Obama

---

1. Cf. E. Husserl, *Logische Untersuchungen*, III, *op. cit.*, § 21, p. 275 ; trad. fr. p. 61.

ne dépend existentiellement de George Bush, ni George Bush ne dépend existentiellement de Barack Obama.

Le deuxième type de tout prégnant pourrait être défini de la manière suivante :

$$(27) \quad (\forall x)^{\ulcorner} tout_{preg2}(x) \equiv (\forall y)^{\ulcorner} y \ll x \supset x \prec y^{\urcorner\urcorner}$$

Avec cette dernière définition nous avons atteint la dernière forme d'intégrité dont nous pouvions rendre compte au moyen de la notion de dépendance existentielle dans le cadre d'une ontologie formelle.

Sébastien RICHARD
Aspirant du F.N.R.S. - Université Libre de Bruxelles

LE STATUT DE L'ASPECT

La problématique de l'aspect s'inscrit dans une double tradition à la fois linguistique et philosophique. La sémantique formelle est à la croisée de ces deux filiations dans la mesure où toute approche véri-conditionnelle du sens des énoncés se positionne quant au statut onto-logique (ou autre) des « entités » convoquées dans ses modèles d'inter-prétation. Nous tenterons tout d'abord, au travers de quelques données linguistiques classiques en philosophie et relatives aux *qua* « objets », d'esquisser la nature générale de l'aspect et les analyses potentielles qui pourraient l'éclairer. Ensuite, nous montrerons quelques écueils rencon-trés par l'approche néo-davidsonnienne[1] dans sa réification inconsidérée des *qua* événements (*alias* les aspects des événements).

Quelques données à propos des *qua* objets

Toute représentation adéquate du réel semble tributaire non seulement des propriétés intrinsèques de la réalité visée mais aussi de la perspective spécifique mise en œuvre dans l'entreprise représentationnelle elle-même. La pluralité des aspectualisations peut être, comme en (1), le reflet de points de vue distincts autorisant l'attribution de propriétés antagonistes à un même objet. Certaines locutions consacrées par la tradition philo-sophique ou l'usage linguistique explicitent ce processus d'aspectuali-sation.

(1a)   La route d'Athènes à Thèbes monte

(1b)   La route de Thèbes à Athènes descend

---

1. T. Parsons, *Events in the Semantics of English*, Cambridge (Mass.), MIT Press, 1990.

(1a′)   La route, *qua/en tant que*, (parcourue) d'Athènes à Thèbes
        monte

(1b′)   La route *qua/en tant que*, (parcourue) de Thèbes à Athènes
        A   B
        descend

Ainsi, les gloses (1a′)-(1b′) recourent à des expressions de type *A qua B*
auxquelles on se doit d'assigner une quelconque valeur sémantique. Ici
notre intuition première associerait le caractère ascendant ou descendant
à un type de parcours de la route plutôt qu'à la route elle-même. Une
telle intuition ne règle toutefois en rien le statut exact desdits parcours qui
apparaissent fonction tant d'une portion du réel que de l'expérience de
cette réalité.

Le couple (2a)-(2b) illustre un autre cas classique de reduplication
(pour utiliser la terminologie de Roberto Poli [1]). Cette fois, les perspectives en jeu reflètent clairement des manières distinctes de *concevoir* une
même réalité.

(2a)   Babar, *qua* éléphant, est petit

(2b)   Babar, *qua* animal, est grand

Si Babar est à la fois petit sous une certaine conceptualisation et grand
sous une autre, la particularité de ces exemples c'est évidemment le lien
structurel (espèce-genre) qui unit leur terme *B* respectif ('éléphant' et
'animal'). De ce fait, Babar, même *qua* éléphant, jouit à coup sûr de
l'animalité et, à ce titre, devrait hériter de toutes les caractéristiques (y
compris la grandeur) liées à cette animalité. Autrement dit, la vérité de
(2a) devrait induire inexorablement celle de (2c), alors que notre intuition
légitime nous pousse à rejeter une telle implication sémantique.

(2c)   Babar, *qua* animal, est petit

Une échappatoire pour concilier la vérité de (2a) et de (2b) avec la fausseté de (2c) – tout en évitant l'attribution de caractéristiques contradictoires à Babar – est d'en appeler à des propriétés de classe d'individus plutôt qu'à des propriétés d'individus. Ainsi la classe des éléphants
aurait la propriété d'avoir son membre Babar considéré comme petit au
regard des membres prototypiques de ladite classe, alors que la classe
des animaux aurait un de ses membres (à nouveau Babar) considéré

---

1. R. Poli, « Formal Aspects of Reduplication », *Logic and Logical Philosophy*, 2 (1994),
p. 87-102.

comme (relativement) grand. Cette stratégie consiste à faire de **B**[1], et non de **A** ou de **A** *qua* **B**, l'entité dont on prédique quelque chose. De prime abord, on voudrait toutefois faire de **B** un simple domaine de référence relativement auquel la prédication sur l'individu Babar acquerrait sa pertinence. Ceci dit, *éléphant*[2] n'est pas réductible à un déterminable en (2a) – au contraire du cas (2a′) – même si (2a) convoque nécessairement une dimension implicite dont *petit* serait la valeur déterminée.

    (2a′)   Babar, *du point de vue de*[3] la taille, est petit

Certains énoncés posent un problème structurel distinct de celui induit par une relation d'espèce à genre. Comme s'interroge judicieusement Quine[4], quelles propriétés modales faut-il octroyer aux mathématiciens cyclistes, *qua* mathématiciens et cyclistes, sur base de celles accordées respectivement aux mathématiciens *qua* mathématiciens et aux cyclistes *qua* cyclistes ? La vérité de (3a) et de (3b) ne présage en rien de la réponse !

    (3a)   Les mathématiciens, *qua* mathématiciens, sont nécessairement rationnels mais non-nécessairement dotés de deux jambes

    (3b)   Les cyclistes, *qua* cyclistes, sont nécessairement dotés de deux jambes mais non-nécessairement rationnels

À l'évidence, l'expression **B** dans **A** *qua* **B** est corrélée à une circonscription drastique du domaine de prédication. C'est seulement en tant qu'on les considère dans leur rôle de mathématiciens à l'exclusion de tout autre rôle (y compris celui de cycliste) que les mathématiciens possèdent, selon (3a), telle et telle propriété. Cette exclusivité est symptomatique du caractère non monotone de la relation sémantique

---

1. Nous utiliserons le caractère gras pour représenter les *valeurs sémantiques* (au sens générique du terme) des expressions linguistiques et ainsi les distinguer nettement de ses signifiants.

2. Nous ne nous prononçons pas ici sur la nature des *relata* de la relation de détermination.

3. J. Jayez et A. Beaulieu-Masson analysent les caractéristiques sémantiques et argumentatives des locutions 'de ce point de vue' et 'du point de vue de' (cf. « What Room for Viewpoints? », in *Empirical Issues in Syntax and Semantics*, O. Bonomi et P. Cabredo Hofherr (éds.), no. 6, 2006, disponible sur http://www.cssp.cnrs.fr/eiss6/index.html, consulté le 12.04.2010, p. 175-199).

4. W.V.O. Quine, *Word and Object*, Cambridge (Mass.), MIT Press, 1960 ; *Le mot et la chose*, trad. fr. J. Dopp et P. Gochet, Paris, Flammarion, 2010.

unissant l'antécédent d'un conditionnel à son conséquent[1]. En général, la vérité de (4a), même alliée à celle de (4b), ne garantit pas celle de (4c).

(4a)   Si X alors C

(4b)   Si Y alors C

(4c)   Si X et Y alors C

Les aspectualisations illustrées en (1)-(3) montrent que, dans une structure de type A *qua* B, le terme B est associé à une perspective sur l'objet A. C'est uniquement au travers de ce prisme focalisateur que l'opération de prédication peut porter sur l'objet. Le nombre de perspectives sur le réel est en principe infini, même si l'application effective de certaines perspectives peut s'avérer incongrue (par exemple moi-même en tant que pommier ou en tant qu'institution américaine). On peut d'ailleurs s'interroger sur la validité du postulat (i) selon lequel le *qua* objet A *qua* B aurait la caractéristique B.

(i) A *qua* B est essentiellement B[2]

Au-delà de cette interrogation spécifique, les divers enjeux ontologiques liés à la problématique aspectuelle sont appréhendables via tout un réseau de questions :

(Q1)   Quel est le statut de A *qua* B, *alias* l'aspect de A sous la perspective B ?

(Q2)   Quel est le statut de l'opérateur *qua* ?

(Q2′)   Quel est le statut de *qua* B ?

(Q3)   Quel est le statut de la perspective B sous laquelle on envisage A ?

(Q4)   Quelle est la nature de la relation entre les divers aspects ?

(Q5)   Quelle est la nature de la relation entre l'objet A et ses divers aspects ?

(Q1) est le point central. La projection (voir Figure I[3]) d'une des perspectives B sur l'objet A appartient-elle encore à la strate du réel, à la strate représentationnelle ou à un quelconque autre niveau ?

---

1. C'est le problème classique dit du « renforcement de l'antécédent » (cf. D. Nute, *Topics in Conditional Logic*, Dordrecht/Boston, Reidel, 1980).

2. K. Fine, « Acts, Events and Things », in *Language and Ontology*, W. Leinfellner, E. Krämer et J. Schank (éds.), Vienne, Holder-Pichler-Tempsky, 1982, p. 95-107.

3. Cette figure est adaptée de V. Moiseev, « Projectively Modal Ontology: Between Worlds of St. Lesniewski and W. Soloviov », *Logical Studies*, 9 (2002) [revue en ligne], disponible sur http://www.logic.ru/LogStud/09/LS9.html, consulté le 12.04.2010.

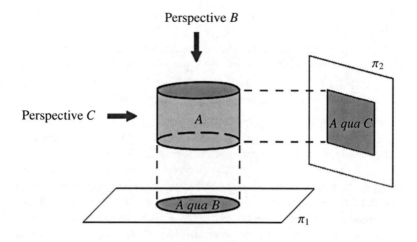

FIGURE I

Une manière indirecte de contribuer au débat inhérent à la série (Q1)-(Q5) est d'examiner la problématique sous l'angle de (Q6) :

(Q6)   Quelle est *in fine* l'entité dont on prédique quelque chose en (1)-(3) ?

Nous allons à présent considérer pour (Q6) deux réponses possibles qui, à coup sûr, orientent le débat. Toute phrase de forme *A qua B* PRÉDICAT[1] peut en principe recevoir deux analyses structurellement distinctes. Nous appellerons la première, « l'analyse prédicative » et la seconde « l'analyse réifiante ».

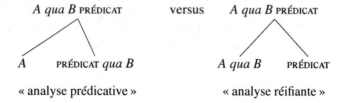

_____

1. PRÉDICAT est une variable prenant pour valeur une expression prédicative du langage objet.

L'ANALYSE PRÉDICATIVE

Une façon pour le moins radicale de désamorcer la problématique (Q1) du statut de *A qua B* est celle envisagée par Elizabeth Anscombe :

> Il n'y a pas d'objets tels qu'un *A qua B*, bien que *A* puisse, *qua B*, recevoir tel et tel salaire et, *qua C*, tel et tel salaire [1]

La solution consiste donc à réinterpréter le prédicat explicite comme un prédicat complexe PRÉDICAT *qua B* et, en réponse à (Q6), à faire ainsi de *A* le *sujet logique* [2] de la prédication. Les questions (Q4) et (Q5) deviennent tout aussi caduques que (Q1). Par ailleurs, on évite *de facto* une quelconque assignation de propriétés contradictoires à un même objet puisque tout prédicat (en apparence univoque) s'avère en fait équivoque. Ainsi, l'assignation à Babar d'une propriété **[petit *qua* éléphant]** ne s'oppose en rien à son caractère **[grand *qua* animal]**. Cette stratégie globale se doit encore d'éclairer le mode de composition des prédicats complexes. Si la structure ci-dessous semble bien la seule syntaxiquement possible, la valeur sémantique respective des composants *qua B* et *qua* n'est pas encore fixée.

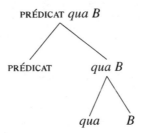

Outre (Q2) et (Q2′), la question (Q3) demeure pertinente. À cet égard, il semble bien que la sémantique du terme *B* soit contextuellement déterminée. *B* ne fonctionne comme étiquette de perspective que dans la portée de *qua* (5a), alors qu'en position attributive classique (5b), il est associé à une propriété (voire à une classe d'équivalence).

(5a)   Babar, *qua* africain, est petit

(5b)   Babar est africain

---

1. G.E. Anscombe, « Under a Description », *Noûs*, 13 (1979), p. 219.

2. Le vocable *sujet logique* (hérité d'une certaine tradition grammaticale et logique) désigne simplement ce que la sémantique linguistique moderne nomme parfois *thème de la prédication*, autrement dit ce à quoi on attribue une caractéristique.

Qua correspond à une induction de perspective et la perspective est davantage corrélée à l'expression *qua B* qu'à son constituant *B*. Par delà la problématique (Q3) du statut exact de toute perspective, nous devons nous interroger sur le rapport sémantique qu'entretient, au niveau supérieur, la dénotation de *qua B* avec celle de PRÉDICAT. En (2a), comme en (5a), la propriété **[être petit]** est relative (et donc inattribuable telle quelle). Seule la prise en compte d'une perspective spécifique autorise l'attribution d'une caractéristique (complexe) à Babar. Mais comment définir formellement une fonction de « spécification » et son *input*?

En (2a) et (5a), on pourrait même considérer que c'est prioritairement le terme *B* ('éléphant' ou 'africain') qui désigne une authentique propriété. Sur cette propriété opère la valeur sémantique de 'est petit' pour donner celle du prédicat complexe. À ce titre, *qua B* ne serait pas un modifieur de prédicat mais le pivot de la prédication.

En revanche, d'autres données cautionnent une relation fonctionnelle inverse entre *qua B* et PRÉDICAT. En (6), le prédicat initial désigne une propriété de plein exercice (entendue comme un universel, un ensemble d'objets ou une classe d'équivalence). La relation entre la propriété et l'individu Babar est ici à la fois purement contingente et totalement indépendante de la perspective envisagée. (7) est impliqué par toute instance de (6a), (par exemple (6b), (6c) et même (6d)).

(6a)   Babar, *qua X*, pèse deux tonnes

(6b)   Babar, *qua* éléphant, pèse deux tonnes

(6c)   Babar, *qua* animal, pèse deux tonnes

(6d)   Babar, *qua* Babar, pèse deux tonnes

(7)   Babar pèse deux tonnes

Si **[peser deux tonnes]** est une véritable propriété et que toute instance de *qua X* définit une perspective sur cette propriété, on aura dès lors simplement déplacé le problème (Q1) de l'aspect d'objet vers celui de l'aspect de la propriété (Q1′).

(Q1′)   Quel est le statut de PRÉDICAT *qua B*, *alias* l'aspect de la propriété (associée à PRÉDICAT) sous la perspective *B*?

Selon les critères d'engagement ontologique en vigueur et la place éventuellement réservée aux propriétés au sein de l'ontologie, la question (Q1′), à l'instar de (Q1), revêt donc un intérêt dépassant le strict domaine de l'enquête sémantico-linguistique. Même un nominalisme rigoureux qui refuserait une quelconque réification de la valeur sémantique de PRÉDICAT devrait s'interroger sur la nature respective de l'aspect et du résultat de son application à cette valeur sémantique.

L'ANALYSE RÉIFIANTE

Alors que l'analyse prédicative soulève autant de questions qu'elle n'apporte de solutions, l'analyse alternative (reprise ci-dessous) a au moins le mérite d'affronter d'emblée le problème (Q1) du statut de l'aspect.

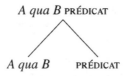

En effet, l'idée sous-jacente à un tel découpage est de faire de la valeur sémantique de *A qua B* le porteur des caractéristiques véhiculées par l'usage du prédicat. Au-delà de la difficulté d'interpréter (voir *supra*) un prédicat comme 'est petit', l'analyse dite « réifiante » se doit donc de déterminer la nature exacte du *sujet logique* de la prédication.

Les divers candidats pouvant jouer ce rôle sont pour la plupart des complexes au statut ontologique troublant. Ces complexes sont des hybrides constitués d'un particulier *A* et de quelque chose assurant la fonction de perspective sur cet objet. Les différents hybrides que nous évoquerons très sommairement sont schématiquement :

(α)   *<A, Universel>*
(β)   *<A, Représentation>*
(γ)   *<A, Concept>*
(δ)   *<A, Mode de présentation>*

L'option (α) nous plonge d'emblée dans une ontologie d'états de choses (*states-of-affairs*)[1], entités doublement problématiques. D'une part, tout état de choses impose un engagement envers son constituant

---

1. Pour une introduction aux enjeux d'une telle ontologie, on peut consulter l'entrée suivante : T. Wetzel, « States of Affairs », 2003, disponible sur http://plato.stanford.edu/entries/states-of-affairs, consulté le 17.04.2010.

universel et, d'autre part, il incarne une réification sans doute abusive de l'*exemplification* de cet universel par le particulier exemplifiant.

Quoi qu'il en soit, l'argument classique pour les états de choses est leur présumé rôle de « vérifacteur » (*truthmaker*)[1] par rapport aux « *truth-bearers* » (phrases ou propositions). Mais que les états de chose soient basiques dans l'ontologie ou seulement des entités dérivées (« *free lunch* » selon Amstrong[2]), leur apport ne permet pas, en la circonstance, de rendre compte de certaines de nos données. Partons de l'idée, qu'en (2a), aussi bien 'éléphant' que 'est petit' désignent un universel. Nous obtenons dès lors deux hybrides (S1) et (S2) de strates distinctes : (S1) combine classiquement un particulier à l'universel qu'il instancie tandis que (S2) ancre un autre universel sur l'état de choses (S1).

(2a) Babar, *qua* éléphant, est petit

(S1) *<Babar, Éléphant>*

(S2) *<<Babar, Éléphant>, Petit>*

Maintenant, si (S2) est le vérifacteur pour (2a), il en ira nécessairement de même vis-à-vis de (2c) au vu du lien structurel entre les universaux **Éléphant** et **Animal**. Autrement dit, (2a) impliquerait (2c), à moins bien sûr que (S2) ne constitue pas un vérifacteur minimal pour (2a), (ce qui ouvrirait la porte à au moins un vérifacteur de (2a) ne vérifiant pas (2c)).

(2c) Babar, *qua* animal, est petit

Renoncer plus radicalement aux hybrides de type (S2) comme vérifacteur évite l'inférence inadéquate mais un tel choix reste redevable d'un vérifacteur pour (2a) ainsi que d'une alternative à (S1) comme *sujet logique* de l'attribution de petitesse.

Notons quand même que le recours aux états de choses pourrait éclairer certains usages particuliers des *qua* expressions.

(8a) Babar, *qua* éléphant de plus d'une tonne, est protégé

(8a') Babar, *parce que* il est un éléphant de plus d'une tonne, est protégé

(8b) Babar est protégé

---

1. Sur la notion de vérificateur, thématisée dans K. Mulligan, P. Simons et B. Smith, « Truthmakers », *Philosophy and Phenomelogical Research*, 14 (1984), no. 3, p. 278-331, nous renvoyons à H. Beebee et J. Dodd (éds.), *Truthmakers: The Contemporary Debate*, Oxford, Oxford University Press, 2005 ; D. Armstrong, *Truth and Truthmakers*, Cambridge, Cambridge University Press, 2004.

2. D. Armstrong, *A World of States of Affairs*, Cambridge, Cambridge University Press, 1997.

(8a) a une interprétation (explicitée via la paraphrase (8a') selon laquelle la *raison* causalement efficiente de la protection de Babar est simplement la satisfaction par Babar d'un critère pondéral relatif aux éléphants. Ce serait une certaine relation de type causal entre deux vérifacteurs actualisés (*obtained states-of-affairs*)[1] de même niveau qui fonderait la vérité de (8a) :

(S3)	**<Babar, Éléphant-de-plus-d'une-tonne>**
(S4)	**<Babar, Protégé>**

L'implication de (8b) par (8a) découlerait ainsi de ce que la relation entre (S3) et (S4) présuppose l'existence de ses relata. Or, (S4) est le vérifacteur par excellence de (8b).

Revenons à la problématique de l'aspect et de son constituant perspectival. L'option (β) réduisant toute perspective à une représentation (linguistique ou autre) est ontologiquement plus neutre qu'un appel aux universaux inhérents aux états de choses. Pourtant une difficulté surgit. Par sa dimension sémantique, toute représentation se distingue certes de la réalité représentée mais cette représentation constitue au mieux le résultat d'une mise en perspective, plutôt que l'*input* du processus (voir figure I). Par ailleurs, si les perspectives sont seulement des occurrences ou tokens[2] de représentation, cela induit inévitablement une double dépendance des perspectives : (i) vis-à-vis d'un quelconque système représentationnel (par exemple un langage) et (ii) vis-à-vis de l'emploi effectif dudit système par un organisme quelconque.

Le défi d'un éventuel affranchissement de cette double dépendance concerne également l'option (γ) où c'est le concept[3] qui fait office de perspective. Dans les sciences cognitives, les concepts assurent un ancrage empirique à la notion de perspective. Même comme représentation mentale, chaque concept est individuable via son *rôle fonctionnel* dans l'organisation cognitive globale. Comme le souligne Peacoke[4], il est

1. L'analyse s'accommoderait tout aussi bien d'une ontologie de faits : le fait que Babar soit un éléphant de plus d'une tonne et le fait que Babar soit protégé, deux faits liés par une relation causale ou, à tout le moins, par une relation argumentative explicative.

2. Sur la délicate distinction entre occurrences et tokens, voir L. Wetzel, « Types and Tokens », 2006, disponible sur `http://plato.stanford.edu/entries/types-tokens`, consulté le 17.04.2010.

3. E. Margolis, « Concepts », 2006, disponible sur `http://plato.stanford.edu/entries/concepts`, consulté le 17.04.2010, introduit aux différentes définitions du concept. P.F. Strawson et A. Chakrabarti (éds.), *Universals, Concepts and Qualities. New Essays on the Meaning of Predicates*, Aldershot, Ashgate, 2006, reflète aussi cette diversité.

4. C. Peacoke, *A Study of Concepts*, Cambridge (Mass.), MIT Press, 1992.

dès lors possible pour un même concept (type) d'être incarné par différents tokens/occurrences chez des individus distincts (éventuellement appartenant à des espèces distinctes). Une telle abstraction du concept (et donc ici de la perspective) s'oppose à une approche empiriste stricte [1] selon laquelle les catégories de l'esprit seraient nécessairement tributaires du type de corps incarnant l'esprit.

Une vision totalement désincarnée de la perspective préside au choix de l'option (δ) (*<A, Mode de présentation>*) comme base aspectuelle de la prédication. Dans un cadre frégéen, le *sens* d'une expression est un *objet abstrait* [2] qui est (ou contient) une perspective unique (un mode de présentation) sur la réalité. Cette forme de médiation (non-psychologique) entre le langage et la réalité fournit un statut inédit aux perspectives. Indépendamment d'un risque de régression à l'infini (les objets abstraits étant eux-mêmes susceptibles de tomber sous des modes de présentation), l'option (δ) – pas plus les options précédentes – ne règle en rien le statut de l'hybride aspectuel.

Il y a toutefois une option ontologiquement parcimonieuse qui éliminerait d'emblée le problème d'hybridation. Supposons que la valeur sémantique de *A qua B* soit un *trope* [3] de *A* et la valeur sémantique de PRÉDICAT une classe d'équivalence de tropes. La vérité de la prédication pourrait reposer simplement sur l'appartenance du trope à la classe d'équivalence. On fait d'une pierre plusieurs coups : on se débarrasse des universaux (au profit de classes), on élimine les substances classiques (au profit de « faisceaux » de tropes), on dissout le problème (Q2′) du statut de *qua B* tout en donnant à l'aspect *A qua B* un statut de particulier. Au sens de Campbell [4] ou de Simons [5], un trope est une entité contingente qui est une des caractéristiques particulières (non transmissibles) d'un objet (sorte de conglomérat de tropes comprésentes). Ainsi,

1. L. Shapiro, *The Mind Incarnate*, Oxford, Oxford University Press, 2004.

2. E.N. Zalta, *Abstract Objects: An Introduction to Axiomatic Metaphysics*, Dordrecht, Reidel, 1983.

3. Nous renvoyons le lecteur à A. Chrudzimski, « Two Concepts of Trope », *Grazer Philosophische Studien*, 64 (2002), p. 137-155 ; P. Rojek, « Three Trope Theories », *Axiomates*, 18 (2008), p. 359-377.

4. K. Campbell, *Abstract Particulars*, Oxford, Blackwell, 1990.

5. P. Simons, « Particulars in Particular Clothing: Three Tropes Theories of Substance », *Philosophy and Phenomenological Research*, 54 (1994), no. 3, p. 553-575 ; trad. fr. M. Le Garzic, « Des particuliers dans un vêtement particulier : trois théories tropistes de la substance », in *Textes clés de métaphysique contemporaine. Propriétés, mondes possibles et personnes*, E. Garcia et F. Nef (dir.), Paris, Vrin, 2007, p. 55-84.

la *conductibilité d'un objet* est intuitivement comme une partie de la matière abstraite (la qualité [1] de conductibilité) partagée par tous les objets conductibles.

L'approche tropique de l'aspect participerait donc d'une analyse réifiante tout en se devant de prendre en compte ce qui motive l'analyse prédicative. En (2a), la prédication sur un trope tel que l'*éléphantité de Babar* demeure relative puisque le prédicat équivaut en fait à 'est petit pour un éléphant'.

(2a)   Babar, *qua* éléphant, est petit

(2b)   Babar, *qua* animal, est grand

Pour ceux qui en appellent aux tropes comme vérifacteurs, c'est *la petitesse éléphantesque de Babar* (trope distinct de l'*éléphantité de Babar*) qui rend vraie (2a). En (2b), c'est la *grandeur animalière de Babar* qui est le vérifacteur tropique pertinent. Tous ces tropes peuvent co-exister au sein du *faisceau* (*bundle*) de tropes qu'est Babar. Pour (7) comme pour toutes les instances de (6a), c'est le même trope, *le poids effectif de Babar*, qui assure la vérité.

(7)   Babar pèse deux tonnes

(6a)   Babar, *qua X*, pèse deux tonnes

L'analyse tropique de *A qua B* est parfaitement compatible avec la thèse (i) [2] :

(i)   *A qua B* est essentiellement *B*

Mais (i) pourrait s'avérer ici triviale. Admettons que pour un trope *A qua B*, être un *B* consiste simplement à appartenir à une classe d'équivalence de tropes et que ladite classe soit définie sur base d'une quelconque relation de similarité entre ces membres. Rien n'empêche que la similarité en jeu soit totalement arbitraire si la seule chose qui réunit les membres de la classe c'est précisément leur appartenance à la classe d'équivalence [3]. Autrement dit, l'essentialité de l'appartenance du trope à la classe serait une essentialité *de jure* (par décret).

---

1. Sur la distinction propriété/qualité et son incidence sur la théorie des tropes, voir J. Levinson, « The Particularisation of Attributes », *Australian Journal of Philosophy*, 58 (1980), no. 2, p. 102-115 ; « Why There Are No Tropes », *Philosophy*, 81 (2006), p. 563-580.

2. K. Fine, « Acts, Events and Things », art. cit.

3. L. Wetzel, « Types and Tokens », art. cit.

Qua ÉVÉNEMENTS

A priori, le domaine de la linguistique constitue un cadre propice à une conception non réifiante des notions aspectuelles. Ainsi, les travaux classiques de Vendler [1] et Dowty [2] sont imprégnés de l'intuition que le langage naturel permet de décrire une *même* réalité (par exemple un événement) selon différents types de perspectives :

(9a) Philippe marcha   (*description* en termes
                                       d'activité)

(9b) Philippe marcha jusqu'au mur   (*description* en termes
                                       d'accomplissement)

(9c) Philippe atteignit le mur   (*description* en termes
                                       d'achèvement)

(9d) Philippe était debout/pressé   (*description* en termes
                                       d'état)

(9e) Philippe a marché   (*description* stative et
                                       résultative)

Depuis une vingtaine d'années, la sémantique dite « événementielle » analyse les dimensions lexicales, syntaxiques et sémantiques des discours relatifs aux événements. Au sein de ce paradigme, bon nombre de chercheurs érigent en différences ontologiques des différences d'ordre représentationnel. La confusion n'émane pas que de pures linguistes peu soucieux des enjeux philosophiques de leurs analyses. Ainsi Terence Parsons, la caution métaphysique [3] du courant abusivement [4] appelé aussi « néo-davidsonien », considère que les énoncés (9d) et (9e) visent des réalités statives distinctes des réalités événementielles visées en (9a), (9b) et (9c). *Events in the Semantics of English* de Parsons, le texte de

---

1. Z. Vendler, *Linguistics in Philosophy*, Ithaca (NY), Cornell University Press, 1967.

2. D. Dowty, *Studies in the Logic of Aspect and Time reference in English*, dissertation doctorale, University of Texas, 1972.

3. T. Parsons, *Nonexistent Objects*, New Haven/Londres, Yale University Press, 1980, et *Indeterminate Identity*, Oxford, Oxford University Press, 2000, sont des contributions reconnues en métaphysique.

4. Une perspective davidsonienne classique, comme celle de D. Davidson (cf. « The Logical Form of Action Sentences », in *The Logic of Decision and Action*, N. Rescher (éd.), Pittsburgh, University of Pittsburgh Press, 1967 ; « On Events and Event-Descriptions », in *Fact and Experience*, J. Margolis (éd.), Oxford, Blackwell, 1969), interdit toute forme de réification des descriptions d'événement.

référence pour beaucoup, propose un découpage ontologique pour le moins surprenant :

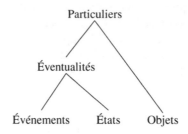

On ne sait parfois pas si la classification [aspectuelle] a pour but de classer des choses dans le monde ou des morceaux de langage [...] J'ai essentiellement pour souci de classer des choses non linguisitiques – des éventualités [...] Les tests que je passe en revue [pour catégoriser des éventualités] sont tous formulés en termes de catégories d'unités linguistiques, non d'éventualités, bien que certains puissent être convertis en des tests directs pour les éventualités [1]

Si l'objectif est de nous faire prendre des vessies pour des lanternes, on peut s'étonner de ne pas trouver au sein du domaine des éventualités ni d'entités accomplissements, ni d'entités activités, ni d'entités achèvements. Pour les besoins de la cause, admettons le découpage ci-dessus et examinons-en les conséquences. Considérons (10) dont l'ambiguïté sémantique est captée via les paraphrases (10a) et (10b).

(10)   Pol, *en tant que* policier, a gagné la course

(10a)   Pol, *parce qu'*il est policier, a gagné la course

(10b)   Pol, *en tant que* participant à l'épreuve pour policiers, a gagné la course (des policiers)

Dans sa dimension vériconditionnelle, la sémantique événementielle *à la Parsons* repose sur trois principes :

(X)   Toute relation d'implication doit être obtenue via la règle d'élimination de la conjonction

(Ψ)   Le vérifacteur de toute phrase mobilisant une perspective dynamique est un événement

(Ω)   Le vérifacteur de toute phrase mobilisant une perspective stative est un état

---

1. T. Parsons, *Events in the Semantics of English, op. cit.*, p. 34.

(X) interdit tout recours à une quelconque relation fonctionnelle entre les constituants de (10). Au mieux, Parsons peut-il donc rendre compte des conditions de vérité associées à la lecture (10a), la seule qui implique (11).

(11)   Pol a gagné la course (*simpliciter*)

Dans un cadre parsonien, (LF10a) et (LF11) expriment les conditions de vérité respectives de (10a) et (11).

(LF10a) $(\exists e)(\exists s)^\ulcorner Policier(s) \wedge THEME(s, pol) \wedge$ HOLD(s)
$\wedge Gagne(e) \wedge AGENT(e, pol) \wedge PATIENT(e, course)$
$\wedge$ CUL$(e) \wedge$ Cause$(s, e)^\urcorner$

(LF11) $(\exists e)^\ulcorner Gagne(e) \wedge AGENT(e, pol) \wedge PATIENT(e, course)$
$\wedge$ CUL$(e)^\urcorner$

Conformément aux principes (Ψ) et (Ω), on quantifie à la fois sur des variables d'événements (e) et des variables d'états (s). Par ailleurs, on mobilise dans le métalangage sémantique trois sortes de prédicats : ceux en majuscule exprimant des (macro) rôles sémantiques, ceux en majuscule romaine (HOLD, CUL et OCCUR) et, enfin, des prédicats *a priori* plus classiques[1].

Dans ce qui suit, nous examinerons, d'abord, le statut des états et, ensuite, celui des rôles sémantiques.

Parsons[2] accorde sans conteste un statut de particulier aux états, mais il semble hésiter entre des états comme substances statives et des états comme tropes statifs :

> Les états, tels qu'ils sont utilisés ici, sont très différents de la conception propositionnelle des états de choses, mais semblables à la conception matérielle[3].

> Je pense que ceux-ci ['la nudité de Brutus' et 'l'intelligence d'Agatha'] réfèrent à des états, mais je ne sais comment le prouver[4].

---

1. Nous nous en remettrons toutefois à la sagacité des lecteurs quant aux conditions à satisfaire par un état pour être un état policier dont Pol serait le thème. Peut-être suffit-il que Pol lui-même soit policier (*sic*) ? Nous n'aborderons pas non plus le statut de la causalité invoquée ici.

2. T. Parsons, *Events in the Semantics of English*, *op. cit.* ; *Underlying States and Time Travel*, in *Speaking of Events*, J. Higgenbotham, F. Pianesi et A. Varzi (éds.), New York, Oxford University Press, 2000, p. 81-93.

3. T. Parsons, *Events in the Semantics of English*, *op. cit.*, p. 33.

4. *Ibid.*, p. 199.

Peut-être le prédicat HOLD portant sur les états nous éclaira-t-il sur ce point ?

> La forme logique d'une phrase simple non progressive contient 'Hold' si le verbe est un verbe d'état, sa forme logique contient 'Cul' ou 'Occur' si le verbe est un verbe d'événement [1].

On reste perplexe. Si **HOLDING, OCCURRING** et **CULMINATING** sont les propriétés respectives des états et des événements, quels sont les critères d'instantiation de ces propriétés par les entités statives ou événementielles ? Nécessairement, tout événement *occur* ou *culminate* et, nécessairement, tout état *hold*. Ici, comme ailleurs, Parsons réduit la réalité à un calque du langage. Le métalangage sémantique n'aurait pour seule fonction que de refléter iconiquement à la fois la réalité et le langage-objet.

Le pire est encore à venir. En effet, sur base de l'équivalence (ii), nous déduisons une thèse pour le moins étrange.

(ii) « l'état *s* résultant de *e* vaut à *t* ≡ *e* culmine à un certain instant *t* ou avant *t* » [2].

À partir du moment où un événement culmine, l'état résultant de la culmination *vaut* pour toujours. Autrement dit, l'éternité (vers le futur) d'un particulier statif serait garantie par l'existence contingente d'un autre particulier, un événement (arrivé [3] à son terme). Il ne manque plus qu'une preuve de l'existence de Dieu !

L'alternative évidente à l'éternité des soi-disant états résultants est de poser l'éternité de la *vérité* d'un contenu propositionnel [Philippe avoir marché] sur base de l'existence d'un événement du passé (un certain événement pédestre, quelle qu'en soit d'ailleurs la description). C'est la même solution qui résout un problème analogue pour les états de choses actualisés (entendus comme entités du réel). L'exemplification à *t* d'une propriété par un particulier est acquise pour l'éternité. Cette similitude laisse à penser que les états de Parsons, à l'instar des événements de Kim [4], ne sont rien d'autres que des faits [5].

---

1. T. Parsons, *Events in the Semantics of English, op. cit.*, p. 24.
3. En fait, ce sont les descriptions d'événements qui peuvent être téliques (orientées vers un but), pas les événements eux-mêmes. C'est précisément le type de confusion dont Parsons est victime.
4. J. Kim, « Events as Property Exemplifications », in *Action Theory*, M. Brand et D. Walton (éds.), Dordrecht, Reidel, 1980, p. 159-177.
5. J. Bennett, *Events and Their Names*, Indianapolis, Hackett, 1988 ; L.B. Lombard, *Events: A Metaphysical Study*, Londres, Routledge, 1986.

Pour ce qui concerne les rôles sémantiques, il est généralement admis que le choix lexical du verbe principal au sein d'une phrase événementielle reflète une perspective spécifique sur l'événement décrit. Cette aspectualisation de l'événement détermine à la fois les participants à l'événement qu'il faut prendre en compte et le rôle que chacun des participants est censé remplir dans l'interaction. Selon la tradition en linguistique [1], les macro rôles sémantiques classiques transcendent des distinctions assez fines. Par exemple, le macro rôle *AGENT* couvre, entre autres, les rôles *FRAPPEUR, COGNEUR, POUSSEUR* ou *LAVEUR*. Le fondement cognitif des (macro) rôles est revendiqué par beaucoup de chercheurs (se réclamant ou non de la sémantique événementielle). Mais il est courant en linguistique de ne pas clairement distinguer le niveau conceptuel du niveau ontologique. La raison d'un tel laxisme est évidemment que l'ontologie est secondaire dans l'explication des données. Sans nécessairement verser dans un relativisme linguistique, les langages naturels reflètent davantage des manières de conceptualiser le réel qu'ils ne donnent une image *immédiate* de la réalité. Interrogeons-nous sur la relation entre les particuliers (objets, événements, voire états) et les macro rôles mobilisés dans l'analyse sémantique. Dans une perspective davidsonienne classique, la relation ne peut être que médiate. Un objet n'est pas agent ou patient *simpliciter*. Il n'est pas non plus agent ou patient relativement à un événement. Il remplit un rôle donné uniquement par rapport à un événement sous une certaine perspective (meurtre/assasinat/agression/accident). Considérons les exemples (12) et (13) auxquels Parsons assigne les conditions de vérité respectives (LF12) et (LF13).

(12)   Kim bought this tricycle from Sheehan

(13)   Sheehan sold this tricycle to Kim

(LF12) $(\exists e)^{\ulcorner} Buy(e) \wedge AGENT(e, kim) \wedge SOURCE(e, sheehan)$
$\wedge THEME(e, tricycle) \wedge CUL(e)^{\urcorner}$

(LF13) $(\exists e)^{\ulcorner} Sell(e) \wedge AGENT(e, sheehan) \wedge BENEF(e, kim)$
$\wedge THEME(e, tricycle) \wedge CUL(e)^{\urcorner}$

---

1. C. Fillmore, « The Case for Case », in *Universals in Linguistic Theory*, E. Bach et R. Harms (dir.), Londres, Rinehart and Winston Holt, 1968, p. 1-88 ; D. Dowty, « Thematic Proto-Roles and Argument Selection », *Language*, 67 (1991), p. 547-619 ; R. Jackendoff, *Semantic Structures*, Cambridge (Mass.), MIT Press, 1990.

Parsons, dans la lignée de Kim [1], n'a pas d'autre choix que de considérer (12) et (13) comme décrivant deux événements distincts plutôt qu'un même échange commercial vu sous des angles différents. En effet, sur base de l'application de principes élémentaires de la logique, les variables respectives de *e* en (LF12) et (LF13) ne peuvent être instanciées par un même événement sous peine que (12) implique erronément (14).

(14)   Kim sold this tricycle from Sheehan

(LF14) $(\exists e)^\ulcorner Sell(e) \wedge AGENT(e, kim) \wedge SOURCE(e, sheehan)$
$\wedge THEME(Sell(e), tricycle) \wedge CUL(e)^\urcorner$

L'idée qu'à deux descriptions correspondent deux réalités distinctes est, de l'aveu même de Parsons, inapplicable au domaine des descriptions d'objets. La coréférentialité du nom propre et de la description définie garantit l'équivalence extensionnelle de (15) et (16).

(15)   Le président français est membre de l'UMP

(16)   Nicolas Sarkozy est membre de l'UMP

Mais la relation entre (12) et (13) est plus forte qu'une équivalence extensionnelle (dans le monde actuel, le vérifacteur de l'un est aussi le vérifacteur de l'autre). Par delà leurs différences aspectuelles, (12) et (13) sont intensionnellement équivalentes. En effet, si les intensions des prédicats *Sell* et *Buy* sont classiquement des fonctions des mondes possibles vers l'extension de ces prédicats dans chaque monde, l'équivalence intensionnelle s'impose. Les *états de choses* (constitués de ces mêmes intensions) sont également inaptes à saisir formellement le contraste entre (12) et (13). Or, ce contraste aspectuel peut, comme en (17) et (18), induire des différences sémantiques substantielles.

(17)   Kim bought this tricycle from Sheehan <u>problematically</u>

(18)   Sheehan sold this tricycle to Kim <u>unproblematically</u>

Le caractère problématique ou non problématique de la transaction commerciale n'est pas une propriété de la transaction mais de la transaction en tant qu'on l'envisage sous telle ou telle perspective.

Pour ceux qui voudraient à tout prix fonder ontologiquement les distinctions aspectuelles, il reste deux possibilités. La première option est d'en appeler à des *faits* pour autant que leur identité demeure sensible à la manière de décrire les événements (le fait que la transaction soit un achat ≠ le fait que la transaction soit une vente). La seconde option serait

---

1. J. Kim, « Events as Property Exemplifications », art. cit.

de concevoir les *qua* événements comme des tropes de l'événement. Cela donnerait pour (12) et (13), les formes logiques alternatives suivantes :

(LF′12) $(\exists e)^\ulcorner buy(e) \wedge AGENT(buy(e), kim)$
$\wedge\ SOURCE(buy(e), sheehan) \wedge THEME(buy(e), tricycle)^\urcorner$

(LF′13) $(\exists e)^\ulcorner sell(e) \wedge AGENT(sell(e), sheehan)$
$\wedge\ BENEF(sell(e), kim) \wedge THEME(sell(e), tricycle)^\urcorner$

Ici, les méta-expressions *buy* et *sell* dénotent chacune une fonction sélectionnant un trope pertinent parmi le faisceau de tropes qu'est l'événement. Ce dernier pourrait ainsi conserver un statut de vérifacteur (pour (12) comme pour (13)) alors que ses tropes seraient arguments des relations avec les participants objets. Kim remplit un rôle agentif par rapport à l'événement en tant qu'achat alors que Kim est bénéficiaire de l'événement en tant que vente.

L'irréductibilité du contraste aspectuel entre (12) et (13) est-elle pour autant pleinement garantie ? Pour cela, il faudrait encore s'interroger sur l'inévitable dépendance mutuelle entre les tropes distingués (un événement ne peut être un achat sans aussi être une vente et vice-versa). Aurait-on simplement déplacé le problème initial du niveau des événements à celui de leurs tropes ?

À défaut d'avoir pu apporter une réponse nette à la question du statut de l'aspect, nous espérons avoir mis en lumière les divers enjeux et problèmes liés à sa réification. L'aspect relève bien d'une mise en perspective de la réalité mais le résultat du processus peut-il trouver une place quelconque au sein de la réalité ou bien devons-nous le situer ailleurs ? Pour les actualistes, il n'y a pas d'ailleurs et, pour les autres, il reste encore à définir cet ailleurs.

Philippe Kreutz
Université Libre de Bruxelles

LES FONDEMENTS DU QUADRIDIMENSIONNALISME (*)

LA PERSISTANCE À TRAVERS LE TEMPS DES OBJETS PHYSIQUES

> *Subissant toujours le changement, comment puis-je soutenir que je continue d'être moi-même ? Considérant qu'un remplacement complet de ma substance matérielle a lieu tous les deux ou trois ans, comment puis-je soutenir que je continue d'être moi pour plus d'un moment ?*
>
> W.V.O. Quine [1]

Ce matin, je me suis décidé à enfiler mon fameux gilet brun que j'apprécie tant depuis quelques années. Mais ma compagne m'a fait une remarque, certes irrévérencieuse envers mon gilet brun, mais ô combien profonde d'un point de vue métaphysique : mon gilet n'a plus le même aspect qu'auparavant... Et cependant, je continue à le porter comme au premier jour, nous percevons toujours ce gilet brun – que ce soit moi, ma compagne ou les personnes que je fréquente – comme le gilet brun que je portais il y a cinq ans et il ne fait nul doute que, malgré les changements radicaux que ce gilet rencontra au cours du temps – changements de couleur, déchirures, raccommodages, changement de forme – ce gilet brun est toujours le même gilet brun que celui que je portais en 2005, ou, en tout cas, nous le percevons toujours comme tel. Bien que ma compagne

(*). Nous utiliserons la traduction française des termes « *four-dimensionalism* » et « *three-dimensionalism* » proposée par E. Garcia et F. Nef dans *Textes clés de métaphysique contemporaine. Propriétés, mondes possibles et personnes*, Paris, Vrin, 2007. J'en profite pour remercier les organisateurs, Philippe Kreutz et Sébastien Richard, de la journée d'étude en métaphysique analytique qui a eu lieu le 29 janvier 2010 à l'Université Libre de Bruxelles sous l'égide du Centre National de Recherches de Logique (CNRL), ainsi que Bertrand Hespel pour les discussions passionnées sur ce sujet.

1. « Identity, Ostension, and Hypostasis », *The Journal of Philosophy*, 47 (1950), no. 22, p. 621.

n'ait jamais été introduite aux grandes problématiques de la métaphysique contemporaine, son commentaire n'était donc nullement anodin. En effet, comment un objet – en l'occurrence, mon gilet brun – peut-il à la fois continuellement changer et pourtant persister en tant que cet objet-là qu'il est ? Comment peut-on être à la fois le même qu'hier et pourtant posséder des propriétés différentes ? Ces questions, et bien d'autres encore, forment ce qu'on appelle le problème métaphysique de la persistance – et non, comme certains le pensent peut-être, le problème des liens indéfectibles que l'on entretient avec un gilet brun défraîchi.

Le quadridimensionnalisme est une théorie métaphysique destinée à rendre compte de la persistance et du changement des objets physiques à travers le temps. Elle peut être succinctement décrite comme une tentative de réponse à la question « comment un objet physique persiste-t-il à travers le temps ? » fondée sur l'existence de parties temporelles et d'une étendue dans le temps de l'objet. Ce n'est pas la seule théorie visant à répondre à cette question [1]. Mais, dans cet article, nous nous contenterons de présenter cette théorie particulière.

L'objectif de cet article est de présenter cette thèse contemporaine qui tente de rendre compte de la persistance de mon gilet brun au cours du temps et des changements successifs qu'il subit et qui s'avère être, aujourd'hui, d'une importance capitale en métaphysique. Il me semble cependant qu'un petit détour vers l'histoire de l'avènement de cette thèse au sein de la philosophie analytique est crucial. En effet, il apparaît que la thèse quadridimensionnaliste s'est développée graduellement autour d'hypothèses qui tentèrent, chacune à leur tour, de répondre à un problème particulier de la philosophie. Il ne s'agit donc pas d'une suite de réflexions indépendantes au sujet de la problématique de la persistance. Au contraire, chaque développement historique s'avère être étroitement lié aux réflexions antérieures. C'est ce parcours philosophique extrêmement cohérent et efficace à travers le XXe siècle que je me propose de présenter ici.

Dans les cinq premières sections de cet article (sections 1 à 5), je vais relever quelques étapes que je considère comme clefs dans le développement du quadridimensionnalisme et qui aboutissent aux caractéristiques que l'on connaît aujourd'hui de cette théorie. Comme il se doit, cette perspective sera limitée à l'histoire de la philosophie analytique. Nous commencerons donc notre parcours avec Bertrand Russell (en 1914)

---

1. Voici une introduction intéressante à la métaphysique de la persistance : S. Haslanger et R.M. Kurtz (éds.), *Persistence. Contemporary Readings*, Massachusetts, MIT Press, 2006.

pour terminer avec David Lewis (en 1986). Présenter toutes les nuances du quadridimensionnalisme n'aurait pas été possible dans cet article. Nous nous contenterons donc de présenter la perspective « classique » de cette théorie. Je montrerai tout d'abord comment Bertrand Russell, en tentant de résoudre le problème de la permanence des objets dans le temps, en vint à poser une théorie des objets compris comme des suites d'aspects (section 1). Ensuite, je présenterai une théorie intéressante de Rudolf Carnap en ce qui concerne la relation qu'entretiennent ces différents aspects, à savoir la génidentité (section 2). Après cela, je décrirai la manière dont Willard van Orman Quine en arrive à préciser la problématique en décrivant l'objet quadridimensionnel comme une somme de parties temporelles (section 3). Je présenterai ensuite l'argument que David Armstrong présente pour défendre l'approche relationnelle de l'identité (section 4) et terminerai en décrivant comment David Lewis défend la thèse quadridimensionnelle afin de rendre compte du changement (section 5).

Dans une seconde étape (section 6), je présenterai l'ontologie quadridimensionnaliste contemporaine et tenterai de l'illustrer à l'aide de l'exemple de mon gilet brun. Nous verrons que cette métaphysique explique d'une manière intéressante l'unité de cet objet auquel je tiens tant à travers le temps et les nombreux changements qu'il subit.

Enfin, je conclurai (section 7) par quelques remarques touchant aux enjeux du quadridimensionnalisme aujourd'hui – concernant notamment la structure de l'espace-temps et la formalisation mathématique de l'objet quadridimensionnel.

L'INDIVIDUATION DE L'OBJET EN TANT QUE SÉRIE D'ASPECTS

Quand nous parlons d'un objet, ou d'une « chose », il va de soi que nous devons d'abord pouvoir décrire cette « chose » de manière à nous approcher le plus possible de ce qu'elle *est* réellement. Dans le cadre de la problématique qui nous intéresse, il est donc crucial d'établir une théorie correcte de l'individuation. En effet, si je me pose à la fois la question des changements que subit mon gilet brun et celle de son identité à travers ces changements, je me dois, tout d'abord, de correctement décrire et discerner ce gilet brun parmi tout ce qui existe. En d'autres termes, il faut que je puisse « individuer » mon gilet brun, c'est-à-dire que je précise « ce qui fait que cet objet est cet unique objet-là » [1].

1. *Idem.*

Le terme d'« individuation » peut toutefois s'entendre en deux sens différents[1]. Dans le sens épistémique du terme, l'individuation est une activité cognitive. Ainsi, « *individuer* un objet, c'est "isoler" [*to single out*] cet objet comme un objet de perception distinct »[2]. Ce qui fait que cet objet est cet unique objet-là dépend donc d'un processus cognitif et actif de différenciation effectué par un agent rationnel. Par exemple, un naturaliste distinguera un objet naturel – un papillon, par exemple – d'une autre manière qu'un collectionneur ou un conservateur de musée. Mais, entendu en un sens métaphysique, l'individuation est une relation ontologique entre des entités. Et, en ce sens, ce qui individue une entité est ce qui fait que cet objet est cet unique objet-là indépendamment de tout processus cognitif[3].

L'avènement du quadridimensionnalisme – mais aussi de beaucoup de réflexions en philosophie analytique et en métaphysique – apparaît comme une perpétuelle réflexion autour de la problématique de l'individuation d'un objet ainsi que de la distinction entre l'approche cognitive et métaphysique de celle-ci. En effet, il n'est pas interdit de penser que le courant quadridimensionnaliste naît au moment où Russell, prenant acte de la nécessité d'individuer l'objet et de l'existence de ces deux sens de l'individuation, constate que la physique relativiste permet précisément de les réconcilier dès lors qu'on s'attache à la question de la permanence des objets à travers le temps. En effet, dans son ouvrage paru en 1914, *De la méthode scientifique en philosophie*, sous-titré *Notre connaissance du monde extérieur*[4], il note le gouffre qui semble exister entre le monde des données des sens et le monde de la physique nouvelle.

---

1. Nous renvoyons, sur ce sujet, à un ouvrage très intéressant : J.J.E. Gracia, *Individuality. An Essay on the Foundations of Metaphysics*, New York, State University of New York Press, 1988 ; ainsi qu'à la très bonne introduction d'E.J. Lowe : « Individuation », in *The Oxford Handbook of Metaphysics*, M.J. Loux et D.W. Zimmerman (éds.), Oxford, Oxford University Press, 2003.

2. *Ibid.*, p. 75.

3. E.J. Lowe fait remarquer dans son article *Individuation* (*idem.*) que l'individuation en termes épistémiques présuppose l'individuation en termes métaphysiques. D'après lui, nous ne pouvons entamer une démarche cognitive de différenciation qu'à la condition que l'objet, sur lequel nous appliquons notre processus cognitif, fasse partie intégrante de la réalité. Cette thèse paraît, à première vue, sujette à discussion. C'est pourquoi je me contente de présenter ces deux aspects de l'individuation sans lien apparent.

4. B. Russell, *La méthode scientifique en philosophie. Notre connaissance du monde extérieur*, trad. fr. Ph. Devaux, Paris, Payot & Rivages, 2002. Je me réfère à la version anglaise : B. Russell, *Our Knowledge of the External World. As a field for Scientific Method*

La physique classique, pour sa part, élabore des raisonnements, nous dit Russell, à partir des données des sens en concevant les objets comme des corps rigides et permanents – et tout un chacun fait de même [1]. Autrement dit, l'individuation cognitive du physicien classique et celle effectuée naturellement par tout un chacun coïncide, et la question se pose de savoir si ce type d'individuation cognitive coïncide avec l'individuation de type métaphysique.

Or, la physique a cessé d'être classique et la physique relativiste qui lui a succédé a introduit une toute nouvelle analyse de nos concepts physiques. Toujours d'après Russell, cette révolution scientifique a aussi introduit une toute nouvelle analyse de l'objet physique dont l'une des leçons essentielles est précisément que ces objets que nous pensions être des corps rigides et permanents (une chaise, un bureau, un pont, etc.) ne sont, en *réalité*, ni permanents, ni rigides. C'est là, me semble-t-il, une première thèse de ce que l'on appelle le quadridimensionnalisme :

(α) Les objets que nous concevons comme rigides et permanents (une chaise, une banane, la lune, etc.) ne sont, en *réalité*, ni rigides, ni permanents.

Il semblerait donc que l'individuation effectuée par le physicien relativiste et celle effectuée par tout un chacun soient désormais divergentes, et que la question se pose maintenant de savoir *laquelle* de ces deux individuations cognitives coïncide avec l'individuation métaphysique. Cependant, remarque Russell, cette divergence entre ces deux individuations cognitives n'est qu'apparente. De fait, n'importe qui aurait déjà pu objecter au physicien classique – occupé à défendre « l'idéal de la rigidité et de la permanence absolue que les physiciens récents poursuivaient d'un bout à l'autre des apparences changeantes » [2] – que tous les objets ne sont

---

in Philosophy, Londres, Routledge, 1993 [1914]. Bertrand Russell commente sa démarche en ces termes : « le problème central par lequel j'ai cherché à illustrer la méthode [la méthode scientifique en philosophie] est le problème de la relation entre les données brutes des sens et l'espace, le temps et la matière de la physique mathématique » (*ibid.*, p. 10.).

1. *Ibid.*, p. 107. À ce propos, Russell ajoute que « cette croyance du sens commun [...] fait partie d'une théorisation métaphysique audacieuse ». Nous verrons que Russell et les quadridimensionnalistes contemporains la rejettent.

2. Ainsi, avant l'avènement de la théorie de la relativité, la physique a postulé l'idée de l'atomisme – comme les philosophes grecs l'avaient déjà fait –, afin de soutenir la thèse de la permanence et de la rigidité derrière les apparences qui, elles, paraissent changer à chaque instant.

ni rigides, ni permanents et lui donner en exemple la fumée, le souffle, le nuage, etc.

Pour faire coïncider l'individuation du physicien relativiste – les choses ne sont ni permanentes, ni rigides – et l'individuation que tout un chacun effectue en général, Russell fait remarquer qu'une certaine croyance *a priori* doit être écartée [1]. En effet, il suffit *in fine* d'admettre que l'individuation effectuée par le physicien relativiste doit être généralisée. En d'autres termes, il suffit d'abandonner le postulat – la croyance *a priori* – d'une substance permanente [2].

Ainsi, qu'est-ce qui fait qu'un objet est cet objet-là, si nous nous écartons de l'hypothèse de la substance permanente ? Reprenons notre exemple. Je suis extrêmement attaché à mon vieux gilet brun. Considérons donc ce gilet brun à la lumière de ce qu'il fut et de ce qu'il est maintenant. Il était d'un joli brun éclatant et aujourd'hui (cinq années plus tard) il est d'un beige pâle – sans compter les raccords ici et là. Compte tenu de cela et de ce que dit la physique relativiste, il est inutile de s'obstiner à le concevoir comme une « chose ». Il vaut mieux admettre que mon gilet brun est cette série d'aspects au temps $t_1, t_2, \ldots, t_x$. En effet, nous ne pouvons qu'affirmer de cette « chose « qu'elle » change graduellement – parfois très rapidement, mais toujours en passant à travers des séries continues d'états intermédiaires » [3]. Bertrand Russell ajoute :

> Ce qui signifie que, pour toute apparence sensible, il y aura habituellement, *si nous regardons*, des séries continues d'apparences connectées entre elles, conduites à cet état par d'imperceptibles graduations vers les nouvelles apparences perçues par le sens commun comme appartenant à la même chose. Ainsi, une chose peut être définie comme certaines séries d'apparences, connectées entre elles par un principe de continuité [*by continuity*] et par certaines lois causales [4].

Une chose sera donc métaphysiquement individuée à partir de séries d'aspects – ou d'apparences. Et ces séries feront que cette chose est

1. B. Russell, *Our Knowledge of the External World*, *op. cit.*, p. 110.
2. Au sujet de la physique et de la substance, voir B. Hespel, « Substances et événements : les indications de la physique contemporaine », in *Création et événement. Autour de Jean Ladrière*, J. Greisch et G. Florival (dir.), Louvain-la-Neuve, Peeters, 1996, p. 67-73.
3. B. Russell, *Our Knowledge of the External World*, *op. cit.*, p. 111.
4. *Idem*.

cette unique chose-là [1]. Plus précisément, il convient d'admettre que :

(β) Une chose est définie par une série d'apparences connectées entre elles au moyen d'un principe de continuité et de lois causales.

Si je reprend l'exemple de mon pull, l'idée de Russell est la suivante. Ce qui fait que mon gilet brun est cet unique gilet brun-là est la suite d'aspects tels que

t_1 propre, t_2 brun foncée, t_3 bien cousu, t_4 déchiré, t_5 décousu, t_6 sale, t_7 beige clair.

Si ce gilet brun n'avait pas subi cette série d'aspects particuliers, il ne serait pas cet unique gilet brun-là, à savoir *mon* gilet brun.

La relation de génidentité entre les différents aspects d'une même chose

Si une chose n'est ni rigide, ni permanente, qu'elle change constamment d'aspect – qu'elle est donc une série d'aspects différents – et que ces différents aspects sont liés entre eux, que pouvons-nous affirmer de cette liaison, ou relation, qui ne peut évidemment être une stricte relation d'identité ?

Rudolf Carnap, dans son traité *La construction logique du monde* [2], souligne que « deux points d'univers [3] de la même ligne d'univers seront appelés génidentiques ; un peu comme deux états de la même chose » [4]. Ce concept de génidentité, brièvement décrit, vient de K. Lewin et B. Russell [5].

---

1. Nous n'utiliserons plus que le terme de « chose », car celui d'« objet » est bien trop connoté.

2. R. Carnap, *Der logische Aufbau der Welt*, Berlin, Weltkreis ; Hambourg, Meiner, 1999 [1928]. Il existe une traduction française de ce texte : R. Carnap, *La construction logique du monde*, trad. fr. Elisabeth Schwarz et Thierry Rivain, Paris, Vrin, 2002. Je me réfère à la version anglaise : R. Carnap, *The Logical Structure of The World*, trad. angl. R.A. George, Berkeley, University of California Press, 1967, et particulièrement les sections 128 et 159.

3. Pour conceptualiser cet univers, nous pouvons dire que l'espace y est cousu au temps par la vitesse de la lumière c.

4. R. Carnap, *The Logical Structure of The World*, op. cit.

5. K. Lewin, *Der Begriff der Genese in Physik, Biologie und Entwicklungsgeschichte*, thèse d'habilitation, Berlin, 1922 ; B. Russell, *Our Knowledge of The External World*, op. cit., p. 108, 113 et 115. Carnap fait certainement référence au principe de continuité et de similarité chez Russell ainsi qu'aux lois causales.

Mais pourquoi donc énoncer un principe d'identité différent de celui communément accepté ? Carnap, dans la section 159 de son traité, remarque que la notion d'identité (en son sens strictement logique [1]) est souvent utilisée pour des objets qui ne sont pas strictement – c'est-à-dire logiquement – identiques. Les termes « même que » ou « ce, cet, ... » sont utilisés comme dans les exemples suivants :

(a) Possédez-vous déjà ce livre ?

(b) Ce train est le même train que celui qui emprunte la voie 10 [2].

Carnap parle, à propos de ce genre d'utilisation du principe d'identité, d'« identification incorrecte » [3]. Alors que l'exemple (a) est un exemple de relation de similarité entre un objet et un genre censé le représenter – dans ce cas-ci, le genre « livre » représente le livre en tant qu'objet dont il parle –, l'exemple (b) est, d'après Carnap, un excellent exemple de ce qu'il appelle la relation de génidentité, c'est-à-dire « une association de différents "états de chose" [*thing-states* ou *Dingzustände*] avec un objet » [4], à savoir l'association de l'état de chose « emprunter la voie 10 » et « emprunter une autre voie ».

Hans Reichenbach, dans son ouvrage *Philosophie der Raum-Zeit-Lehre* paru en 1928 [5], propose une étude du concept de génidentité éclairante. Pour lui, « nous nous référons au point d'une ligne d'univers temporalisée comme à un état d'un *même* objet » [6]. Si le point A_1 et le point A_2 sont des atomes – respectivement d'hier et d'aujourd'hui – et que le point C_1 est aussi un atome alors « l'atome d'hier [A_1] et l'atome d'aujourd'hui [A_2] sont *identiques*, tandis que l'atome à la gauche de la ligne [A_1] est *différent* de l'atome à la droite de la ligne [C_1] » [7].

---

1. C'est-à-dire, pour prendre un exemple de Carnap, la phrase « Goethe est mort le 22 mars 1832 » est logiquement identique à « Goethe est mort le jour de l'anniversaire de Mr. A » (Carnap, *The Logical Structure of The World, op. cit.*, p. 251).

2. *Ibid.*, p. 252.

3. *Idem.*

4. *Idem.*

5. H. Reichenbach, *Philosophie der Raum-Zeit-Lehre*, Berlin, de Gruyter, 1928. Je citerai la traduction anglaise : H. Reichenbach, *The Philosophy of Space and Time*, trad. angl. M. Reichenbach et J. Freund, New York, Dover Publications, 1958.

6. *Ibid.*, p. 270. Aussi bien Carnap que Reichenbach font ici référence à l'univers quadridimensionnel de Minkowski. Par manque de place, nous ne présenterons toutefois pas les développements de Minkowski dans cet article.

7. *Idem.*

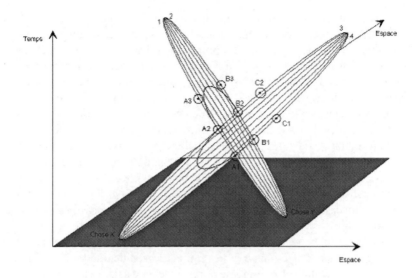

FIGURE I. Lignes et points d'univers

Le critère de génidentité s'explicite donc en ces termes :

– Il existe des lignes et des points d'univers.

– Si deux points d'univers – des atomes dans l'exemple de Reichenbach – sont sur la même ligne d'univers, alors il existe une relation de génidentité entre eux [1].

Or, cette définition montre que le raisonnement n'est pas complet. En effet, comment correctement individuer la chose Y et la chose X alors que des points de leurs lignes d'univers respectives coïncident ? Prenons un exemple en rapport avec la figure précédente. Si la chose Y est un lac et que la chose X est une goutte d'eau, alors A_1 appartient, en tant que point d'univers de la ligne d'univers de la chose Y, à Y ainsi qu'à X. Bien qu'il puisse paraître évident qu'une goutte d'eau puisse être indiscernable d'un lac et que, par conséquent, la goutte d'eau et le lac soient identiques, la figure montre que la goutte d'eau, après s'être diluée dans le lac s'évapore en tant que cette même goutte d'eau X. Ce qui pose un problème de discernement et, donc, d'individuation.

La solution se trouve dans la définition d'une « chose visuelle » de Carnap. En effet, il appelle une « *chose visuelle* », une classe de points

1. *Idem* et R. Carnap, *The Logical Structure of The World*, *op. cit.*, p. 199.

d'univers situés sur des lignes d'univers entretenant une relation de proximité [1]. Ainsi, pour être une chose visuelle en tant que cette unique chose visuelle-là, il ne suffit pas que des points appartiennent à un ensemble de lignes d'univers, encore faut-il que ces lignes entretiennent une *relation de proximité*. La relation de proximité sera dite appartenir aux dimensions spatiales de la chose tandis que la relation de génidentité appartient à la dimension temporelle de la chose. Une chose visuelle est donc à la fois définie par des lignes d'univers qui entretiennent une relation de proximité (relation spatiale des parties de la chose) et des points d'univers qui entretiennent une relation de génidentité (relation temporelle des parties de la chose). Dans notre figure, les lignes 1 et 2 forment un ensemble qui constitue la chose visuelle *Y* – à savoir le lac – et les lignes 3 et 4 forment un ensemble qui constitue la chose visuelle *X* – à savoir la goutte d'eau.

Brièvement, la relation de proximité permet à une chose d'être spatialement identique à elle-même et la relation de génidentité permet à une chose d'être identique à elle-même à travers le temps. Une chose sera dite être cette unique chose-là si elle satisfait à ces deux critères [2].

On doit donc admettre – et c'est là la troisième thèse que l'on peut formuler au sujet des fondements du quadridimensionnalisme – que :

(γ)   Les différents aspects d'une chose entretiennent entre eux et avec la chose qu'ils composent une relation de génidentité – différente de la relation d'identité – ainsi qu'une relation de proximité.

Pour clarifier cette notion, je me permets de citer un type d'exemple que Carnap développe lui-même [3]. Il me paraît fort bien éclairer cette définition. Cet exemple est de la forme « une chose perçue *a* et une chose perçue *b* sont la même chose si *a* et *b* remplissent telles ou telles conditions [à savoir, le critère de génidentité] » [4]. En reprenant la phrase (b) citée plus haut, on peut affirmer que la chose physique « train » est la classe de ses états à différents moments du temps. Le train est dans un état « emprunte la voie 1 » à un certain moment du temps et dans l'état « emprunte la voie 10 » à un autre moment du temps. Le train qui « emprunte la voie 1 » est donc dans une relation de génidentité avec

---

1. Carnap, *The Logical Structure of The World*, *op. cit.*, p. 199.

2. Remarquons que Carnap envisage une approche de l'individuation fondée sur une activité cognitive, une sorte de construction que seul un agent rationnel puisse mettre en place.

3. *Ibid.*, p. 254.

4. *Idem.*

le train qui « emprunte la voie 10 ». Par conséquent, il s'agit du même train à travers le temps[1]. Mon gilet brun correspond aussi à ce type d'exemple. En effet, je peux affirmer que mon gilet brun est composé d'aspects – renseignez-vous auprès de ma compagne ou de mes collègues, il le confirmeront – et que l'aspect de mon gilet brun au temps t_1, à savoir hier, est dans une relation de génidentité – les aspects sont sur la même lignes d'univers – avec l'aspect de mon gilet brun au temps t_2, à savoir aujourd'hui. Ce sont deux aspects différents – bien cousu au temps t_1 et décousu au temps t_2 – d'une même chose. Ces aspects seront dits génidentiques et mon gilet brun sera donc cet unique gilet brun-là à travers le temps. Il est spatialement identique car la ligne d'univers « tirette » de mon gilet brun est dans une relation de proximité avec la ligne d'univers « laine de mon gilet brun ».

DES SÉRIES D'ASPECTS AUX PARTIES TEMPORELLES

Qu'un objet soit métaphysiquement individué en termes de « série d'aspects » et que ces différents aspects soient connectés entre eux par une relation de génidentité implique que ce qui fait que cet objet est cet unique objet-là est une série d'aspects différents qui composent une somme. Dans ce cas, que sont ces « aspects différents » ? En quoi ont-ils une pertinence pour eux-mêmes, et pour la problématique métaphysique de la persistance ?

Willard van Orman Quine, dans son article intitulé « Identity, Ostension and Hypostasis »[2], évoque la possibilité de se baigner deux fois dans la même rivière – au contraire de ce qu'Héraclite pensait être la solution au problème du changement. Il pense qu'une solution au problème de la persistance des objets dans le temps peut être trouvée via le problème d'Héraclite[3]. En reprenant l'exemple de la rivière, il pose

---

1. Au sujet de la génidentité, nous pouvons aussi renvoyer au texte de M. Kistler : « Le concept de génidentité chez Carnap et Russell », in *Carnap et la construction logique du monde*, S. Laugier (éd.), Paris, Vrin, 2001, p. 163-188.

2. W.V.O. Quine, « Identity, Ostension, and Hypostasis », art. cit.

3. Bien que l'analogie soit frappante, il ne s'agit pas tout à fait du même problème étant donné que le problème d'Héraclite concerne le changement, tandis que notre problème concerne la persistance dans le changement, et plus particulièrement, *comment* un objet persiste.

comme hypothèse de départ qu'une « rivière est un processus à travers le temps »[1]. Cela lui permet d'en déduire ce qu'il pense être la vérité :

> La vérité est que vous pouvez vous baigner deux fois dans la même *rivière*, mais pas dans les mêmes parties-de-rivière [*river-stages*]. Vous pouvez vous baigner dans deux parties-de-rivière qui sont des parties de la même rivière, et c'est cela qui constitue le fait de se baigner deux fois dans la même rivière[2].

Les parties-de-rivière sont ce que Quine appelle les « parties momentanées » de la rivière. Celles-ci doivent être définies plus précisément. En effet, un partie-de-rivière est aussi à la fois une partie-d'eau. Cela pose problème parce que deux parties de la même rivière ne sont pas, en général, des parties de la même eau. Il s'agit du problème de la coïncidence – ou de la colocalisation – des parties d'une chose. Afin de clarifier cette situation, Quine va postuler, dans un exemple, l'existence de parties de la rivière nommée Caÿster qui se jette dans la mer Égée :

- la partie **a**-de-la-rivière-Caÿster
- la partie **b**-de-la-rivière-Caÿster deux jours plus tard
- la partie **c**-de-l'eau-de-la-rivière-Caÿster-au-temps-de-**a** au même temps que **b**.

Les trois parties momentanées **a**, **b** et **c** sont, toutes les trois, des choses à part entière qui sont liées entre elles de diverses manières. Quine précise, « nous pouvons dire que **a** et **b** sont impliqués dans une relation de genre-rivière, et **a** et **c** dans une relation de genre-eau »[3]. Ainsi, **a** et **b** ne sont pas identiques, mais bien du même genre-rivière (*river-kindred*). Pourtant, Quine souligne que l'on ne peut se passer d'imputer une relation d'identité afin de fixer la référence de ce qui se montre, c'est-à-dire l'ostension. En effet, si nous pointons sur **a** et sur **b**, nous ne pouvons admettre leur identité qu'en admettant que le pointage porte sur une seule rivière incluant ces deux parties – et non pas sur l'eau.

Quine fait ici référence au commentaire de Hume à propos de notre idée des objets externes. En effet, Hume nous fait remarquer que « l'idée des objets externes émerge d'une erreur d'identification »[4]. Des sensations

---

1. W.V.O. Quine, « Identity, Ostension, and Hypostasis », art. cit., p. 621.
2. *Idem.*
3. *Ibid.*, p. 623.
4. *Ibid.*, p. 621.

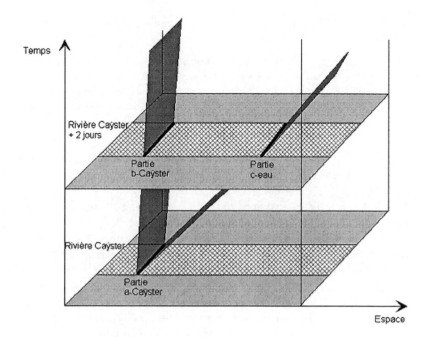

FIGURE II. Les parties momentanées de la rivière Caÿster

diverses et séparées dans le temps sont souvent erronément comprises comme des sensations d'une même chose [1].

Ce qui importe dans cette analyse, me semble-t-il, est bien l'ambiguïté du fait de pointer ou de viser – ou, pour le dire comme Hume, l'ambiguïté de notre activité d'identification. En effet, la partie **a** peut faire référence aussi bien à la rivière Caÿster, auquel cas **a** et **b** en sont des parties, ou faire référence à l'eau de la rivière, auquel cas, **a** et **c** en sont des parties. Il nous faut donc faire dépendre le « pointage » d'un concept tel que « rivière » ou d'un autre concept, tel que « eau ». Quine souligne, dans cet exemple, que « cette rivière » signifie « la somme-rivière » [*riverish summation*] des objets momentanés que renferme cet objet momentané [2]. Cependant, cette alternative affaiblit la pertinence de l'analyse puisque nous ne pouvons pas toujours connaître le concept auquel fait référence une partie. La solution

1. Quine souligne que Hume avait bien compris le problème de la connexion entre l'identité et les choses étendues dans le temps.

2. *Ibid.*, p. 623.

de Quine est d'impliquer une forme d'apprentissage par induction. La méthode est celle-ci :

> Ce que nous devons faire c'est pointer **a** et, deux jours plus tard, pointer **b** et dire, à chaque fois, « c'est la rivière Caÿster ». Le mot « c'est » ainsi utilisé ne doit ni référer à **a** ni à **b** mais au-delà, vers quelque chose de plus inclusif, identique dans les deux cas. Ces deux ostensions suffisent à montrer que la rivière Caÿster n'est pas l'eau, étant donné que **a** a été associé avec **b** plutôt qu'avec **c** [1].

On comprend dès lors que chaque partie momentanée doit être comprise en fonction d'elle-même en tant qu'objet, mais aussi en fonction des relations qu'elle entretient avec les autres. Cette observation implique, d'après Quine, une extension de la chose dans l'espace et dans le temps. La rivière Caÿster est un « objet quadridimensionnel » [2].

Ainsi en vient-on, en suivant Quine, à concevoir une série d'aspects comme une suite de parties temporelles, autrement dit, comme un objet quadridimensionnel. Cet objet est aussi bien étendu dans l'espace (trois dimensions) que dans le temps (quatrième dimension). À l'instar de Bertrand Russell, Quine pense d'ailleurs que l'inséparabilité des dimensions spatiales et de la dimension temporelle est impliquée par la théorie de la relativité et se montre clairement lors d'une situation d'ostension, c'est-à-dire quand l'objet se montre à nous afin que nous puissions le « pointer » [3]. Ainsi, la quatrième thèse conduisant à l'hypothèse du quadridimensionnalisme s'énonce en ces termes :

(δ)   Une chose est quadridimensionnelle, c'est-à-dire étendue dans l'espace et dans le temps et composée de *parties temporelles* qui entretiennent des relations particulières faisant de cette chose une et une seule chose.

À ce moment, l'objet est donc compris comme un objet quadridimensionnel étendu dans l'espace *et* dans le temps. Mon gilet brun est donc un objet étendu dans l'espace – tout le monde devrait être d'accord sur ce point – mais aussi dans le temps. Ce gilet a donc la particularité d'être composé de parties – spatiales, mais aussi temporelles – et c'est le type

---

1. W.V.O. Quine, « Identity, Ostension, and Hypostasis », art. cit., p. 623.
2. *Idem.*
3. Sans vouloir entrer trop en profondeur dans ce sujet, il nous semble que Quine est d'accord avec Russell sur le fait qu'il est possible de réconcilier le monde des sens et le monde de la physique. Ce qui rejoint aussi la possibilité, pour une théorie de l'individuation cognitive, d'être directement liée à une théorie de l'individuation métaphysique.

de relation qu'entretiennent ces parties qui *permet* de correctement individuer, ou « isoler », le gilet.

LA DÉFENSE D'UNE APPROCHE RELATIONNELLE PAR LA RELATION CAUSALE

Quelle est, plus précisément, la portée métaphysique d'une telle
approche de la « chose » ? David Armstrong a tenté de répondre à cette
question – il n'est d'ailleurs pas le seul – dans son article « Identity
Through Time »[1] de 1980. Il distingue deux approches de l'identité à
travers le temps. L'une est appelée l'« approche identitaire », tandis que
l'autre est nommée l'« approche relationnelle »[2]. En opposant l'approche
identitaire à l'approche relationnelle, David Armstrong ne tente pas de
défendre l'idée qu'il n'y a pas d'identité. Il tente plutôt d'opposer un
concept d'identité strict appliqué à la chose physique et un concept de
relation. Pour lui, en effet, l'identité n'est pas une authentique relation :
« J'oppose l'approche identitaire à l'approche relationnelle parce que je
crois que l'identité n'est pas une authentique relation »[3].

L'approche relationnelle émerge directement de nos observations
précédentes. En effet, pour Armstrong, cette approche exige d'admettre
l'existence de phases dans l'histoire d'un particulier *P*, qui ne sont, en
aucune manière, identiques – ces différentes phases étant des parties
temporelles, qui sont, elles-mêmes, des particuliers. Dans cette perspective, la chose, ou le particulier, est étendue dans le temps. Armstrong
propose une analogie pertinente entre les parties temporelles et les parties
spatiales d'un particulier *P*. Les parties spatiales de *P* – une tasse, pour
reprendre l'exemple d'Armstrong – ne sont en aucune manière identiques.
Elles sont elles-mêmes des particuliers *P* – l'anse de la tasse et le reste de
la tasse – reliées entre elles d'une certaine manière. Ce lien entre les différents particuliers – l'anse et le reste de la tasse – compose le particulier
P – la tasse entière. Ce qui fait d'un particulier qu'il est ce particulier
est l'existence d'une relation entre ses parties spatiales. Cette relation,

---

1. D.M. Armstrong, « Identity Through Time », *in* P. van Inwagen (éd.), *Time and Cause*,
Dordrecht, Reidel, 1980, p. 67-78.
2. À la lumière de ce qui a été dit plus haut, on peut assimiler, en quelque sorte, l'approche identitaire au modèle métaphysique opposé au quadridimensionnalisme (c'est-à-dire,
ce que l'on appelle le tridimensionnalisme) et l'approche relationnelle au quadridimensionnalisme.
3. D.M. Armstrong, « Identity Through Time », art. cit., p. 67.

insiste-t-il, est de type causal. Il ne faut cependant pas se méprendre. L'anse n'est pas la cause de la tasse et l'anse est encore moins la cause du reste de la tasse. Ce que David Armstrong tente de nous faire comprendre, c'est que, dans le cas de la tasse, il existe une anse, le reste de la tasse *et* une relation liant ces deux parties spatiales. Cette relation est de type causante [1], c'est-à-dire que ce ne sont ni les parties spatiales, ni leurs caractéristiques qui causent la tasse, mais bien – et seulement – la relation (de type causante).

Armstrong en arrive à défendre l'idée que si l'on accepte cette approche relationnelle des parties spatiales, alors « il est naturel de conclure que les parties temporelles, c'est-à-dire les phases de *P*, ne sont unifiées pour former *P* par rien de plus que des relations » [2]. En effet, s'il en est bien ainsi pour les parties spatiales, pourquoi n'en serait-il pas ainsi pour les parties temporelles ? Cette perspective va pourtant à l'encontre de notre intuition première, à savoir que nous sommes les mêmes qu'hier et que nous serons encore les mêmes personnes demain. Armstrong se pose la question de savoir si ce sentiment d'identité ne nous séduit pas seulement « du fait de notre intérêt émotionnel profond dans la continuité de nous-mêmes et d'autres choses que nous chérissons » [3].

Mais comment défendre cette approche ? Armstrong s'y attelle dans la troisième partie de son article. Tout d'abord, il fait remarquer que :

> [...] nous pouvons faire une distinction entre différentes phases dans l'existence d'un même particulier et y référer. Étant donné que les différentes phases auront, en général au moins, différentes propriétés, nous devons les reconnaître comme différents particuliers [4].

Armstrong postule que « cette relation causale entre les phases est une condition logiquement nécessaire pour l'*identité* de cette chose à travers le temps » [5]. Cette volonté, ou méthode, d'argumenter en faveur d'une condition logiquement nécessaire, Armstrong l'appelle la « méthode de soustraction » [6]. Pour l'illustrer, il propose l'étude d'un cas où la continuité

---

1. Le terme « causante » semble préférable à « causale », qui jette la confusion.
2. D.M. Armstrong, « Identity Through Time », art. cit., p. 68.
3. *Idem.* À ce sujet, nous renvoyons au commentaire de Hume dans la deuxième section, à savoir que nous faisons des erreurs d'identification.
4. *Ibid.*, p. 73-74. Ceci implique que seule une approche relationniste (non substantialiste) est permise, à moins que l'on ne soutienne une théorie identitaire partielle : les parties sont différentes, mais il reste une substance inchangée.
5. *Ibid.*, p. 75.
6. *Ibid.*, p. 76.

spatiotemporelle de la chose est suggérée, mais sans connexion causale entre les phases antérieures et postérieures. Développons brièvement cette situation.

On suppose tout d'abord qu'il existe deux puissantes divinités capables autant d'annihiler que de créer et qui sont totalement indépendantes l'une de l'autre dans leurs actions. Alors que la première divinité décide d'annihiler Richard Taylor à la place p et au temps t, la seconde décide de créer un homme à la place p et au temps t, sans avoir pris connaissance de ce que l'autre divinité avait fait. Par hasard, cette seconde divinité accorde à cet homme nouvellement créé les mêmes caractéristiques physiques et mentales que celles que possédait Richard Taylor à la place p au temps t, et la vie continue comme d'habitude. La question est Richard Taylor a-t-il survécu? $Taylor_2$ est-il identique à $Taylor_1$ [1]? La réponse paraît claire : $Taylor_2$ n'est pas identique à $Taylor_1$ bien qu'il y ait une continuité spatiotemporelle indéniable. Il manque, comme Armstrong veut le faire remarquer, une relation causale entre $Taylor_2$ et $Taylor_1$. Ceci montre, selon lui, que :

> La continuité spatiotemporelle des phases des choses apparaît comme un simple résultat, un signe observable, de l'existence d'une certaine sorte de relation causale entre les phases [2].

En effet, si la création de $Taylor_2$ se trouvait dans une « relation causale soutenable » [3] avec $Taylor_1$, $Taylor_2$ deviendrait alors une simple phase ultérieure de $Taylor_1$. Il est donc métaphysiquement crucial d'envisager cette relation causale afin d'individuer $Taylor_1$ comme identique ou pas à $Taylor_2$.

Ainsi, dans le cas de mon gilet brun qui change au cours du temps – il se découd, a changé de couleur, est défraîchi et s'est petit à petit déchiré – tout en restant le même, il semblerait, si nous suivons le raisonnement d'Armstrong, que la tirette et la laine, en tant que parties spatiales du gilet, entretiennent une relation qui aurait la propriété de causer le gilet brun en tant que ce gilet brun-là [4]. Si l'on accepte aussi l'analogie d'Armstrong

---

1. *Idem.*
2. *Idem.*
3. *Idem.* Armstrong insiste sur le terme « soutenable ». En effet, il fait remarquer que cette relation n'est pas encore entièrement définie. C'est un enjeu, parmi d'autres, de la problématique.
4. Il est aussi aisé de comprendre ici que ni la tirette, ni la laine ne causent le gilet. La tirette ne cause d'ailleurs pas non plus la laine, ou vice versa. Cependant, la *relation* qui existe entre la tirette et la laine est de type causante en ceci qu'elle cause le gilet.

entre les parties spatiales et temporelles, alors il est pertinent de conclure que les parties temporelles t_1 (hier) et t_2 (aujourd'hui) entretiennent une relation et celle-ci est la cause de l'unité – ou de l'identité – du gilet brun au cours du temps.

Plus brièvement :

(ε)   La relation entre les parties temporelles est accompagnée d'une condition logiquement nécessaire, à savoir être une relation de type causal.

Cette observation complète le schéma des relations entre les parties temporelles impliquées par la génidentité de Carnap. En effet, Hans Reichenbach, déjà, soulignait le rôle causal – ou causant – de la géni-dentité en ces termes :

> Le concept de génidentité est étroitement lié au concept de causalité. [En effet], différents états ne peuvent être génidentiques que s'ils sont causalement liés [1].

Toutefois, il nous reste un point à clarifier avant de terminer notre bref aperçu historique des prémisses du quadridimensionnalisme.

LE PROBLÈME DU CHANGEMENT : LES INTRINSÈQUES TEMPORAIRES

Si nous comprenons ce que sont des *parties* temporelles d'une chose et leurs relations, que représente l'idée de « momentané » ? Et, plus inté-ressant encore, comment une partie momentanée, temporaire, peut-elle posséder des propriétés dites « intrinsèques » ? En effet, l'objectif de cette théorie quadridimensionnelle est de rendre compte de la manière dont la chose change et, en même temps, persiste au cours du temps. Nous avons déjà présenté les fondements théoriques qui ont conduit à soutenir qu'une chose persiste à travers le temps en tant que somme de parties temporelles causalement liées par une relation de génidentité. Il nous faut mainte-nant rendre compte du changement de cette chose – sans contradiction, si possible.

Dans *De la pluralité des mondes* [2], David Lewis soutient que le fait d'être momentané et de posséder des propriétés intrinsèques ne pose

---

1. H. Reichenbach, *The Philosophy of Space and Time*, op. cit., p. 271.
2. D. Lewis, *De la pluralité des mondes*, trad. M. Caveribère et J.-P. Cometti, Paris, Éditions de l'éclat, 2007 [1986].

aucun problème. Cet argument est d'une grande importance pour le quadridimensionnalisme contemporain.

Voici comment David Lewis pose le problème des intrinsèques temporaires :

> Les choses persistantes changent de propriétés intrinsèques. Par exemple, elles changent de forme. Lorsque je suis assis, j'ai une forme courbe, lorsque je suis debout, j'ai une forme droite. Les deux formes sont des propriétés intrinsèques temporaires. Je ne les ai qu'à certains moments du temps [1].

On peut se demander comment un tel changement est possible : comment est-il possible qu'une chose possède des propriétés intrinsèques à un certain temps t_1 et d'autres propriétés intrinsèques à un autre temps t_2 [2] ? Dans cet article, « intrinsèque » sera simplement compris comme « ne dépendant que de la chose en question ». Une propriété intrinsèque est donc une propriété qui ne dépend que de la chose – « avoir une forme courbe » dans l'exemple de Lewis –, alors qu'une propriété extrinsèque est, pour sa part, une propriété qui ne dépend pas seulement de la chose – « être assis », dans l'exemple de Lewis, dépend à la fois de la chose (la personne) et de la chaise.

D'après Lewis, à la question de savoir si une chose possède des propriétés intrinsèques *temporaires* – c'est-à-dire qu'une chose *change* tout en possédant des propriétés intrinsèques – les philosophes envisagent trois réponses possibles et incompatibles entre elles.

Tout d'abord, certains philosophes prétendent que la seule réponse possible à cette question est d'admettre qu'il n'existe pas de propriétés intrinsèques. En prenant comme exemple les formes – courbe, droit, pointu, ... –, ces philosophes défendent l'idée qu'elles ne sont pas d'authentiques propriétés intrinsèques. Une seule et même chose peut supporter la propriété d'être courbe relativement à un certain moment du temps et la propriété d'être droite relativement à un autre moment du

---

1. *Ibid.*, p. 311-312.
2. David Lewis répond à certains détracteurs voulant limiter la pertinence de ce problème de cette manière : « Se contenter de dire à quel point il est trivial et indubitable d'avoir différentes formes à différents moments du temps *n'est pas* une solution. S'exprimer ainsi revient à souligner – à juste titre – que cela doit être possible d'une certaine façon. Jargonner est encore moins une solution – comme on pourrait le faire en disant que courbe-le-lundi et droit-le-mardi sont compatibles, parce qu'il s'agit de propriétés indexées par le temps, si cela signifie simplement que, d'une certaine façon, vous pouvez être courbe le lundi et droit le mardi » (*ibid.*, p. 312).

temps. Cet argument pose qu'il en va de même pour toutes les autres propriétés intrinsèques temporaires. Ces dernières « doivent être réinterprétées comme des relations qu'une chose de nature intrinsèque absolument invariable supporte à différents moments du temps »[1].

Ensuite, des philosophes prétendent que la question ne se pose pas, étant donné que seul le présent existe et, par conséquent, que seul le moment présent compte pour définir une propriété intrinsèque. La chose possède donc bien des propriétés intrinsèques, mais qui sont résolument non temporaires, étant donné qu'il n'y a pas de temporalité. Dans ce cas, la propriété intrinsèque que je possède à ce moment précis est courbé-sur-mon-ordinateur. Les autres propriétés que je possède à d'autres moments – par exemple, être debout-devant-la-fenêtre – sont comme de fausses histoires. Que je sois debout-devant-la-fenêtre il y a dix minutes est ce qui sera appelé, dans l'approche que défend cet argument, un « ersatz ». Ainsi, ces fausses histoires sont « des représentations abstraites composées à partir des éléments du présent qui représentent, ou représentent faussement, la manière dont les choses sont »[2].

Enfin, des philosophes prétendent qu'il existe des propriétés intrinsèques temporaires qui appartiennent respectivement aux parties temporelles qui constituent une chose. Dans ce cas, une chose sera dite étendue dans le temps.

Brièvement :

(1) Il n'y a pas de propriétés intrinsèques et, par conséquent, encore moins de propriétés intrinsèques temporaires. Toutefois, il existe des propriétés temporaires indexées au temps qui seront dites extrinsèques, car continuellement en rapport avec l'extérieur de la chose, à savoir le temps. C'est la thèse défendue par les tridimensionnalistes en opposition aux quadridimensionnalistes.

(2) Il existe des propriétés intrinsèques, mais pas temporaires, car pas temporelles du tout. C'est la thèse défendue par certains tridimensionnalistes et qui peut être nommée présentiste : seul le présent existe, il n'y a donc aucune référence à l'extérieur – aucune référence au temps –, car il n'y a pas de temps.

---

1. D. Lewis, *De la pluralité des mondes*, *op. cit.*, p. 312.
2. *Idem.*

(3) Nous sommes constitués de parties temporelles et « les différentes formes et les différents intrinsèques temporaires appartiennent généralement à différentes choses » [1]. C'est la thèse
défendue par les quadridimensionnalistes. Elle soutient qu'il
existe des propriétés intrinsèques et que celles-ci sont temporaires.

Les réponses au problème du changement sont donc les suivantes :

	Propriétés intrinsèques ?	Propriétés temporaires ?	Changement ?
Tridimensionnalisme	Non	Non	Non
Tridimensionnalisme présentiste	Oui	Non	Non
Quadri-dimensionnalisme	Oui	Oui	Oui

Lewis critique à la fois (1) et (2) pour défendre (3). En ce qui concerne
la thèse (1), il ne peut concevoir qu'il n'existe pas d'intrinsèques temporaires : « c'est tout simplement incroyable si nous parlons de la persistance des choses ordinaires. [...] Si nous savons ce qu'est la forme, nous
savons qu'elle est une propriété et non une relation » [2]. Cette thèse (1)
pose que ce que l'on pense être des propriétés intrinsèques temporaires
ne sont en fait que de propriétés extrinsèques instanciées. Dans ce cas
précis, mon gilet brun aura une nature intrinsèque absolument invariable
– pour reprendre les termes de Lewis – et possédera des propriétés
différentes par le seul fait de les posséder *relativement* à un moment
du temps. Mon gilet brun est un objet invariable et cet objet invariable
qu'est mon gilet brun est bien cousu au temps t_1 et décousu au temps t_2.
David Lewis critique l'idée qui consite à comprendre être-décousu comme
une relation – au temps – plutôt que comme une propriété. Il semble
aussi possible d'admettre que cette chose tridimensionnelle ne change
pas.

Quant à la thèse (2), elle semble encore moins crédible que la
première. En effet, cette thèse nie tout simplement l'existence du passé
et du futur – ou, en tout cas, ne lui donne aucune valeur tangible au
niveau ontologique. Pourtant, comme le fait remarquer Lewis, il paraît

1. *Ibid.*, p. 313.
2. *Ibid.*, p. 312.

évident qu'« aucun homme, à moins de se trouver au moment de son exécution, ne croit qu'il n'a aucun futur ; et personne ne croit qu'il n'a aucun passé »[1]. Dans ce cas, il est encore plus aisé d'admettre que la chose tridimensionnelle intégrée dans une métaphysique présentiste du temps ne change pas. L'approche métaphysique défendue dans cette thèse est que mon gilet brun a la seule propriété intrinsèque d'être décousu – au temps t_2, c'est-à-dire aujourd'hui. La propriété être-bien-cousu est une propriété que mon gilet avait au temps t_1 – hier – et est donc un ersatz, une fausse histoire.

C'est donc la thèse (3) qui est envisagée sérieusement. Pour Lewis un intrinsèque temporaire est une propriété d'une partie temporelle. Et, étant donné que chaque partie temporelle diffère de toute autre, Lewis peut conclure : « le fait de savoir comment des choses diffé-rentes peuvent différer dans leurs propriétés intrinsèques ne pose aucun problème du tout »[2]. Il s'agit donc d'une défense d'un argument qui prend au sérieux à la fois le quadridimensionnalisme – et la métaphysique des parties temporelles qui lui est sous-jacente – et le changement. En effet, qu'à chaque moment du temps, une chose possède des propriétés différentes revient à défendre l'idée que cet objet subit un changement constant.

Voici l'observation qui clôturera ce parcours historique :

(ζ)   Les parties temporelles possèdent des propriétés intrinsèques. Étant donné que ces parties sont différentes, la chose, consti-tuée de ces parties, change parce que chacune des parties tempo-relles a des propriétés intrinsèques différentes et, donc, tempo-raires.

LE QUADRIDIMENSIONNALISME AUJOURD'HUI : LA PERDURANCE

Avant de décrire plus précisément la manière dont les ontologies contemporaines rendent compte de la persistance des objets physiques dans le temps, récapitulons les assertions présentées plus haut en rele-vant la manière dont chacune s'est mise en place à la suite d'une

---

1. D. Lewis, *De la pluralité des mondes, op. cit.*, p. 313.
2. *Idem.*

confrontation avec un problème particulier dont le tableau suivant rend compte.

	Russell	Carnap	Quine	Armstrong	Lewis
Problème du *physique* et du sens commun	physique relativiste				
Problème de la *permanence*	suite d'aspects				
Problème de l'*unité* d'une suite d'aspects		génidentité			
Problème de l'*historicité* d'une suite d'objets			étendue temporelle		
Problème de l'approche *relationnelle*				relations causales	
Problème du *changement*					intrinsèques temporaires
Quadri-dimensionnalisme	suite d'aspects	génidentité	étendue temporelle	relations causales	intrinsèques temporaires

Ce qui se traduit par les six thèses suivantes :

(α)   Les objets que nous concevons comme rigides et permanents ne sont, en *réalité*, ni rigides ni permanents.

(β)   Une chose est définie par une série d'apparences connectées entre elles par un principe de continuité et des lois causales.

(γ)   Les différents aspects d'une chose entretiennent entre eux et avec la chose qu'ils composent une relation de génidentité – différente de la relation d'identité – ainsi qu'une relation de proximité.

(δ)   Une chose est quadridimensionnelle, c'est-à-dire étendue dans le temps et composée de parties temporelles qui entretiennent entre elles des relations particulières qui font de cette chose une et une seule chose.

(ε)   La relation entre les parties temporelles (au même titre que celle entre les parties spatiales) est accompagnée d'une condition logiquement nécessaire, à savoir d'être une relation de type causal.

(ζ)   Les parties temporelles possèdent des propriétés intrinsèques. Étant donné que ces parties sont différentes, la chose – constituée de ces parties – change parce que chacune des parties a des propriétés intrinsèques différentes – c'est-à-dire « momentanées ».

Les prémisses (α), (β), (γ), (ε) et (ζ) participent à l'idée que la chose persiste. Les prémisses (α), (β) et (ζ) participent pour leur part à l'idée que la chose change. Il semble opportun d'examiner rapidement ces observations. Je prendrai toujours comme exemple le gilet brun que je porte (parce qu'il a la particularité d'avoir subi cinq années d'existence en ma compagnie). Le gilet brun que je porte n'a plus le même aspect qu'il y a cinq ans. Si nous appliquons nos observations à cette chose qu'est mon gilet brun, nous remarquerons en quoi ces observations peuvent éclairer le débat sur les « objets » persistants et, surtout, nous comprendrons pourquoi nous avons préféré parler de « choses » plutôt que d'« objets ».

Mon gilet brun n'est pas un objet permanent et n'est pas rigide ; il change à chaque instant – exactement comme la montagne, la rivière ou la fumée – et ce qui fait que mon gilet brun est cet unique gilet brun-là est la série des différents aspects qui composent son histoire. Mon gilet brun est donc une histoire de différents aspects. Ces derniers sont des parties temporelles qui entretiennent une relation particulière que l'on nomme « génidentité » et qui, associée à la relation de proximité entre les parties spatiales – laine, tirette, bouton, etc. – de mon gilet brun, individue mon gilet brun en tant que cet unique gilet brun qui m'appartient et que j'apprécie. En effet, chaque partie spatiale de mon gilet est dans une relation de proximité avec d'autres (que ce soit au niveau des fils de laine ou entre la tirette et la laine). Mon gilet brun en tant que somme de parties temporelles génidentiques est étendu dans le temps. Ces parties temporelles sont, par exemple, mon gilet brun au temps t_x (GB_{t_x} : mon gilet brun hier), mon gilet brun au temps t_{x+1} ($GB_{t_{x+1}}$: mon gilet brun aujourd'hui), etc. Cette relation est de type causal. En effet, les parties temporelles ont la particularité, dans le quadridimensionnalisme, d'être analogues aux parties spatiales ; les parties spatiales de mon gilet brun (la tirette et la laine, par exemple) entretiennent une relation de type causal – ou causante – (la tirette est dans une relation avec la laine et cette relation – en tant que causante – est ce qui fait que mon gilet brun est cet unique gilet brun-là), et rien n'interdit de penser qu'il en va de même pour les parties temporelles. Ainsi : $GB_{t_1} \rightarrow GB_{t_2}$, la flèche traduisant une relation causale. Chacune des parties temporelles GB_{t_1} et GB_{t_2} ($t_2 = t_1 + 5\text{ans}$) du gilet brun a des propriétés intrinsèques différentes. À t_1, le gilet est brun, avec des coutures nettes et une certaine taille ; à t_2, il est beige, avec des déchirures et une taille plus petite qu'au temps t_1.

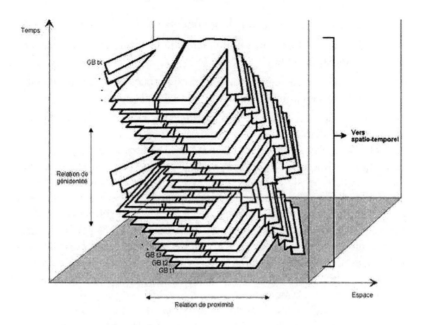

FIGURE III. Une chose quadridimensionnclle

Dans la perspective perdurantiste, une chose physique – un gilet brun, une montagne, une rivière, etc. – est un « vers spatiotemporel » (*spacetime worm*) du type de celui représenté dans la figure précédente. L'objet que l'on nomme « gilet brun », représenté par le schéma précédent, est une chose dont il est maintenant classique de dire qu'elle *perdure* à travers le temps[1].

PERSPECTIVES ET ENJEUX CONTEMPORAINS

La théorie quadridimensionnaliste, par son histoire et la trajectoire dans laquelle elle invite à s'engager, ouvre d'innombrables perspectives

---

1. Cette terminologie – un objet perdure en étant la somme de parties temporelles liées entre elles –, bien qu'adoptée par David Lewis, nous vient cependant de Mark Johnston dans sa thèse de doctorat défendue en 1983 : M. Johnston, *Particulars and Persistence*, dissertation doctorale, Princeton University, 1983.

de recherche dont celles qui auraient pour objectif

- La constitution d'une philosophie de la nature articulant science et métaphysique.
- Le développement d'une métaphysique accordant la priorité ontologique à la relation plutôt qu'à la substance.

Il semble opportun de souligner quelques pistes particulières corrélées au problème métaphysique de la persistance.

Tout d'abord, la théorie quadridimensionnaliste de la persistance des objets physiques dans le temps n'est pas la seule théorie quadridimensionnaliste possible. En effet, Theodore Sider a avancé une théorie quadridimensionnaliste quelque peu différente de la perdurance. Il s'agit de l'exdurance. Dans cette perspective, l'objet quadridimensionnel ne persiste pas à travers le temps en tant que tout. Seuls ses paliers temporels (*stage*) ont une existence en soi, et peuvent donc être correctement individués. Cette approche paraît fortement contre-intuitive, mais elle a le mérite de répondre à quelques critiques contemporaines à l'encontre du quadridimensionnalisme [1].

Ensuite, à côté du quadridimensionnalisme, il existe une approche dite tridimensionnaliste [2]. Cette théorie tentant de rendre compte de la persistance des objets à travers le changement défend une thèse résolument opposée [3]. En effet, dans cette approche, un objet persiste à travers le temps en étant « entièrement présent » à chaque instants. Peter Simons décrit le tridimensionnalisme – que l'on nomme aussi l'endurance – en ces termes : « à chaque instant de son existence, un continuant est entièrement présent » [4]. Cette perspective se rapproche quelque peu du premier argument cité et critiqué par David Lewis (voir section 5). Les défenseurs

---

1. Pour une étude approfondie de l'exdurance (*stage view*) on peut consulter, entre autres : T. Sider, *Four-Dimensionalism. An Ontology of Persistence and Time*, Oxford, Clarendon Press, 2001, principalement la section 8 du chapitre 5 ; K. Hawley, *How Things Persist ?*, Oxford, Clarendon Press, 2001.
2. Voir à ce sujet T.H. Crisp et D.P. Smith, « "Wholly Present" Defined », *Philosophy and Phenomenological Research*, 71 (2005), no. 2, p. 318-344.
3. Certains philosophes défendent cependant le contraire : il n'existe aucune différence ontologique fondamentale entre le quadridimensionnalisme et le tridimensionnalisme. On peut consulter à ce sujet S. McCall et E.J. Lowe, « The 3D/4D Controversy: A Storm in a Teacup », *Noûs*, 40 (2006), p. 570-578.
4. P. Simons, *Parts: A Study in ontology*, Oxford, Oxford University Press, 1987, p. 175.

d'une approche endurantiste sont David Wiggins[1], Peter van Inwagen[2], Hugh Mellor[3] et bien d'autres.

D'autre part, certaines recherches particulières touchant à un point ou un autre des théories présentées, ou répondant à un argument ou une objection précise, gravitent autour de la métaphysique de la persistance. Vu l'extrêmes originalité et créativité qui les motivent, elles méritent toutes notre attention. Par exemple, les recherches sur la persistance relativiste des objets physiques attirent l'attention de nombreux philosophes. Appliquer plus en profondeur la théorie de la relativité à la chose persistante est un axe de recherche des plus excitants et pertinents. Que ce soit Ian Gibson, Oliver Pooley, Yuri Balashov ou Jeremy Butterfield, des philosophes tentent aujourd'hui de concilier relativité et individuation de l'objet en tant qu'événement[4].

Enfin, un point qui me semble mériter notre plus grande attention est la possibilité de poser un formalisme mathématique sur la « chose » persistante, ou l'événement. Dans ce cas, les travaux en topologie et en théorie des catégories nous apparaissent comme tout à fait adaptés[5]. En effet, la topologie n'est-elle pas la discipline qui étudie les propriétés invariantes des formes géométriques soumises à différents types de transformations ? La théorie des catégories, pour sa part, est une théorie mathématique

---

1. D. Wiggins, *Sameness and Substance Renewed*, Cambridge, Cambridge University Press, 2004 [2001] ; « On Being in the Same Place at the Same Time », *Philosophical Review*, 77 (1968), p. 90-95.

2. P. van Inwagen,« Four-Dimensional Objects », *Noûs*, 24 (1990), p. 245-255 ; *Material Beings*, Ithaca (NY), Cornell University Press, 1990.

3. D.H. Mellor, *Real Time*, Cambridge, Cambridge University Press, 1981 ; *Real Time II*, Londres, Routledge, 1998.

4. À titre d'exemple, nous pouvons citer : I. Gibson et O. Pooley, « Relativistic Persistence », *Philosophical Perspectives*, 20 (2008), p. 157-198 ; Y. Balashov, « Persistence and Multilocation in Spacetime », in *The Ontology of Spacetime II*, D. Dieks (éd.), Amsterdam, Elsevier, 2008 ; « Persistence and Space-time: Philosophical Lessons of the Pole and Barn », *The Monist*, 83 (2000), p. 321-340 ; « Special Relativity, Coexistence and Temporal Parts: A Reply to Gilmore », *Philosophical Studies*, 124 (2005), p. 1-40 ; J. Butterfield, « On the Persistence of Homogeneous Matter », 2005, disponible en ligne sur http://philsci-archive.pitt.edu/archive/00002381/01/DiscsJul051.pdf, consulté le 14.04.2010.

5. Pour une introduction à la théorie des catégories, voir F.W. Lawvere et S.H. Schanuel, *Conceptual Mathematics. An Introduction to Categories*, Cambridge, Cambridge University Press, 1997 ; ainsi que R. Lavendhomme, « Introduction à la théorie des catégories », *Revue des questions scientifiques*, 138 (1967), no. 3, p. 315-334. En ce qui concerne la topologie, je ne peux que conseiller l'excellent ouvrage de C.J. Isham, *Modern Differential Geometry for Physicists*, Londres, World Scientific Publishing Company, 1999.

qui, pour l'expliquer très brièvement – peut-être trop –, implique des morphismes – des fonctions, relations ou flèches – entre des objets au sein d'une catégorie. Dans cette théorie, la relation – la flèche – est la plus fondamentale des caractéristiques d'une catégorie. Des philosophes comme Thomas Mormann[1] ou Jean-Pierre Marquis[2], et quelques autres, tentent d'appliquer cette théorie à la philosophie.

Mathieu CORNÉLIS
Facultés Universitaires Notre-Dame de la Paix (FUNDP), Namur

---

1. T. Mormann, « Trope Sheaves. A Topological Ontology of Tropes », *Logic and Logical Philosophy*, 3 (1995), p. 129-150.
2. J.-P. Marquis, *From a Geometrical Point of View. A Study of the History and Philosophy of Category Theory*, Berlin, Springer, 2009.

À L'IMPOSSIBLE, NUL OBJET N'EST TENU

STATUT DES « OBJETS » INEXISTANTS ET INCONSISTANTS ET CRITIQUE FRÉGÉO-RUSSELLIENNE DES LOGIQUES MEINONGIENNES

Alexius Meinong, on le sait, a généralisé la notion d'« objet » au point d'y inclure, non seulement des objets inexistants comme des montagnes d'or ou des chevaux ailés, mais même aussi des objets impossibles comme des carrés ronds ou des célibataires mariés. La question qui nous retiendra ici consiste à évaluer en quoi parler d'« objets » plutôt que de « concepts » à propos de telles *entia rationis* permet d'éclairer leur statut sémantique et leur rôle logique.

Deux conceptions des contenus, des objets et de l'existence

Pour éclairer notre analyse, rappelons d'abord quelques éléments historiques [1]. Après avoir mis en évidence la structure intentionnelle des phénomènes psychiques, c'est-à-dire leur orientation vers des contenus ou objets qui peuvent ne pas exister, Franz Brentano avait, dans sa *Psychologie du point de vue empirique*, accordé à ces contenus (*Inhalt*) ou objets (*Objekt*) une certaine objectivité immanente (*immanente*

---

1. Pour un développement plus détaillé de ces éléments historiques (à l'exception de Bolzano), voir B. Leclercq, « Les présupposés d'existence de l'école de Brentano à l'école de Frege », *Philosophie*, 97 (2008), p. 26-41. Voir aussi B. Leclercq, « Logical Analysis and its Ontological Consequences: Rise, Fall and Resurgence of Intensional Objects in Contemporary Philosophy », à paraître en 2010 chez Ontos Verlag dans les actes du colloque international *The Stakes of Contemporary Ontological Thinking*.

Gegenständlichkeit) ou encore in-existence intentionelle (*intentionale In-Existenz*) [1]. Croyant clarifier le propos, son disciple Aloïs Höfler avait alors identifié simplement les *objets intentionnels* aux contenus des actes mentaux et distingué ceux-ci des *objets extérieurs*, qui sont quant à eux indépendants de tout acte mental [2]. Dans cette perspective, lorsque je pense à Barack Obama et lorsque je pense à l'actuel président des États-Unis, mes représentations sont orientées vers deux objets intentionnels différents, bien qu'à tous deux corresponde en réalité un seul et même objet extérieur. Et lorsque je pense à Pégase, ma représentation est orientée vers un objet intentionnel auquel ne correspond cette fois aucun objet extérieur.

Pour rendre davantage justice à la conception de leur maître, Kazimierz Twardowski, un autre disciple de Brentano, s'était cependant efforcé de maintenir une distinction systématique entre contenu et objet de représentation [3]. Cette distinction, en effet, s'impose dans la théorie brentanienne de la signification, où toute expression linguistique se voit reconnaître la triple fonction de manifester un acte mental, de signifier un contenu et de désigner un objet. Deux expressions – comme « le détective du 221b Baker Street » et « le meilleur ami du Docteur Watson » – peuvent désigner le même objet – Sherlock Holmes – tout en le visant de deux manières différentes, c'est-à-dire tout en ayant deux contenus différents. Mais, comme le montre l'exemple précédent, cet objet peut très bien ne pas exister, de sorte que, contrairement à ce que croyait Höfler, objet ne coïncide pas avec objet extérieur et contenu pas avec objet intentionnel. De l'objet intentionnel Sherlock Holmes désigné par des expressions linguistiques qui sont pourvues de contenus différents et le visent sous des modes différents, on peut encore demander si lui correspond ou non un objet dans le monde extérieur.

---

1. F. Brentano, *Psychologie vom empirischen Standpunkt*, Leipzig, Meiner, 1924, Livre II, chap. I, § 5, vol. 1, p. 124-125 ; *Psychologie du point de vue empirique*, trad. fr. M. de Gandillac, revue par J.-F. Courtine, Paris, Vrin, 2008, p. 101-102.

2. A. Höfler, *Philosophische Propädeutik. Erste Teil: Logik*, Vienna, Tempsky, 1890, p. 7.

3. K. Twardowski, *Zur Lehre vom Inhalt und Gegenstand der Vorstellungen. Eine Psychologische Untersuchung*, Vienne, Hölder, 1894, Munich, Philosophia Verlag, 1982, § 3, p. 10-12 ; trad. fr. J. English, « Sur la théorie du contenu et de l'objet des représentations », *in* E. Husserl-K. Twardowski, *Sur les objets intentionnels*, Paris, Vrin, 1993, p. 94-97. Sur les notions d'objet et de contenu chez Brentano, Höfler, Twardowski et Meinong, voir notamment J.C. Marek, « Meinong on Psychological Content », in *The School of Alexius Meinong*, L. Albertazzi, D. Jacquette et R. Poli (éds.), Aldershot, Ashgate, 2001, p. 261-286.

Pour Twardowski, ce qui vaut dans la sphère linguistique peut être étendu à la sphère générale de la représentation. Il faut donc constamment distinguer l'objet intentionnel et le contenu d'une représentation, et poser par ailleurs la question de l'éventuelle existence effective de cet objet intentionnel[1]. Cela veut dire que certains *objets* – et pas seulement certains *contenus* – n'existent pas ; la question de l'objectivité est distincte de – et préalable à – celle de l'existence[2]. À cet égard, d'ailleurs, Twardowski se conforme à une autre théorie de Brentano, à savoir celle du jugement généralement entendu comme jugement d'existence. Pour Brentano, en effet, tout jugement est fondé dans une représentation, dont il affirme ou nie qu'elle est effectivement le cas, c'est-à-dire que son objet existe[3]. Juger positivement qu'il pleut, c'est se représenter de la pluie et – moment propre du jugement – affirmer que cette pluie existe. L'objectivité de la pluie dans la représentation – objectivité intentionnelle ou encore objectivité phénoménale – est donc préalable à la question (judicative) de son existence[4].

Or, c'est exactement de là que part à son tour Alexius Meinong. Sa théorie de l'objet (*Gegenstandstheorie*) distingue systématiquement la question de l'*objectivité* de ce qui est représenté muni de certaines propriétés (d'un *So-sein*) et la question de l'*être* (*Sein*) de cet objet[5]. Parmi les objets (représentés), certains en effet jouissent de l'existence (*Existenz*) et d'autres non, c'est-à-dire qu'ils ne sont pas réels ou actuels (*wirklich*). Mais, comme c'est le cas des objets mathématiques ou d'autres objets idéaux, certains d'entre eux ne prétendent pas être réels. Lorsque le mathématicien dit qu'ils sont, il leur reconnaît en fait un autre type d'être, celui de la consistance ou subsistance (*Bestand*)[6]. Et puis, dit Meinong, certains objets, comme les personnages de fiction ou les objets impossibles, n'existent ni ne subsistent, donc ne sont d'aucune manière, n'ont aucun être (*Sein*) bien qu'ils bénéficient d'une objectivité en tant qu'objets de représentation et sujets d'attribution de propriétés. Il y a,

---

1. K. Twardowski, *Zur Lehre vom Inhalt und Gegenstand der Vorstellungen*, op. cit., § 2, p. 8-9 ; trad. fr. p. 93-94.
   2. *Ibid.*, § 5, p. 23-29 ; trad. fr. p. 105-114.
   3. F. Brentano, *Psychologie vom empirischen Standpunkt*, op. cit., Livre II, chap. VII, § 5, vol. 2, p. 49-50 ; trad. fr. p. 228-229.
   4. *Ibid.*, Livre II, chap. VII, § 1, vol. 2, p. 38 ; trad. fr. p. 221.
   5. A. Meinong, *Über Gegenstandstheorie*, Leipzig, Barth, 1904, § 4 ; *La théorie de l'objet*, trad. fr. J.-F. Courtine et M. de Launay, Paris, Vrin, 1999, p. 76.
   6. *Ibid.*, § 2 ; trad. fr. p. 68-71.

dira Meinong à la suite de son élève Ernst Mally, une certaine indépendance de l'objectivité et de l'être-tel (*So-Sein*), par rapport à l'être
(*Sein*) [1].

À ces objets dépourvus de tout *Sein*, Meinong attribue dans un premier
temps une *Pseudo-Existenz* ou un *Quasi-Sein* avant de renoncer entièrement à leur accorder quelque statut ontologique ou quasi-ontologique
que ce soit pour ne leur reconnaître qu'un statut purement sémantique et
extra-ontologique, celui de l'*Außersein*. Comme Twardowski, Meinong
en vient donc à dire qu'il y a des objets dont on peut dire qu'ils sont
dépourvus – et, pour ce qui est des objets impossibles, *nécessairement*
dépourvus – de toute existence et même de tout être (au sens plus large
qui englobe l'existence des réalités sensibles et la subsistance des objets
idéaux). Cette position, on le sait, lui vaudra les critiques acerbes des
philosophes analytiques, qui, de Russell à Quine en passant par Ryle,
souligneront le caractère paradoxal de cette affirmation où des objets se
voient tout à la fois reconnaître et dénier l'existence ou plus généralement
l'être : « Il y a des objets a propos desquels on peut affirmer qu'il n'y en a
pas » [2].

Pour un logicien meinongien comme Richard Routley (ultérieurement
Richard Sylvan), nous le verrons, cette critique analytique s'avère assez
injuste dans la mesure où elle repose sur une interprétation strictement
référentialiste du quantificateur existentiel (« Il y a... »), qui lui confère
une charge ontologique que peut refuser une logique plus neutre. Mais,
avant d'évaluer le bien-fondé de cette échappatoire pour Meinong, il nous
faut encore dire quelques mots de la notion d'« objet » et de son usage
historique dans la question des objets impossibles.

Lorsqu'il affirmait qu'il n'y a pas de représentation sans objet mais
qu'il y a des objets qui n'existent pas, Twardowski avait critiqué Bernard
Bolzano, lequel s'était intéressé à cette question dans le § 67 de sa
Wissenschaftslehre [3]. Or, le retour à Bolzano impose d'envisager une
manière de considérer contenus et objets assez différente de celle qui
s'est imposée dans l'école brentanienne. Opposant, comme on le sait, son
objectivisme sémantique au psychologisme des modernes, Bolzano avait
défendu les notions d'« idée en soi » (pour le contenu d'un acte de représentation), ainsi que de « proposition en soi » (pour le sens d'un énoncé

---

1. K. Twardowski, *Zur Lehre vom Inhalt und Gegenstand der Vorstellungen*, *op. cit.*,
§ 3 ; trad. fr. p. 72.
2. *Ibid.*, § 3 ; trad. fr. p. 73.
3. B. Bolzano, *Wissenschaftslehre*, Leipzig, Meiner, 1929, § 67, vol. 1, p. 304-305.

ou le contenu d'un acte de jugement)[1]. Là où les modernes confondaient généralement, sous le terme d'« idée », les propriétés de l'acte mental de la représentation (le fait pour un sujet de se représenter un contenu) et celles de son contenu (ce qui est représenté par l'acte subjectif), Bolzano oppose systématiquement les impressions subjectives et leurs *contenus*, lesquels sont dits « en soi » dans la mesure où ils ne sont pas intrinsèquement subjectifs mais au contraire intersubjectifs (partageables) et en ce sens indépendants des actes mentaux particuliers qui à chaque fois les visent[2].

Il est intéressant que Bolzano utilise ici l'expression « en soi » (*an sich*) plutôt qu'« objectif » pour qualifier les contenus de représentation. Pour lui, en effet, l'objectivité éventuelle d'une idée est tout autre chose encore. Une idée est pourvue d'objectivité (*Gegenständlichkeit*) si des objets sont subsumés sous elle (*unter ihr stehen*), si son extension (*Umfang*) n'est pas vide[3]. Toute idée a un contenu, mais il y a des idées avec et des idées sans objet[4]. Le jugement d'existence, dit Bolzano, consiste précisément en l'affirmation – non triviale – de ce qu'une idée a de l'objectivité, c'est-à-dire qu'elle a des objets pour extension[5]. Or, dire cela, c'est en fait à la fois dire la même chose et dire tout autre chose que dire que toute représentation a un objet intentionnel mais que certains objets intentionnels existent et d'autres non. Contrairement à ce que feront Brentano, Twardowski et Meinong, Bolzano identifie entièrement la question de l'objectivité et celle de l'existence. Et, quoiqu'il nie la subjectivité des contenus de représentation, Bolzano se refuse à les qualifier d'objets (représentés), de sorte que, comme ce sera le cas chez Höfler, Bolzano rejette tout tiers terme entre contenus et objets « extérieurs ».

Insistant au contraire sur la distinction nette entre contenus et objets, Bolzano distingue clairement les constituants (définitoires) du contenu de l'idée et les « parties » de l'objet[6]. Ainsi, l'idée de « pays sans montagne » contient, dans son contenu, le constituant « montagne », mais ses objets – les pays sans montagne – n'ont précisément pas de montagne pour partie. L'idée d'« œil de l'homme » contient le constituant « homme » dans

---

1. *Ibid.*, § 48-51, vol. 1, p. 215-227, § 121-125, vol. 2, p. 3-7.
2. Pour Bolzano, les réalistes platoniciens ont toutefois tort d'affirmer l'existence de ces idées en soi. Pour autant, dit Bolzano, ces idées ne sont pas simplement des noms, comme l'affirment les nominalistes (*ibid.*, § 51, vol. 1, p. 224, § 54, vol. 1, p. 237-238).
3. *Ibid.*, § 50, § 66, vol. 1, p. 222, p. 296-304.
4. *Ibid.*, § 67, vol. 1, p. 304-305.
5. *Ibid.*, § 137-138 et § 142, vol. 2, p. 52-55 et p. 64-67.
6. *Ibid.*, § 63-64, vol. 1, p. 266-281.

son contenu, mais ses objets – les yeux d'homme – n'ont pas l'homme pour partie. Et l'idée de « carré rond » contient le constituant « carré » dans son contenu, mais elle n'a pas d'objet et donc pas non plus d'objet qui ait un carré pour partie.

À cet égard, dit Bolzano, il y a une importante équivoque dans la notion de « marque distinctive » (*Merkmal*) ; tantôt, en effet, on entend par là les parties constitutives du contenu d'une représentation, tantôt les parties ou propriétés de l'objet [1]. Or, c'est sans doute cette confusion qu'on retrouve au centre même des notions d'« objet intentionnel » ou d'« objet représenté ». À vrai dire, dans le § 8 de « Sur la théorie du contenu et de l'objet des représentations », Twardowski mettra lui aussi en garde contre la confusion entre les deux sens de la notion de « marque distinctive » [2]. Mais il en viendra tout de même à indiquer ensuite que cette notion désigne prioritairement les propriétés ou parties de l'objet – car c'est lui qui est métallique, lourd, brillant, etc. – et que les parties constitutives (*Bestandteile*) du contenu ne sont que les corrélats des parties constitutives de l'objet [3]. Pour Twardowski, les parties constitutives du contenu sont en fait déterminées par ces propriétés de l'objet, mais elles ne peuvent les reprendre toutes, de sorte que celles qui sont reprises dans le contenu sont les « marques distinctives » de cet objet [4]. Ainsi caractérisé par une série de marques distinctives, se dessine alors l'esquisse d'un objet intentionnel...

Bolzano, par contre, distingue nettement la question de la *définition* d'une idée – par ses constituants – de celle de son *objectivité* – laquelle suppose en outre qu'il y ait des objets conformes à cette idée. Le jugement d'existence ou d'actualité consiste précisément à affirmer qu'une idée a de l'objectivité, c'est-à-dire qu'elle subsume des objets. C'est pourquoi l'existence est un prédicat qui ne porte pas directement sur des objets, mais bien sur des idées, dont il affirme que leur extension n'est pas vide. Il n'est donc pas nécessaire, pour Bolzano, de reconnaître d'emblée une certaine objectivité à ce dont on affirme ou nie ensuite l'existence. Les vérités comme « Il n'y a pas de licorne » ou « Il n'y a pas de carré rond », qui semblent *prima facie* être concernées par des objets inexistants ou impossibles, doivent plutôt être reformulées de la façon suivante :

---

1. B. Bolzano, *Wissenschaftslehre*, *op. cit.*, § 65, vol. 1, p. 288-296.
2. K. Twardowski, *Zur Lehre vom Inhalt und Gegenstand der Vorstellungen*, *op. cit.*, § 8, p. 40-48 ; trad. fr. p. 126-134.
3. *Ibid.*, § 12, p. 69-70 ; trad. fr. p. 157. Twardowski précise que les parties constitutives matérielles et formelles de l'objet sont représentées dans les parties constitutives matérielles du contenu.
4. *Ibid.*, § 13, p. 83 ; trad. fr. p. 171.

« L'idée d'une licorne (d'un carré rond) n'a pas d'objectivité ». Elles ne portent pas sur des objets mais sur des idées [1]. On voit là les prémisses de l'analyse frégéenne, qui fera du prédicat d'existence une propriété de second degré [2].

Après la question de l'existence, venons-en maintenant à celle de la nécessité ou de la possibilité. Parmi les idées, Bolzano distingue les idées simples et les idées complexes, selon qu'elles sont caractérisées par un ou plusieurs constituants [3]. Par ailleurs, il oppose les idées singulières, qui ne subsument qu'un seul objet, aux idées générales qui subsument plusieurs objets [4]. Il appelle alors « intuition » les idées qui sont tout à la fois simples et singulières et réserve le nom de « concept » à toutes les autres idées, donc à toutes celles qui sont pourvues d'au moins un peu de complexité ou d'un peu de généralité [5]. En combinant simplicité du contenu et singularité de l'extension, cette notion d'intuition bouscule un principe généralement admis de variation inverse de la complexité du contenu et de la généralité de l'extension d'une idée, principe selon lequel plus le contenu comporte de constituants plus il restreint l'ensemble des objets auxquels il s'applique. Et Bolzano remet en effet explicitement ce principe en question [6]. En effet, dit-il, et nous y reviendrons, l'ajout de certains constituants à certaines idées – comme du constituant « rond » à l'idée de sphère – les rend redondantes et ne modifie pas leur extension. Dans certains cas, l'ajout de constituants au contenu d'une idée peut même *accroître* son extension : « homme qui connaît toutes les langues européennes » a moins d'extension que « homme qui connaît toutes les langues vivantes européennes ».

Et surtout, dit Bolzano, il est faux qu'il faille nécessairement multiplier les constituants du contenu pour restreindre l'extension d'une idée ; un constituant unique suffit parfois à l'affaire, comme c'est le cas de l'idée simple « rien », qui est sans extension, ou de l'idée simple « ceci », qui

---

1. B. Bolzano, *Wissenschaftslehre*, *op. cit.*, § 137-138, § 142 et § 196, vol. 2, p. 52-55, p. 64-67 et p. 279.

2. Sur bien d'autres points encore, les analyses logiques de Bolzano anticipent d'ailleurs sur ce qui deviendra, chez Frege et Russell, les canons de l'analyse logique classique. Ainsi, il conçoit les jugements catégoriques universels comme des jugements d'« inclusion » (*Umfassen*) entre les extensions de deux concepts (*ibid.*, § 95, vol. 1, p. 444-445) et les jugements catégoriques particuliers comme des jugements de compatibilité entre deux concepts, c'est-à-dire d'intersection entre leurs extensions (*ibid.*, § 94, vol. 1, p. 440-441).

3. *Ibid.*, § 61, vol. 1, p. 263-265.

4. *Ibid.*, § 68, vol. 1, p. 306-308.

5. *Ibid.*, § 72-73, vol. 1, p. 325-331.

6. *Ibid.*, § 120, vol. 1, p. 568-571.

est toujours à extension singulière et qui est d'ailleurs, pour Bolzano, le paradigme même de l'intuition[1]. Bien plus, pour Bolzano, il n'est pas possible d'identifier un objet singulier sans recourir à une intuition de ce type ; ajouter des constituants à un concept ne permet jamais d'annuler complètement sa généralité (potentielle). Pour qu'une idée soit vraiment singulière, elle doit au minimum être mixte et comporter au moins un élément intuitif, comme dans « le père de cet homme-ci » ou même dans « le père de Socrate », puisque « Socrate » est lui-même une idée mixte, qui identifie un objet singulier comme ce qui est à l'origine de telle ou telle de mes intuitions[2]. L'intuition est donc le lieu même de l'accès au singulier ; à l'inverse, faute d'un ancrage intuitif, une description conceptuelle revêt toujours une certaine généralité.

Les constituants d'une idée complexe peuvent éventuellement entretenir entre eux des rapports logiques de conséquence ou de contradiction. Une idée complexe dont certains constituants sont déductibles l'un de l'autre – « sphère ronde » – est redondante (*überfüllt*)[3]. Une idée complexe dont certains constituants sont incompatibles l'un avec l'autre – « sphère carrée » – est inconsistante (*widersprechend*)[4]. Dans les deux cas, on a affaire à des nécessités ou impossibilités purement conceptuelles, puisqu'il suffit de déployer les constituants d'une idée pour les faire apparaître[5]. Et, pour Bolzano, toute nécessité et impossibilité est d'ailleurs de cet ordre, car seule une vérité purement conceptuelle peut être nécessaire. Lorsqu'une affirmation d'existence (respectivement d'inexistence) est purement conceptuelle, on parle alors d'un objet nécessaire

---

1. B. Bolzano, *Wissenschaftslehre*, *op. cit.*, § 72, vol. 1, p. 326-327.

2. *Ibid.*, § 75, vol. 1, p. 335-336. Ce que Bolzano condamne ici, c'est donc la possibilité d'une description définie pure, c'est-à-dire d'une description conceptuelle qui identifie un individu sans s'appuyer sur aucun nom propre ou indexical. Pour Bolzano, une description définie permet seulement d'isoler un individu en ce qu'il est le seul à entretenir une certaine relation avec un objet singulier donné dans l'intuition ; c'est le *x* qui est en relation *R* avec un *a* donné (cf. le *30 des *Principia Mathematica* : *R'a*). On peut cependant se demander si Bolzano n'oublie pas à cet égard la possibilité d'identifier un individu par une relation qu'il entretient et est le seul à entretenir avec tous les objets, comme dans « l'homme le plus grand du monde ». Mais Bolzano répond que, ici, « le monde » ou « la Terre » est le lieu de l'intuition, qui permet d'identifier l'ensemble des objets à prendre en considération pour ensuite identifier en leur sein le terme maximal selon une certaine relation (*ibid.*, § 75, vol. 1, p. 337-338).

3. *Ibid.*, § 69, vol. 1, p. 309-315.

4. *Ibid.*, § 70, vol. 1, p. 315-325. Et, bien sûr, seules les idées complexes peuvent être inconsistantes (*ibid.*, § 71, vol. 1, p. 324-325).

5. *Ibid.*, § 70, vol. 1, p. 323-324 et § 133, vol. 2, p. 33.

(respectivement impossible), et selon Bolzano c'est d'ailleurs là le seul sens propre du terme de nécessité (et d'impossibilité)[1].

On voit que, par son analyse logique des notions d'« objet », d'« existence » et de « nécessité », Bolzano ouvrait en fait à une tout autre compréhension du problème des objets inexistants et des objets impossibles que celle que privilégieront Twardowski et Meinong, compréhension qui triomphera par contre dans l'école analytique. En séparant nettement concepts (généraux) et objets (singuliers)[2], en distinguant systématiquement traits définitoires des premiers et propriétés des seconds, en opposant dès lors le sens d'un terme conceptuel – l'ensemble de ses traits définitoires – à sa *signification* – l'ensemble des objets qui le satisfont en vertu de leurs propriétés –[3], en faisant de l'existence un prédicat de second degré – portant non sur des *objets*, mais sur un *concept* dont on dit que l'extension n'est pas vide[4] – et, par le logicisme, en rapportant contre Kant toute nécessité à l'analyticité[5], Gottlob Frege initiera en effet une analyse logique et ontologique radicalement opposée à celle qui prévaut chez les héritiers de Brentano.

Bien plus, Bertrand Russell renforcera cette opposition par sa séparation nette des noms propres et des descriptions définies[6]. Prenant toute la mesure de la distinction logique des concepts – fonctions propositionnelles – et des objets – arguments de ces fonctions –, mais aussi de celle entre sens – caractérisation définitoire – et signification – extension –, Russell fait apparaître que, tandis que certains « termes singuliers » sont de pures étiquettes directement apposées sur un référent dont elles n'énoncent aucune propriété, d'autres comportent une dimension

1. *Ibid.*, § 182, vol. 2, p. 229-230.

2. G. Frege, « Funktion und Begriff » et « Über Begriff und Gegenstand », in *Funktion, Begriff, Bedeutung*, Göttingen, Vandenhoeck & Ruprecht, 2008, p. 1-22, p. 47-60 ; trad. fr. C. Imbert, « Fonction et concept » et « Concept et objet », in *Écrits logiques et philosophiques*, Paris, Le Seuil, 1971, p. 80-101 et p. 127-141.

3. G. Frege, « Über Sinn und Bedeutung », in *Funktion, Begriff, Bedeutung, op. cit.*, p. 23-46 ; trad. fr. C. Imbert, « Sens et dénotation (signification) », in *Écrits logiques et philosophiques, op. cit.*, p. 102-126.

4. G. Frege, *Die Grundlagen der Arithmetik. Eine logisch-mathematische Untersuchung über den Begriff der Zahl*, Hildesheim, Olms, 1961, § 46, § 53 ; *Les fondements de l'arithmétique*, trad. fr. C. Imbert, Paris, Le Seuil, 1969, p. 175-176 et p. 180-181. Voir aussi « Über Begriff und Gegenstand », art. cit.

5. G. Frege, *Die Grundlagen der Arithmetik, op. cit.*, § 17 et § 87 ; trad. fr. p. 145 et p. 211.

6. B. Russell, « On Denoting », *Mind*, 14 (1905), no. 56, p. 479-493 ; trad. fr. J.-M. Roy, « De la dénotation », in *Écrits de logique philosophique*, Paris, PUF, 1989, p. 204-218.

conceptuelle et n'identifient un objet singulier qu'en tant qu'il possède les propriétés correspondants aux traits définitoires de ce concept. C'est précisément parce qu'il pensait à ce second type de termes singuliers – l'actuel président des États-Unis – que Frege avait cru pouvoir leur appliquer la même distinction entre sens et signification qu'aux termes conceptuels. Mais, dit Russell, cette théorie gommait la différence entre les authentiques noms propres, qui désignent directement un objet, et les expressions conceptuelles (parmi lesquelles les descriptions définies), qui caractérisent une extension (éventuellement un singleton) à partir de traits définitoires.

Ce constat, on le sait, va mener Russell, à traquer les descriptions définies déguisées sous certains noms propres et à montrer que ces derniers ne sont qu'apparemment les sujets des énoncés dans lesquels ils interviennent. Frege avait montré que, dans le jugement catégorique universel « Tous les hommes sont mortels », le sujet linguistique n'était qu'en apparence le sujet logique de la proposition[1]. En fait, « homme » est lui-même un concept, dont on dit que tous les objets qui le satisfont satisfont aussi le concept « mortel » : $(\forall x)^\ulcorner Hx \supset Mx^\urcorner$. « Homme » est lui-même un prédicat logique, dont l'extension pourrait d'ailleurs être vide sans que le jugement perde son sens. Or, Russell montre que, dans le jugement catégorique singulier « L'actuel roi de France est chauve », le sujet linguistique est ici aussi conceptuel, de sorte qu'il n'est qu'en apparence le sujet logique de la proposition. En fait, ce jugement dit la même chose que l'implication formelle (Tous les actuels rois de France sont chauves), mais, du fait de l'usage de l'article défini « le », il ajoute implicitement une affirmation de non vacuité et d'unicité de l'extension du concept en position de sujet linguistique (Il y a un et seul roi de France) :

$$(\forall x)^\ulcorner Rx \supset Cx^\urcorner \wedge (\exists x)^\ulcorner Rx \wedge (\forall y)^\ulcorner Ry \equiv y = x^{\urcorner\urcorner}$$

Avec la radicalisation russellienne de l'analyse logique de Frege, le paysage ontologique se simplifie donc drastiquement : dans « l'ameublement du monde », c'est-à-dire dans le domaine des arguments pour les fonctions propositionnelles du langage, on ne trouve que des objets singuliers qui peuvent être connus « immédiatement » (*by acquaintance*) ; les objets généraux, et même les objets singuliers connus par description, n'enrichissent pas l'ontologie (et n'ont de valeur que classificatoire), car ils sont en fait de nature conceptuelle et doivent donc eux-mêmes être

---

1. G. Frege, *Begriffsschrift*, Halle, Louis Nebert, 1879, § 3, § 11 ; *Idéographie*, trad. fr. C. Besson, Paris, Vrin, 1999, p. 16-17 et p. 37-39.

satisfaits par – trouver leur extension parmi – les objets au sens propre. Telle est, on le sait, l'analyse logique et ontologique qui va dominer toute la philosophie analytique, jusqu'au moins Quine [1].

Plus récemment, cependant, des analyses logiques nouvelles se sont efforcées de rendre justice aux intuitions des disciples de Brentano, en particulier de Meinong, et de reconnaître le statut d'objet logique à des objets généraux et/ou à des objets singuliers identifiés par description, dès lors éventuellement inexistants ou même impossibles. C'est en particulier le cas des travaux de Richard Routley, Terence Parsons, Hector-Neri Castañeda, William Rapaport, Edward Zalta, Dale Jacquette ou Jacek Pasniczek [2]. Dans la mesure où il constitue le projet le plus complet et le plus détaillé pour présenter une logique alternative à la logique classique des *Principia Mathematica* [3], l'ouvrage magistral de Routley *Beyond Meinong's Jungle* servira ici de principale référence, mais seront également signalés ici certains écarts importants avec d'autres projets, comme celui de Parsons, où les objets meinongiens sont explicitement corrélés à des ensembles de propriétés.

De manière très intéressante, Routley prend l'exact contre-pied de la critique qui est le plus souvent formulée contre les thèses meinongiennes et selon laquelle ces thèses reposeraient sur une conception naïve de la signification – de type « Fido » - Fido – qui envisage la signification de tous les termes du langage, même les termes généraux ou les descriptions

---

1. Pour une lecture du développement de la philosophie analytique autour de cette question, voir B. Leclercq, *Introduction à la philosophie analytique*, Bruxelles, De Boeck, 2008.

2. R. Routley, *Exploring Meinong's Jungle and Beyond*, Canberra, Department Monograph #3 of the Philosophy Department of the Australian National University, 1980 ; T. Parsons, *Nonexistent Objects*, New Haven/Londres, Yale University Press, 1980 ; H.N. Castañeda, « Thinking and the Structure of the World », *Philosophia*, 4 (1974), p. 3-40, repris dans *Critica*, 6 (1972), p. 43-86 ; W. Rapaport, « Meinongian Theories and Russellian Paradox », *Noûs*, 12 (1978), p. 153-180 ; « How to Make the World to Fit our Language: an Essay in Meinongian Semantics », *Grazer philosophische Studien*, 14 (1981), p. 1-21 ; « Nonexistent Objects and Epistemological Ontology », *Grazer philosophische Studien*, 25-26 (1986), p. 61-95 ; E. Zalta, *Intensional Logic and the Metaphysics of Intentionality*, Cambridge (Mass.), MIT Press, 1988 ; D. Jacquette, *Meinongian Logic: the Semantics of Existence and Nonexistence*, Berlin, Walter de Gruyter, 1996 ; J. Pasniczek, *The Logic of Intentional Objects: a Meinongian Version of Classical Logic*, Dordrecht, Kluwer, 1998.

3. « Un corrolaire du rejet de la théorie de la référence est que la logique classique est sérieusement erronée et, puisqu'on a quand même besoin d'une logique, qu'elle doit faire l'objet d'une révision drastique » (R. Routley, *Exploring Meinong's Jungle and Beyond*, *op. cit.*, p. 73. La table de la page 74 montre l'ampleur des modifications que Routley entend apporter à la logique classique.

définies, sur le modèle de la référence ; selon cette critique, des expressions linguistiques telles que « le cheval (en général) » ou « le cheval ailé que captura Bellérophon » désigneraient, pour Meinong, des entités particulières de la même manière que le nom propre « Barack Obama » [1]. S'efforçant de distinguer nettement objets et entités, Routley renvoie plutôt l'accusation d'hyperréférentialisme à l'analyse logique classique, qui n'envisage précisément pas d'autres objets que les entités, c'est-à-dire les objets qui sont ou existent. Cet hyperréférentialisme, montre Routley tout au long de son ouvrage, sous-tend en effet, non seulement la distinction russellienne des descriptions définies et des noms propres, mais aussi toute l'interprétation classique des quantificateurs, toute la théorie classique de l'identité, toute la sémantique des mondes possibles pour les logiques modales, et même la compréhension classique des principes de bivalence (non-contradiction et tiers exclu).

Nous centrant sur le problème des objets inexistants et des objets contradictoires ou inconsistants, nous nous préoccuperons essentiellement, dans le présent travail, des termes singuliers, des quantificateurs et de la bivalence, laissant à une analyse ultérieure les questions, non moins cruciales pour le statut des objets intentionnels, de l'identité et des opérateurs modaux. Il se pourrait d'ailleurs que l'analyse de ces dernières questions nous contraigne à revenir sur certaines des positions défendues ici à propos des premières [2].

Présupposés référentialistes des termes singuliers

La théorie russellienne des descriptions définies, disent les meinongiens [3], est très insatisfaisante. En effet, contrairement à la conception qui était encore celle de Russell dans les *Principles of Mathematics*, elle n'attribue, à une expression comme « le père de Charles II », de signification qu'en contexte, c'est-à-dire au sein de propositions, et conteste donc

---

1. R. Routley, *Exploring Meinong's Jungle and Beyond*, op. cit., p. 52-53, p. 60-61 et p. 490-491. Pour Routley (*ibid.*, p. 437) comme pour d'autres commentateurs, Russell a confondu la théorie de Meinong avec sa propre théorie hyperréférentialiste des *Principles of Mathematics*.

2. Une esquisse de cette analyse est présentée dans B. Leclercq, « Logical Analysis and its Ontological Consequences: Rise, Fall and Resurgence of Intensional Objects in Contemporary Philosophy », art. cit.

3. Voir par exemple T. Parsons, *Nonexistent Objects*, op. cit., p. 3-4 et p. 36-37.

que cette expression désigne un authentique objet dont traitent les phrases au sein desquelles elle intervient. En conséquence, la théorie russellienne a, pour Routley, le défaut de proposer des reformulations étranges et peu plausibles de ces phrases. Ainsi, la phrase « George IV voulait savoir si Scott était l'auteur de Waverley » devient « Il y a un et seul objet qui est l'auteur de Waverley et George IV voulait savoir si cet objet était identique à Scott » dans l'interprétation *de re* et « George IV voulait savoir s'il y a un et un seul objet qui est l'auteur de Waverley » dans l'interprétation *de dicto*. Et la phrase « Pégase a des ailes », qui contient le pseudo-nom propre « Pégase », devient : « Il y a un et seul objet qui pégasise et tout ce qui pégasise a des ailes », phrase qui est fausse s'il n'y pas d'objet qui pégasise.

Le troisième et principal écueil de la théorie russellienne est précisément qu'elle considère comme fausses toutes les propositions où des descriptions définies apparaissent comme *de re* alors que leur présupposé d'existence et d'unicité n'est pas satisfait[1]. Sont pourtant vraies toute une série de propositions attribuant des propriétés à des objets généraux ou inexistants, notamment leurs propriétés caractérisantes ou définitoires (« le carré rond est carré », « le cheval ailé que captura Bellérophon a des ailes »)[2], mais aussi des propriétés communes à tous les objets de leur « catégorie » (« le carré rond est coloré (comme toute surface) », « le cheval ailé que captura Bellérophon est étendu dans l'espace (comme tout objet matériel) »)[3], des propriétés ontologiques (« le carré rond est impossible », « le cheval ailé que captura Bellérophon n'existe pas »)[4] ou encore des propriétés intensionnelles, en particulier en tant qu'ils sont l'objet d'attitudes intentionnelles (« ce mathématicien croit que le carré rond est la clé du problème de la quadrature du cercle », « beaucoup d'enfants admirent le cheval ailé que captura Bellérophon »)[5]. À noter que la critique par Peter Strawson de la théorie russellienne des descriptions définies, qui propose de traiter ces propositions comme dénuées de sens plutôt que comme fausses, partage, selon Routley, le même présupposé référentialiste selon lequel il n'y a pas d'objet inexistant et n'est, pour lui, pas plus satisfaisante que celle de Russell[6].

1. R. Routley, *Exploring Meinong's Jungle and Beyond, op. cit.*, p. 118.
2. *Ibid.*, p. 38.
3. *Ibid.*, p. 40.
4. *Ibid.*, p. 7-9.
5. *Ibid.*, p. 34 et p. 119.
6. *Ibid.*, p. 14-21.

Parce qu'il considère que toute description définie comporte une affirmation implicite d'existence, Russell se montre, selon Routley, incapable
de penser le statut des objets inexistants, et notamment des objets d'attitudes intentionnelles (qui peuvent ne pas exister), des objets dans leur
neutralité ontologique (comme Pégase ou le carré rond lorsque je me
demande s'ils existent ou sont possibles, mais aussi comme la machine
sans friction ou le corps parfaitement élastique dont j'énonce les lois
physiques tout en sachant bien qu'ils n'existent nulle part) [1], des objets
abstraits des mathématiques (qui n'existent pas, sauf à croire à l'existence
du monde des Idées) [2] ou même des objets réels dont l'existence est limitée
dans le temps (et dont certains n'existent pas encore ou n'existent plus) [3].

Meinong, par contre, affirme l'indépendance du *So-sein* par rapport au
Sein, et donc du fait d'avoir des propriétés par rapport au fait d'exister ou
même de subsister. Les objets inexistants et même les objets impossibles
peuvent donc, pour lui, être les sujets logiques de jugements vrais. Comme
l'indique précisément la notion d'*Außersein*, certains objets du discours
ne comportent pas d'assomption ontologique – ne sont pas des entités –,
ce qui décharge Meinong de toute accusation d'hyperréférentialisme.

Par la distinction nette des fonctions propositionnelles et de leurs arguments, c'est-à-dire des concepts et des objets, ou encore des principes
classificatoires et des entités qui peuplent le monde, Frege et Russell
avaient délesté de toute prétention référentielle les expressions linguistiques de nature conceptuelle : sans perdre son sens, un concept peut
parfaitement avoir une extension vide, n'être satisfait par aucun objet [4].
De cette manière, ils avaient fait place – et reconnu une valeur de vérité –
à toute une série de propositions ne portant pas sur des objets existants.

---

1. R. Routley, *Exploring Meinong's Jungle and Beyond*, *op. cit.*, p. 28-30 et p. 458.
Routley rapproche explicitement cette neutralité ontologique de certaines propositions scientifiques du principe phénoménologique de mise entre parenthèses de la question de l'existence. Sur les « objets » de la science, voir aussi T. Parsons, *Nonexistent Objects*, *op. cit.*,
p. 228 *sq.*

2. R. Routley, *Exploring Meinong's Jungle and Beyond*, *op. cit.*, p. 45-47.

3. *Ibid.*, p. 361 *sq.*

4. À cet égard, la charge de Routley contre Frege et Russell est souvent injuste. Routley
laisse penser que, en raison de son présupposé référentialiste, l'analyse classique peine à
rendre compte de ce qui va par contre de soi dans la théorie meinongienne des objets, comme
la différence entre Pégase et Cerbère (*ibid.*, p. 39 et p. 43), le jugement d'inexistence (*ibid.*,
p. 47) ou l'impossibilité de déduire l'existence de Dieu de sa caractérisation (*ibid.*, p. 44).
Il faut dire, au contraire, que la distinction frégéo-russellienne des objets et des concepts
(lesquels peuvent être vides) consiste précisément en une solution alternative à ces différents
problèmes.

Analysé comme une implication formelle, le jugement universel « Les licornes ont une corne » est parfaitement signifiant – et vrai – même si les licornes n'existent pas, car « licorne » n'est qu'apparemment le sujet de cette proposition. Et, selon la théorie des descriptions définies, le jugement singulier « Pégase (le cheval ailé que captura Belléphoron) a fait jaillir des sources d'un seul coup de sabot » est parfaitement signifiant – et faux – même s'il n'existe pas de tel cheval ailé, car le sujet linguistique de cette proposition n'est pas son sujet logique. À cet égard, ces deux phrases se distinguent de « Barack Bush est président des États-Unis », qui n'a aucune valeur de vérité si « Barack Bush », considéré comme nom propre sans référent, est l'authentique sujet logique de la proposition.

Pour un meinongien, cependant, l'analyse frégéo-russellienne est, nous l'avons dit, tout-à-fait insatisfaisante. D'abord, on voudrait dire que les jugements « Les licornes ont une corne » et « Pégase a fait jaillir des sources d'un seul coup de sabot » portent bien sur les licornes et sur Pégase, lesquels sont donc leurs sujets logiques autant que linguistiques [1]. Ensuite, on voudrait dire que ces jugements sont vrais parce que les licornes et Pégase ont bien les propriétés qui leur sont ici attribuées. Or, la théorie des descriptions définies rend faux le jugement sur Pégase, et l'analyse des jugements catégoriques universels comme implications formelles rend *trivialement* vrai celui sur les licornes, puisque, s'il n'y a pas de licornes, il est forcément vrai qu'elles ont toutes une corne, comme d'ailleurs il est forcément vrai qu'elles en ont toutes cinq [2]. Non seulement donc la manière dont l'analyse classique attribue des valeurs de vérité à de tels énoncés est-elle contre-intuitive, mais elle semble en outre détachée de toute véritable théorie sur ce qui rendrait vrais ou faux les énoncés de fiction. Et c'est là d'ailleurs la troisième objection que les meinongiens lui adressent : à traiter les objets inexistants comme des concepts vides, c'est-à-dire vides d'objets existants, l'analyse frégéo-russellienne présuppose sans cesse qu'il n'y a d'autres objets que les entités, c'est-à-dire les objets existants, ce que traduit d'ailleurs de manière particulièrement significative l'interprétation classique des quantificateurs.

C'est sans doute un grand mérite de Frege que d'avoir montré que, comme la question du nombre, la question de l'existence porte non pas directement sur des individus mais sur des concepts, dont on demande

---

1. *Ibid.*, p. 32-33 et p. 128-129.

2. À cet égard, évidemment, l'implication formelle pâtit de la présence en elle de l'implication matérielle (vérifonctionnelle), qui est vraie dès que son antécédent est faux. Nous y reviendrons en fin de texte.

s'ils sont ou non satisfaits par au moins un individu : « les licornes existent-elles ? » veut dire « la fonction propositionnelle 'licorne' est-elle rendue vraie par certains de ses arguments, c'est-à-dire par certains des objets qui meublent le monde ? ». Mais c'est là évidemment mettre de côté une autre question d'existence, qui porte cette fois directement sur les individus, à savoir celle de l'appartenance à l'ameublement du monde, c'est-à-dire au domaine des arguments des fonctions propositionnelles. Dans son dialogue avec Bernard Pünjer, Frege avait écarté cette question de l'existence individuelle – Leo Sachse existe-t-il ? – au nom du présupposé de référence des noms propres : si « Leo Sachse » est un nom propre, il désigne forcément un des objets du monde, de sorte que cela n'a pas vraiment de sens de se demander encore s'il existe [1]. Pour un individu, exister n'est rien d'autre qu'être un des objets du monde. Comme le dira Quine de la manière la plus explicite qui soit : être n'a qu'un sens, celui d'être un argument pour les fonctions propositionnelles du discours, donc une valeur possible des variables liées par les quantificateurs de ce discours.

Présupposés référentialistes des quantificateurs

Le quantificateur particulier, d'ailleurs dit « existentiel », est à cet égard porteur d'une indéniable charge ontologique. Dire que certains hommes sont chauves, c'est dire qu'il y a des hommes chauves, c'est-à-dire que les concepts « homme » et « chauve » sont tous deux satisfaits par des objets du monde, sous-entendu des objets *existants*. La règle de généralisation existentielle – $Fa \rightarrow (\exists x)^\ulcorner Fx^\urcorner$ – exprime bien le référentialisme généralisé. Toute constante a doit désigner un individu existant puisque, de ce que a a la propriété F, on peut déduire qu'il *existe* un objet qui a la propriété F. Et lorsqu'on dit à l'inverse qu'« il n'y a pas de licorne », on veut dire que n'*existe* aucun objet qui satisfait le concept de licorne. Que l'extension de ce concept soit jugée vide témoigne bien de ce que les objets inexistants sont manifestement exclus de l'ameublement du monde. De même, c'est l'ensemble des objets *existants* que parcourt

1. G. Frege, « Dialog mit Pünjer über Existenz », in *Schriften zur Logik und Sprachphilosophie*, Hambourg, Meiner, 2001, p. 11 ; trad. fr. A. Benmackhlouf, « Dialogue avec Pünjer sur l'existence », in *Écrits posthumes*, P. De Rouillhan et C. Tiercelin (éds.), Nîmes, Jacqueline Chambon, 1994, p. 75-76.

le quantificateur universel : quand je dis que « tous les satellites naturels de la Terre ont une période de rotation d'environ 28 jours », je parle uniquement des objets *existants* et dis que ceux d'entre eux qui satisfont le concept « satellite naturel de la Terre » satisfont aussi le concept « avoir une période de rotation d'environ 28 jours ».

Par son présupposé de référence des noms propres et son interprétation des quantificateurs, l'analyse logique classique présuppose donc manifestement l'identification de l'objectivité et de l'existence que dénonce quant à lui Meinong. Bien plus, pour beaucoup de philosophes analytiques, l'« existence » individuelle (en ce sens d'appartenance à l'ameublement du monde) semble réservée aux réalités sensibles. Pour sa part, Frege s'était en fait borné à caractériser les objets par deux propriétés logiques : l'identité à soi-même[1] et, par contraste avec les fonctions, une certaine indépendance ou « saturation »[2]. Et lui-même comptait explicitement les valeurs de vérité, les parcours de valeurs ou les nombres parmi les objets, de sorte que l'existence individuelle était entendue en un sens large qui intègre également la subsistance des objets idéaux. Mais, en stratifiant le domaine des arguments des fonctions propositionnelles du discours, la théorie russellienne des types logiques range tous les objets logico-mathématiques dans des types supérieurs, tandis que le premier type – l'ameublement premier du monde – semble pouvoir être réservé aux objets qui existent au sens propre, à savoir peut-être les réalités concrètes qui se donnent dans l'expérience sensible.

Et, en effet, dans la mesure où la distinction entre connaissance immédiate (ou connaissance par fréquentation) et connaissance par description tend à coïncider avec celle entre noms propres et termes conceptuels, on peut en tout cas considérer que ne sont des objets premiers du monde que des objets connus par fréquentation. Et si, en empiriste, on affirme qu'il n'y a d'autre connaissance immédiate que l'expérience sensible, on en vient à l'idée que seules les données des sens sont des objets du premier type logique. Pour Routley, le présupposé référentialiste est en

---

1. *Ibid.*, p. 10 et p. 14 ; trad. fr. p. 75 et p. 78-79.
2. « De la fonction, prise séparément, on dira qu'elle est incomplète, ayant besoin d'autre chose, ou encore insaturée » (G. Frege, « Funktion und Begriff », art. cit. ; trad. fr. p. 84). Et plus loin (*ibid.*, p. 92) : « Dès lors qu'on admet tout objet sans restriction comme argument ou valeur d'une fonction, la question est de savoir ce que l'on entend par objet. Une définition dans les règles de l'École est impossible à mon sens, car nous touchons à quelque chose dont la simplicité ne permet aucune analyse logique. On peut seulement dire ceci : un objet est tout ce qui n'est pas fonction, c'est ce dont l'expression ne comporte aucune place vide ».

fait directement lié à la thèse, exprimée de manière très claire par Tarski, selon laquelle la vérité d'une proposition est toujours liée à la référence de ses termes. Et, dans sa version empiriste, il donne lieu au principe de vérification empirique selon lequel c'est la fréquentation sensible du référent qui permet de déterminer la valeur de vérité de la proposition [1].

Routley dénonce sévèrement ce référentialisme et plus encore sa version empiriste. Contrairement à Frege et Russell, dont l'analyse logique repose sur toute une série de présupposés métaphysiques et épistémologiques, Meinong, dit-il, prétendait proposer une analyse logique qui vaudrait de la même façon pour toutes les propositions, quel que soit le statut ontologique et épistémique de l'objet dont elles traitent. À la suite de Meinong et sous la bannière du « nonéisme » [2], Routley revendique un usage ontologique plus neutre des noms propres et des quantificateurs, qui les autorise à désigner et parcourir n'importe quel objet, même abstrait (subsistant), fictif (inexistant) ou impossible (non subsistant). Être, c'est-à-dire avoir une essence (un ensemble de propriétés définitoires), n'implique pas nécessairement d'exister. D'une certaine façon même, l'*essence précède l'existence*, en ce sens qu'on peut connaître l'essence de certains objets sans savoir s'ils existent alors qu'on ne peut interroger l'existence que de ce dont on connaît d'abord l'essence [3]. Cela, c'est, d'une certaine façon, ce que Frege avait exprimé en écartant la question de l'existence individuelle au profit de la question d'existence comprise comme délimitation de l'extension d'un concept dont on connaît déjà l'intension. Mais Routley estime qu'on devrait pouvoir poser la question de l'existence d'un objet (exister n'est pas simplement être identique à soi-même) [4] sans nécessairement en faire un concept ; lorsque je m'interroge sur l'existence de Pégase ou de la pierre philosophale, c'est, selon Routley, à propos d'individus particuliers que je m'interroge [5]. À cet égard, Routley salue évidemment ce progrès que représente la réintroduction d'un prédicat d'existence – prédicat de premier degré, c'est-à-dire attribué à des individus et non à des concepts – dans les logiques dites

1. R. Routley, *Exploring Meinong's Jungle and Beyond, op. cit.*, p. 13, p. 53-58 et p. 740-750.

2. *Ibid.*, p. 4, p. 11. Sous un socle logique commun, il y a en fait plusieurs versions – ainsi que plusieurs interprétations ontologiques – du « nonéisme », de sorte qu'on peut parler de logiques nonéistes comme on parle de logiques libres (*ibid.*, p. 356-359).

3. *Ibid.*, p. 51-52.

4. *Ibid.*, p. 32.

5. *Ibid.*, p. 33.

« libres » [1]. Mais, nous allons le voir, Routley montre aussi l'insuffisance des logiques libres et leur incapacité à remettre radicalement en cause le présupposé référentialiste [2].

LOGIQUES LIBRES ET LOGIQUES NEUTRES

En usant d'un prédicat d'existence – Ea signifie « a existe » [3] –, les logiques libres délestent les noms propres d'une part de leur présupposé référentiel, puisqu'il est possible d'affirmer dans le langage que a existe ou au contraire qu'il n'existe pas. L'affirmation que a existe doit d'ailleurs se joindre à l'affirmation que a a la propriété F pour qu'on puisse inférer de cette dernière qu'existe un objet qui a la propriété F. La règle de généralisation existentielle est en effet restreinte par l'ajout de cette condition d'existence : $Fa \wedge Ea \rightarrow (\exists x)^\ulcorner Fx^\urcorner$ (et pour l'instantiation universelle : $(\forall x)^\ulcorner Fx^\urcorner \rightarrow (Ea \supset Fa)$. Or, ceci indique que le quantificateur existentiel lui-même reste porteur de sa charge ontologique. Dans les logiques libres, un lien intrinsèque liait d'ailleurs le quantificateur existentiel au prédicat d'existence, lequel était introduit comme notation abrégée de l'identité avec un des objets du monde : $Ea =_{Df} (\exists x)^\ulcorner x = a^\urcorner$. Mais cela veut dire en fait que tous les objets du monde sont existants, comme on peut d'ailleurs le démontrer par le raisonnement suivant [4] :

$(\forall x)^\ulcorner x = x^\urcorner$	Principe frégéen : tous les objets sont identiques à eux-mêmes
$(\forall x)(\exists y)^\ulcorner y = x^\urcorner$	Généralisation existentielle
$(\forall x)^\ulcorner Ex^\urcorner$	Définition de Ea (cf. ci-dessus)

---

1. Contrairement au prédicat de nombre, le prédicat d'existence est distributif (*ibid.*, p. 131-132 et p. 186).

2. *Ibid.*, p. 75-79 et p. 137-144. Un débat entre Karel Lambert et Richard Routley, tenu dans le journal *Inquiry* (17 (1974), p. 303-314 ; 19 (1976), p. 247-253), fait d'ailleurs apparaître leurs divergences de vue sur le statut des objets impossibles, en même temps qu'il met déjà en scène toutes les questions concernant les critères d'identité des objets meinongiens et les restrictions du principe de caractérisation.

3. Les *Principia Mathematica* mettaient en œuvre une sorte de prédicat d'existence mais il était réservé aux descriptions définies, dont il confirmait l'unicité de l'extension :
    *14.02 $E!(\imath x)(Fx) =_{Df} (\exists b)(\forall x)^\ulcorner Fx \equiv x = b^\urcorner$.

4. R. Routley, *Exploring Meinong's Jungle and Beyond*, *op. cit.*, p. 77 et p. 182.

Les logiques libres ne peuvent donc parler d'objets inexistants qu'à condition de les bannir du monde, c'est-à-dire du domaine des valeurs possibles des variables liées par les quantificateurs; ce qui témoigne de leur ancrage référentialiste.

Par ailleurs, l'introduction d'un prédicat d'existence ne répond qu'à une partie du souhait de Meinong, qui voulait également qu'on puisse parler d'objets impossibles. Une idée pour ce faire consisterait évidemment à introduire également un prédicat de possibilité – $\Diamond a$ signifie « a est possible » –, qui déchargerait à son tour les noms propres du langage de leur présupposé de possibilité, puisqu'on pourrait désormais affirmer dans le langage que a est possible ou au contraire qu'il est impossible [1]. Avec lui viendraient alors des quantificateurs d'« existence potentielle » et d'« universalité parmi les possibles », avec leurs règles de généralisation et d'instantiation : $Fa \wedge \Diamond a \rightarrow (\Sigma x)^{\ulcorner}Fx^{\urcorner}$ et $(\Pi x)^{\ulcorner}Fx^{\urcorner} \rightarrow (\Diamond a \supset Fa)$.

Si les noms propres ou constantes d'individus peuvent désigner des objets impossibles, une solution préférable, cependant, serait d'utiliser d'autres quantificateurs encore, qui prendraient leurs valeurs parmi l'ensemble de tous les objets (ou items) [2], qu'ils soient existants, simplement possibles ou même impossibles. De tels quantificateurs seraient alors authentiquement dénués de toute charge ontologique. Le quantificateur particulier, par exemple, ne serait plus ni un quantificateur existentiel ni même un quantificateur d'existence potentielle; $(Px)^{\ulcorner}Fx^{\urcorner}$ énoncerait simplement qu'au moins un objet, éventuellement impossible, satisfait une propriété. Et de même pour le quantificateur universel, qui parcourrait tous les objets, même impossibles : $(Ux)^{\ulcorner}Fx^{\urcorner}$. Si on le souhaite, on peut alors retrouver les quantificateurs précédents comme des quantificateurs restreints à un sous-domaine de l'ensemble des objets (à savoir le domaine des objets possibles ou le domaine plus étroit encore des objets existants) [3] :

$$(\Sigma x)^{\ulcorner}Fx^{\urcorner} =_{Df} (Px)^{\ulcorner}Fx \wedge \Diamond x^{\urcorner} \quad \text{donc} \quad (\Pi x)^{\ulcorner}Fx^{\urcorner} = (Ux)^{\ulcorner}\Diamond x \supset Fx^{\urcorner}$$

$$(\exists x)^{\ulcorner}Fx^{\urcorner} =_{Df} (Px)^{\ulcorner}Fx \wedge Ex^{\urcorner} \quad \text{donc} \quad (\forall x)^{\ulcorner}Fx^{\urcorner} = (Ux)^{\ulcorner}Ex \supset Fx^{\urcorner}$$

1. R. Routley, *Exploring Meinong's Jungle and Beyond*, op. cit., p. 80-81.

2. Si Routley utilise volontiers le terme neutre d'« item », il fait parfois aussi, en opposition explicite à Quine, usage du terme plus connoté de « chose » et de ses dérivés (notamment p. 434, p. 438). Ainsi, dans le texte-chapitre « On What there Isn't », il affirme que « *most things don't exist* » (*ibid.*, p. 411) et exprime par « *something* » le quantificateur particulier (*ibid.*, p. 429).

3. *Ibid.*, p. 187-191 et p. 428-430. De même, on peut éventuellement distinguer l'extension pleine des prédicats et l'extension restreinte (aux objets existants) (T. Parsons, *Nonexistent Objects, op. cit.*, p. 79-81).

L'énorme avantage de cette logique « neutre » par rapport aux logiques libres est qu'on y retrouve exactement les règles classiques de généralisation et d'instantiation des quantificateurs : $Fa \rightarrow (\mathrm{P}x)^\ulcorner Fx^\urcorner$ et $(\mathrm{U}x)^\ulcorner Fx^\urcorner \rightarrow Fa$. Seule l'interprétation de ces quantificateurs est changée[1]. Il s'agit néanmoins toujours, insiste Routley, d'une interprétation *objectuelle* et non simplement *substitutionnelle* des quantificateurs. Dans la mesure où on n'exige plus que les constantes d'individus désignent des objets existants (ni même possibles), on pourrait comprendre que $(\mathrm{P}x)^\ulcorner Fx^\urcorner$ veut dire qu'un terme singulier, entendu comme simple expression, peut être substitué au symbole x pour composer une phrase vraie ; ce qui serait l'interprétation substitutionnelle. Routley, cependant, affirme que c'est bien un *objet* qui doit prendre la place de x, mais que cet objet peut être impossible. La logique qu'il défend est « neutre » (au sens où elle n'exige pas l'existence des objets dont elle parle), mais pas nominaliste (au sens où elle parle bien d'objets et pas seulement d'expressions linguistiques). L'interprétation substitutionnelle a, en effet, pour les meinongiens[2], le gros désavantage de ne pas s'articuler à une théorie de la vérité qui expliquerait la vérité de Fa par le fait que l'objet a a la propriété F.

L'idée générale de l'introduction de prédicats d'existence et de possibilité heurte évidemment de plein front l'analyse frégéo-russellienne, laquelle, en faisant de l'existence (comme du nombre) un prédicat de second degré, rendait précisément compte de l'affirmation kantienne selon laquelle l'existence n'est pas un prédicat réel et bloquait, par là même, toute une série d'arguments ontologiques fallacieux. Pour Routley, cependant, il ne s'agit pas de faire des prédicats d'existence et de possibilité des prédicats comme les autres[3]. Bien que l'existence s'attribue à des objets singuliers (c'est un prédicat de premier degré), elle ne fait, disaient déjà Meinong et Mally, pas partie de l'être-tel (*So-sein*) de ces objets ; c'est un prédicat « *außerkonstitutorisch* », « extranucléaire » selon la traduction de Findlay ou encore « non caractérisant »[4]. Si le caractère « existant »

---

1. Le quantificateur particulier ne peut plus être lu comme « il y a », sauf au sens ontologiquement neutre de l'allemand « *Es gibt* » ou du latin « *Datur* » (R. Routley, *Exploring Meinong's Jungle and Beyond, op. cit.*, p. 81-83 et p. 176).

2. *Ibid.*, p. 81. Voir aussi T. Parsons, *Nonexistent Objects, op. cit.*, p. 11-12 et p. 36.

3. R. Routley, *Exploring Meinong's Jungle and Beyond, op. cit.*, p. 180-186.

4. Cette distinction, très importante pour restreindre la validité du principe de caractérisation, n'est, insistent les meinongiens, pas arbitraire et peut notamment s'appuyer sur la notion de fonction propositionnelle élémentaire de la logique classique (R. Routley, *Exploring Meinong's Jungle and Beyond, op. cit.*, p. 510 *sq.* ; T. Parsons, *Nonexistent*

pouvait faire partie du *So-sein* de l'objet, il serait possible de se demander
si la montagne d'or existante existe ou non. Mais ce n'est pas le cas : il faut
que l'objet soit déjà caractérisé par des prédicats autres qu'ontologiques
pour qu'on puisse se poser la question de son statut ontologique, ainsi
d'ailleurs que de sa « complétude » ou de son identité à d'autres objets. À
cet égard, le prédicat d'existence est en effet « second » (l'essence précède
l'existence). Mais, pour Meinong et Routley, contrairement à Frege, il
n'en est pas moins directement attribué à l'objet singulier.

Comme l'identité[1] et la complétude, les prédicats ontologiques
– possibilité et existence – sont en fait des propriétés qui « surviennent »
sur les propriétés caractérisantes. On ne peut d'ailleurs les définir qu'au
moyen de quantifications du second ordre[2]. Être possible, c'est être tel
qu'il n'y a aucune propriété (extensionnelle) que tout à la fois on possède
et on ne possède pas[3]. Exister, c'est être « déterminé » par rapport à
toute propriété (extensionnelle), c'est-à-dire la posséder ou posséder sa
propriété complémentaire[4] :

$$\Diamond a =_{Df} (UF)^\ulcorner \sim (Fa \wedge \bar{F}a)^\urcorner$$

$$Ea =_{Df} (UF)^\ulcorner \sim Fa \equiv \bar{F}a^\urcorner$$

Les objets fictifs sont généralement « incomplets » ; ils possèdent toute
une série de propriétés que leur attribue la fiction qui les a engendrés,
mais il est des propriétés pour lesquelles, faute d'information, on ne peut
trancher la question de savoir s'ils les possèdent ou non. Par contre, dans
la mesure où ils peuvent faire l'objet de nouvelles investigations, les objets
existants sont, pour Routley, complets. Et la définition ci-dessus dit même
qu'exister, c'est être complet, donc aussi, nous y reviendrons, que tous les
objets complets existent.

Objects, op. cit., p. 22-26, p. 42-44 et p. 68). Voir la synthèse de Dale Jacquette,
« Nuclear and Extranuclear Properties », dans *The School of Alexius Meinong*, L. Albertazzi,
M. Libardi et R. Poli (éds.), *op. cit.*, p. 397-426.

1. Comme annoncé, nous ne nous attarderons pas ici sur la notion d'identité. Mais que
celle-ci puisse être définie dans une logique du second ordre conformément au principe de
Leibniz suivant lequel deux objets sont identiques s'ils ont les mêmes propriétés – $a = b$ ssi
$(UF)^\ulcorner Fa \equiv Fb^\urcorner$ –, c'est ce qui est bien connu. Routley plaide cependant pour une restriction
du principe aux seules propriétés extensionnelles (R. Routley, *Exploring Meinong's Jungle
and Beyond, op. cit.*, p. 414-416).

2. *Ibid.*, p. 48-49.

3. *Ibid.*, p. 239-240.

4. *Ibid.*, p. 244. On parle ici bien sûr de toutes les propriétés qui conviennent à telle ou
telle catégorie d'objets (T. Parsons, *Nonexistent Objects, op. cit.*, p. 106 et p. 231).

Avec la question de la complétude et de l'incomplétude des objets, qui, on va le voir, est le pendant de celle de la possibilité et de l'impossibilité des objets, on atteint en fait certaines limites évidentes de l'analyse logique de Routley.

Objets incomplets et objets contradictoires :
retour sur les principes de bivalence

À côté des objets impossibles, qui ont au moins une paire de propriétés contradictoires, Routley admet donc, parmi les objets, des objets incomplets, qui, pour au moins une paire de propriétés complémentaires, n'ont aucune des deux. Là où les objets impossibles semblent violer le principe de non-contradiction, les objets incomplets semblent violer le principe du tiers exclu. Cependant, ils *semblent* seulement le faire. Comme Meinong [1], Routley distingue en effet la négation propositionnelle et la négation prédicative, de sorte que $\sim Fa$ n'équivaut pas nécessairement à $\bar{F}a$ [2]. Un objet incomplet peut ne pas posséder la propriété F sans pour autant posséder la propriété complémentaire $\bar{F}$; et c'est pourquoi $\sim (Fa \vee \bar{F}a)$ est possible sans que soit remis en question le principe du tiers exclu qui exige que $Fa \vee \sim Fa$. De même, un objet impossible peut posséder des propriétés complémentaires (et être tel que $Fa \wedge \bar{F}a$) sans que soit remis en question le principe de non-contradiction qui exige que $\sim (Fa \wedge \sim Fa)$. Toute incompatibilité de propriétés, dit Routley [3], n'est pas nécessairement contradiction logique, et c'est précisément pourquoi on peut parler rationnellement d'objets impossibles.

Avec la distinction de deux négations, certaines règles de la logique sont évidemment sérieusement bousculées. Ainsi, si on a bien le principe

---

1. Sur le souci de préserver la validité universelle des principes de bivalence, Meinong semble cependant ambigu. À un endroit au moins, il indique que les principes de non-contradiction et de tiers exclu ne valent que pour les entités actuelles (A. Meinong, *Über Möglichkeit und Warscheinlichkeit*, Leipzig, Barth, 1915, p. 171-174), semblant ainsi appeler de ses vœux le développement de logiques paraconsistantes et paracomplètes pour traiter des objets impossibles et incomplets (R. Routley, *Exploring Meinong's Jungle and Beyond*, *op. cit.*, p. 17-20, p. 49, p. 87-88 et p. 489-518).

2. R. Routley, *Exploring Meinong's Jungle and Beyond*, *op. cit.*, p. 88-90, p. 92-93. Pour sa part, Parsons voit là plutôt un indice de ce que la négation d'une propriété n'est pas elle-même une propriété nucléaire (T. Parsons, *Nonexistent Objects*, *op. cit.*, p. 105-106 et p. 227-228).

3. R. Routley, *Exploring Meinong's Jungle and Beyond*, *op. cit.*, p. 89.

de double négation, tant dans sa variante propositionnelle $\sim\sim Fa \leftrightarrow Fa$ que dans sa variante prédicative $\bar{\bar{F}}a \leftrightarrow Fa$, on ne l'a pas quand on combine les deux négations ; il est faux que $\sim \bar{F}a \leftrightarrow Fa$; les objets incomplets témoignent de ce que l'implication ne vaut pas dans un sens et les objets impossibles de ce qu'elle ne vaut pas dans l'autre[1]. Par conséquent, on n'a pas la contraposition $(Fa \supset Gb) \leftrightarrow (\bar{G}b \supset \bar{F}a)$ ou le syllogisme disjonctif $((Fa \vee p) \wedge \bar{F}a) \to p$ pour la négation prédicative.

La nouvelle analyse logique implique en outre l'introduction de la supervaleur de vérité « incomplet », qui est moins une troisième valeur de vérité qu'une combinaison des deux autres par « classification croisée »[2]. En fait, comme dans le modèle de la superévaluation de Van Fraassen, chaque proposition qui attribue à un objet une propriété à l'égard de laquelle il est incomplet[3] se voit dans un premier temps dissociée en deux hypothèses différentes dont l'une la rend vraie, l'autre fausse, de manière telle que, dans l'« évaluation prépondérante » (*overriding evaluation*), c'est la valeur « incomplet » qui lui est attribuée. La superévaluation, en effet, accorde la valeur prépondérante « vrai » à une proposition qui est vraie dans toutes les hypothèses, la valeur prépondérante « faux » à une proposition qui est fausse dans toutes les hypothèses et la valeur prépondérante « incomplet » (plutôt qu'indéterminé)[4] à une proposition qui est valuée différemment d'une hypothèse à l'autre. Ce mécanisme permet non seulement d'attribuer une valeur de vérité aux propositions qui portent sur des objets incomplets, mais aussi de conserver à leur égard la validité des principes de bivalence[5]. En effet, comme le montre le tableau suivant, ces deux principes sont vrais dans toutes les hypothèses, de sorte que leur valeur prépondérante est le vrai :

	Fa	$\sim Fa$	$Fa \wedge \sim Fa$	$\sim (Fa \wedge \sim Fa)$	$Fa \vee \sim Fa$
Hypothèse 1	V	F	F	V	V
Hypothèse 2	F	V	F	V	V
Valeur prépondérante	Incomplet	Incomplet	F	V	V

1. *Ibid.*, p. 193-194.
2. R. Routley, *Exploring Meinong's Jungle and Beyond*, op. cit., p. 169.
3. On dit en effet d'un objet a qu'il est incomplet à l'égard de la propriété F si et seulement si $\sim (Fa \vee \bar{F}a)$. Et un objet a est inconsistant à l'égard de la propriété F si et seulement si $Fa \wedge \bar{F}a$. Réciproquement, une propriété F est incomplète en a si et seulement si $\sim (Fa \vee \bar{F}a)$. Et une propriété F est inconsistante en a si et seulement si $Fa \wedge \bar{F}a$ (*ibid.*, p. 170 et p. 196).
4. *Ibid.*, p. 169.
5. *Ibid.*, p. 168.

Sans entrer davantage dans le détail de ces éléments de logique « para-complète », dont, comme pour la logique « paraconsistante »[1], Routley est, on le sait, un pionnier, intéressons-nous à ce que la notion même d'« objet incomplet » nous dit de ce qu'est un objet pour les logiques meinongiennes.

Tout d'abord, il est intéressant de noter que Routley justifie la distinction (non classique) qu'opère Meinong entre négation propositionnelle et négation prédicative par le fait que Russell lui-même est contraint de distinguer deux sortes de négation lorsqu'une proposition porte sur des « objets » inexistants[2]. Ainsi, « L'actuel roi de France n'est pas chauve » peut être entendu tantôt comme « Il n'est pas vrai que l'actuel roi de France est chauve », tantôt comme « Il y a bien un et un seul actuel roi de France, mais il n'est pas chauve ». Chez Russell, l'ambiguïté concerne la portée de la négation :

$$\sim [(\exists x)^\ulcorner Rx \wedge (\forall y)^\ulcorner Ry \equiv y = x^{\urcorner\urcorner} \wedge (\forall x)^\ulcorner Rx \supset Cx^\urcorner]$$

$$(\exists x)^\ulcorner Rx \wedge (\forall y)^\ulcorner Ry \equiv y = x^{\urcorner\urcorner} \wedge \sim (\forall x)^\ulcorner Rx \supset Cx^\urcorner$$

Dans le premier cas, la négation porte sur toute la phrase et peut donc provenir de la fausseté du premier terme de la conjonction (il y a un et un seul actuel roi de France) ; dans le second cas, la négation porte exclusivement sur le second terme de la conjonction (tous les actuels rois de France sont chauves) et reconnaît donc implicitement la vérité du premier. Dans la première interprétation, la proposition est la contradictoire exacte de « L'actuel roi de France est chauve » et elle est vraie puisque celle-ci est fausse. Dans la seconde interprétation, la proposition est aussi fausse que « L'actuel roi de France est chauve », mais elle n'en est pas la contradictoire, de sorte que le principe de non-contradiction n'est pas pris en défaut.

Pour Russell, évidemment, cette ambiguïté n'est possible que parce que le sujet linguistique de la phrase n'est pas un nom propre mais une description définie. Et l'analyse de Russell en termes de description définie lui permet précisément non seulement d'éviter d'attribuer deux propriétés contradictoires à un même objet, mais aussi de devoir distinguer entre négation propositionnelle et négation prédicative pour

---

1. Routley rompt aussi ici une lance en faveur des logiques relevantes (*ibid.*, p. 289-293). Un long appendice à l'ouvrage *Exploring Meinong's Jungle* (p. 892-962) esquisse certains développements de ces logiques.

2. *Ibid.*, p. 91.

pouvoir attribuer à l'objet des propriétés complémentaires sans engendrer de contradiction propositionnelle (ou pouvoir n'attribuer à l'objet aucune de deux propriétés complémentaires sans violer le tiers exclu). En gommant (comme déjà les logiques libres) la distinction entre noms propres et descriptions définies, Routley est au contraire contraint de recourir à cette seconde solution, qui fait de l'actuel roi de France un objet incomplet à l'égard de la propriété de calvitie, c'est-à-dire qu'il ne possède ni la calvitie ni la non-calvitie. Là où Russell déniait au terme singulier de nature conceptuelle « l'actuel roi de France » le statut de nom propre – et à l'actuel roi de France le statut d'objet – et expliquait la fausseté des deux propositions par la fausseté d'une affirmation implicite qu'elles contiennent toutes deux du fait de l'usage de l'article défini avec cette expression conceptuelle, Routley rend au terme singulier « l'actuel roi de France » son rôle de constante d'individu – et à l'actuel roi de France le statut d'objet –, et il explique qu'aucune des deux propositions n'est vraie par le caractère incomplet de cet objet.

Que veut cependant dire que l'actuel roi de France est un objet incomplet ? Pour Routley, cela veut simplement dire qu'il est indéterminé à l'égard de certaines paires de propriétés complémentaires, comme la calvitie et la non-calvitie, dont il ne possède aucune des deux. Aucune de ces deux propriétés n'entre dans ses caractères, dans ses propriétés « caractérisantes » (Routley), « nucléaires » (Findlay) ou encore « constitutives » (Meinong), lesquelles, pour l'actuel roi de France, semblent bien se borner à la propriété d'être actuel roi de France et à quelques unes de ses conséquences analytiques.

Cette idée d'objet incomplet est assez intuitive si on parle d'un personnage de fiction comme Sherlock Holmes ou Pégase, qui se voient attribuer certaines propriétés par les récits dans lesquels ils apparaissent mais sont incomplets à l'égard de toute une série d'autres propriétés – taille exacte, couleur des yeux, etc. – sur lequels ces récits restent silencieux. Ces personnages de fiction ont pour propriétés caractérisantes exactement celles qui leur sont attribuées par les récits originaux qui les concernent et une série d'autres qui en sont les conséquences analytiques ; à l'égard de toutes les autres propriétés, ils sont incomplets. Mais sont également incomplets, pour Routley[1] ou Parsons[2], des objets tels

1. R. Routley, *Exploring Meinong's Jungle and Beyond, op. cit.*, p. 92-93.
2. T. Parsons, *Nonexistent Objects, op. cit.*, p. 20. Parsons, cependant, voit bien qu'est gênante une théorie qui ne ferait pas de différence entre descriptions définies singularisantes – l'auteur de Waverley – et termes généraux – la montagne d'or (*ibid.*, p. 118-119).

que la montagne d'or – dont la hauteur n'est pas déterminée – ou le triangle en général – qui n'est ni rectangle ni non rectangle, ni isocèle ni non isocèle, etc. Dans la catégorie des objets incomplets se côtoient donc des objets généraux et des objets singuliers fictifs ou connus par description.

On voit là très clairement que Routley considère comme objets incomplets tout ce que Russell considérait comme concepts, lesquels sont forcément caractérisés par un nombre fini de traits définitoires. À l'inverse, dans la mesure où ils sont connus par fréquentation et peuvent par ce moyen être investigués de telle manière que, pour chaque propriété, soit déterminé s'ils la possèdent ou non, les objets existants de Routley correspondent aux objets de Russell. Et les accusations de référentialisme échangées de part et d'autre tournent essentiellement autour de cette question de savoir s'il faut ou non réserver le statut et la fonction logique d'objet aux objets existants et s'il faut ou non séparer nettement les expressions linguistiques qui les désignent directement – les noms propres – d'autres expressions linguistiques qui les caractérisent – les termes conceptuels.

OBJETS OU CONCEPTS ?

Jusqu'ici, nous avons fait valoir, avec Routley, les avantages de l'analyse logique meinongienne sur l'analyse frégéo-russellienne. Mais les derniers exemples semblent bien montrer le caractère éminemment paradoxal de l'analyse meinongienne. Ainsi, le triangle en général serait-il, pour Routley, un objet incomplet plutôt qu'un concept. Mais, bien sûr, ce serait aussi le cas du triangle isocèle, ainsi d'ailleurs que du triangle isocèle rectangle, et d'autres ainsi progressivement spécifiés. La montagne d'or serait un objet incomplet, comme le serait déjà la montagne en général et comme le seraient aussi la montagne d'or de 3000 mètres de haut, la montagne d'or escarpée de 3000 mètres de haut, et ainsi de suite. L'actuel roi de France, l'actuel roi de France chauve, l'actuel roi de France chauve et bedonnant, l'actuel roi de France chauve, bedonnant et nasillard et bien d'autres encore seraient tous des objets incomplets. Plutôt que d'indiquer, comme Frege et Russell, qu'il y a une infinité possible de concepts entendus comme principes classificatoires (en combinant les traits définitoires qui peuvent déjà eux-mêmes être en nombre infini), Meinong et Routley préfèrent admettre un nombre infini d'*objets incomplets* correspondant (et répondant aux mêmes combinatoires)[1].

Or, cette position pose évidemment question. Et, classiquement, ce sont tout à la fois la luxuriance et le chaos de ce qu'on appelle parfois « la jungle de Meinong » qui font l'objet de vives critiques.

En ce qui concerne d'abord la *luxuriance* voire l'*explosion ontologique* que l'analyse de Meinong semble impliquer, les meinongiens s'en défendent généralement en faisant valoir que les objets ne sont précisément pas tous des entités et que, en particulier, l'*Außersein* n'est pas un statut ontologique, mais précisément un statut sémantique « extra-ontologique »[2]. Cependant, même si on s'accordait à reconnaître que, contrairement à ce que laissait entendre le terme de *Quasisein* que Meinong avait d'abord employé, l'*Außersein* n'est pas un statut onto-logique ou quasi-ontologique comparable et parallèle à l'*Existenz* des objets réels et au *Bestehen* des objets idéaux, il resterait à se demander si la sémantique peut et doit se traiter en termes d'objets ou plutôt en termes d'objets et de concepts. Le modèle sémantique à retenir est-il celui, unique, de la désignation d'objets par description caractérisante – ce que Routley appelle « *aboutness* » et qu'il distingue de la simple référence[3] ? Ou faut-il opposer la désignation directe d'objets qui fonctionne selon la logique de la référence à la caractérisation conceptuelle qui fonctionne selon la logique du sens et de la signification, de l'intension et de l'extension[4] ?

1. Que cette infinité ne pose en soi pas de difficulté particulière, c'est ce que Routley affirme en rappelant que Russell pose lui aussi un nombre infini d'objets à travers le fameux axiome de l'infini (R. Routley, *Exploring Meinong's Jungle and Beyond*, op. cit., p. 235).

2. Outre Routley (*ibid.*, p. 162, p. 412 et p. 436-442) et Parsons (*Nonexistent Objects*, op. cit., p. 10), voir déjà J.N. Findlay, *Meinong's Theory of Objects and Values*, Oxford, Oxford University Press, 1963[2], p. 57-58 ou encore D. Jacquette, « *Außersein* of the Pure Object », in *The School of Alexius Meinong*, L. Albertazzi, M. Libardi et R. Poli (éds.), op. cit., p. 373-396.

3. R. Routley, *Exploring Meinong's Jungle and Beyond*, op. cit., p. 53, p. 61 et p. 457. Dans « Meinong's Theory of Meaning » (L. Albertazzi, M. Libardi et R. Poli (éds.), *The School of Alexius Meinong*, op. cit., p. 373-396), Peter Simons et Edgar Morscher presentent cette relation de signification comme le produit de la relation d'expression (entre un signe et un phénomène mental) et la relation de présentation (entre un phénomène mental et un objet).

4. Routley (*Exploring Meinong's Jungle and Beyond*, op. cit., p. 10-11) fait cependant remarquer qu'une sémantique intensionnelle ne pourra elle-même se passer de faire appel à des objets inexistants, à savoir les mondes possibles. Nous laisserons cependant provisoire-ment de côté ce problème, qui met en jeu les aspects modaux de la présente question.

Pour répondre à cette question, il est intéressant de s'intéresser d'emblée à ce qui constitue sans doute le principal point d'achoppement entre les deux positions, à savoir le statut de la généralité : y a-t-il des *objets généraux* ou la généralité est-elle essentiellement le fait des *concepts* ? Sans conteste, des propositions de la géométrie énoncent certaines propriétés qui reviennent au triangle en général. Et il en va de même pour des propositions de la géologie à propos de la montagne en général. Mais, pour être les sujets linguistiques de ces propositions, le triangle général et la montagne en général sont-ils pour autant des objets ? Comme d'autres héritiers de Brentano (mais à l'encontre de Brentano lui-même), Meinong affirme que oui. Frege et Russell, par contre, se sont efforcés de distinguer sujet linguistique et sujet logique. Qu'en est-il vraiment ? Quand je dis que « le triangle a pour propriété que la somme de ses angles est égale à 180° » [1] (ou que « la montagne est principalement composée de roches sédimentaires »), est-ce que je parle d'un objet ou de toute une série d'objets dans la mesure où ils satisfont le concept de triangle (ou de montagne) ?

Et quand j'énonce des propositions à propos du fils caché d'Adolf Hitler, est-ce que je parle d'un objet unique qui est entièrement caractérisé par cette description (et ses conséquences analytiques) ou est-ce que je parle d'un ensemble d'objets satisfaisant cette description, ensemble qui peut s'avérer être vide, être un singleton ou encore être une paire ou une autre pluralité ? À supposer que Hitler n'ait pas eu de fils caché, Meinong dira que le fils caché de Hitler est néanmoins un objet mais un objet inexistant, tandis que Russell affirmera que le concept « fils caché de Hitler » est vide et qu'est donc trompeuse l'affirmation implicite d'existence que contient ici l'usage de l'article défini « le ». Et si Hitler a eu plusieurs fils cachés ? L'analyse de Russell sera sensiblement la même que dans le cas précédent (sauf que c'est cette fois l'affirmation implicite d'unicité qui est trompeuse). Mais que dira Meinong ? Que, tel que caractérisé par cette description, le fils caché de Hitler est néanmoins un objet unique et incomplet, qui se distingue des objets existants et complets que sont les réels fils cachés de Hitler ? Et si, comme le laisse entendre l'usage de l'article défini, Hitler n'a effectivement eu qu'un seul

---

1. Le fait que cette propriété n'appartient en fait qu'au triangle euclidien n'est évidemment pas anodin. Faut-il dire que l'objet que les géomètres avaient cru étudier avant Bolyai, Lobatchevsky et Riemann n'était pas le triangle, mais le triangle euclidien, qui est un autre objet ? Ou faut-il dire que ces auteurs ont fait apparaître un concept de triangle plus général dont l'ancien n'était qu'une spécification ?

fils caché ? Russell distinguera cet objet réel du concept qu'il est le seul à satisfaire. Mais que diront Meinong ou Routley ? Diront-ils qu'il y a d'une part un objet entièrement caractérisé par la description « le fils caché de Hitler », donc incomplet et inexistant, et d'autre part un objet existant et complet ? Mais quels sont alors les rapports de l'un à l'autre ?

Cette question du rapport qu'entretiennent entre eux les objets meinongiens est évidemment le problème le plus épineux de l'analyse de Meinong, et ceci mène à la question du caractère *chaotique* de sa jungle.

Dans la conception frégéo-russellienne, le concept de triangle isocèle précise celui de triangle en ajoutant un caractère à son intension, et le concept de triangle rectangle isocèle fait de même avec celui de triangle isocèle. Mais qu'en est-il des rapports entre l'*objet* triangle, l'*objet* triangle isocèle et l'*objet* triangle rectangle isocèle (et de ceux entre la montagne, la montagne d'or, la montagne d'or de 3000 mètres de haut et la montagne d'or escarpée de 3000 mètres de haut) ? Sont-ils indépendants les uns des autres, de sorte qu'aucune propriété du triangle ne revient nécessairement au triangle isocèle ? Ou sont-ils liés les uns aux autres par un lien « objectif », peut-être celui de « participation » ou d'« exemplification » [1] ? Et les objets existants tels que l'Everest exemplifient-ils eux aussi les objets incomplets comme la montagne ? Et les exemplifient-ils de la même manière que les exemplifient d'autres objets généraux (et incomplets) tels que la montagne d'or ? En logique frégéo-russellienne, la satisfaction d'un concept par un objet n'est pas la même chose que la subsomption d'un concept sous un autre, et l'appartenance d'un élément à un ensemble pas la même chose que l'inclusion d'un ensemble dans un autre. Ce principe fondamental de théorie des ensembles, on peut sans doute le contester au nom d'une conception méréologique des rapports entre touts et parties. Mais ce n'est pas là une véritable possibilité pour les meinongiens, puisque, nous l'avons vu, ils sont bien obligés de distinguer l'objet général (et incomplet) « le fils caché de Hitler » de l'objet existant qui l'exemplifie, et, par ailleurs, de conserver l'objet général même quand aucun objet existant ne l'exemplifie.

Un problème lié à celui-là, et sur lequel Quine a attiré l'attention, est celui de l'identité des objets meinongiens. Qu'est-ce qui permet d'identifier et de distinguer tous ces objets inexistants que sont les gros hommes dans l'ouverture de la porte de mon bureau ? Il y a le gros homme dans l'ouverture de la porte de mon bureau, le gros homme chauve dans l'ouverture de la porte de mon bureau, le gros homme chauve portant une

---

1. R. Routley, *Exploring Meinong's Jungle and Beyond*, *op. cit.*, p. 93.

cravate dans l'ouverture de la porte de mon bureau, le gros homme chauve portant une cravate avec une tache de sauce dans l'ouverture de la porte de mon bureau et une infinité d'autres encore [1]. Peut-on dire qu'ils sont tous des gros hommes dans l'ouverture de mon bureau ? Bien sûr, ils ont tous cette propriété (complexe), mais un seul d'entre eux est le gros homme dans l'ouverture de mon bureau ; les autres sont distincts de lui en ce qu'ils possèdent en outre d'autres propriétés caractérisantes. Car, pour Routley [2]

---

1. T. Parsons, *Nonexistent Objects*, *op. cit.*, p. 27-28. Routley, pour sa part, conteste cette réponse de Parsons à Quine, car, pour lui, la relation avec un objet réel (la porte de mon bureau) n'est pas caractérisante du gros homme chauve (cf. note ci-dessous).

2. Le « principe de caractérisation » énonce en effet qu'un objet a les propriétés qui sont utilisées pour le caractériser (R. Routley, *Exploring Meinong's Jungle and Beyond*, *op. cit.*, p. 3-4 et p. 46-47), et qu'il les a même nécessairement (*ibid.*, p. 47), de sorte qu'elles constituent sa « nature » ou encore son « essence » (*ibid.*, p. 51). Sont cependant exclues de ce principe les propriétés logiques (comme l'identité à un autre objet), ontologiques (comme l'existence ou la possibilité), théoriques (comme la complétude), lesquelles surviennent sur les propriétés authentiquement caractérisantes et ne font donc pas partie du noyau de l'objet (*ibid.*, p. 255-269). De même en va-t-il d'ailleurs pour les propriétés qu'ont les objets en tant qu'ils sont les objets d'attitudes intentionnelles. On peut certes s'intéresser à des objets tels que « le fils caché de Hitler identique à Barack Obama », « la licorne existante », « le carré qui a une des deux propriétés de toute paire de propriétés complémentaires » ou « la montagne telle que je souhaiterais qu'elle soit faite d'or », mais il n'est pas forcément vrai que le premier est identique à Barack Obama, que le second existe, que le troisième est complet et que je souhaiterais que le quatrième soit fait d'or. En incluant dans sa caractérisation une propriété extranucléaire, chacun de ces objets se présente en fait de manière « non fiable » (*ibid.*, p. 258 *sq.*, p. 273-274, p. 450-452 et p. 495-496). On devrait d'ailleurs corriger leur caractérisation en remplaçant la propriété non caractérisante par sa version affaiblie (Meinong dit « *depotenziert* », Findlay et Routley traduisent « *watered down* ») : « le fils caché de Hitler qui prétend être identique à Barack Obama », « la licorne qui se présente comme existante », ... (*ibid.*, p. 270-271).

À noter que d'autres propriétés encore sont exclues du principe de caractérisation, notamment celles qui entraînent la violation de certaines relations logiques entre objets existants (comme être tout à la fois le fils de Barack Obama et le père de Georges Bush) ou même simplement qui imposent aux objets ou aux lieux existants des conditions qu'ils ne satisfont pas (comme être actuellement dans l'ouverture de cette porte-ci) (*ibid.*, p. 417-420, p. 445 et p. 510). Routley justifie ces nouvelles exceptions au principe de caractérisation par le fait que, comme le soutenait Brentano, des objets intentionnels ne peuvent entretenir des relations réelles avec des objets réels. Pour traiter ce problème, Parsons, quant à lui, développe toute une théorie des relations distinguant x [R y] et [x R] y qui permet d'éviter que x R y entraîne nécessairement y $\check{R}$ x (T. Parsons, *Nonexistent Objects*, *op. cit.*, p. 59-60, p. 64-66 et p. 75). Comme le reconnaît cependant Parsons (*ibid.*, p. 194-197), même les relations entre deux objets fictifs posent problème. Pour une tentative de solution, voir K. Fine, « The Problem of Non-Existents », *Topoi*, 1 (1982), p. 97-140 ; « Critical Review of Parsons' *Non-Existent Objects* », *Philosophical studies*, 45 (1984), p. 95-142.

et Parsons [1], c'est par leurs propriétés caractérisantes que tous ces objets se distinguent les uns des autres, de sorte qu'ils ont bien, selon eux, des critères d'identité assez clairs [2]. Mais cela veut donc dire que chaque fois qu'on complète la description d'un tel objet incomplet, on caractérise un autre objet [3] ; le carré rond bleu est clairement distinct du carré rond [4], et le fils caché de Hitler qui a aujourd'hui 68 ans distinct du fils caché de Hitler. Et dès lors, aussi, comme le fait remarquer David Lewis [5], les quarante voleurs ne sont des objets distincts les uns des autres que si la fiction leur attribue à chacun un caractère propre.

Et qu'en est-il de Pégase ? Puis-je lui attribuer des propriétés (nucléaires) sans caractériser un autre objet, distinct du premier ? Si Pégase est, comme le suggère Parsons [6], strictement corrélé à l'ensemble de ses propriétés caractérisantes (telles qu'énoncées dans la mythologie), il y a bien un objet unique Pégase et il est distinct de tout autre objet qui posséderait exactement les mêmes propriétés caractérisantes sauf une (celui qui n'aurait par exemple pas aidé Persée à fuir les deux gorgones survivantes, comme c'est d'ailleurs le cas dans certaines versions du mythe [7])

1. T. Parsons, *Nonexistent objects*, *op. cit.*, p. 17-21, p. 28-29 et p. 74.

2. Certes, Quine conteste que les propriétés elles-mêmes aient des critères clairs d'identité. Mais Routley répond que des objets physiques comme des nuages n'en ont pas nécessairement non plus (R. Routley, *Exploring Meinong's Jungle and Beyond*, *op. cit.*, p. 421 bas et p. 721-723).

Bien plus, pour Routley, c'est plutôt l'extensionalisme qui souffre d'un défaut de critères d'identité qui lui permettraient par exemple de distinguer ces deux classes vides que sont Pégase et Cerbère (*ibid.*, p. 39 et p. 134).

3. Les objets abstraits ou fictifs, dit explicitement Routley (*ibid.*, p. 93), sont « incomplets à l'égard de la plupart des propriétés autres que celles qui servent à les caractériser ». Les conséquences analytiques des propriétés caractérisantes constituent sans doute les seules exceptions sous-entendues sous l'expression « la plupart ».

4. *Ibid.*, p. 279.

5. D. Lewis, « Truth in Fiction », *American Philosophical Quarterly*, 15 (1978), p. 37-46. C'est là une difficulté que Parsons reconnaît volontiers (T. Parsons, *Nonexistent Objects*, *op. cit.*, p. 190-192).

6. T. Parsons, *Nonexistent Objects*, *op. cit.*, p. 55-56. Pour Routley, cependant, les objets inexistants ne sont pas tous connus (et exhaustivement caractérisés) par description, mais certains se donnent par exemple dans la perception hallucinative (R. Routley, *Exploring Meinong's Jungle and Beyond*, *op. cit.*, p. 352-353). Pour sa part, Parsons (*Nonexistent Objects*, *op. cit.*, p. 208-210) invite à traiter les objets de rêve comme les objets de fiction.

7. Le fait qu'il y ait différentes versions du mythe n'est évidemment pas anodin. Pour Russell, cela veut dire qu'il y a plusieurs termes homonymes qui cachent des descriptions définies différentes. Mais, pour les meinongiens, cela veut-il dire qu'il y a plusieurs termes homonymes qui désignent des objets différents ? Voir à cet égard les interrogations de Parsons (*ibid.*, p. 188-189) sur la délimitation du corpus natal d'un objet fictif.

ou exactement les mêmes propriétés caractérisantes plus une propriété nouvelle (celui qui, par exemple, aurait henni juste après la victoire de Bellerophon contre la chimère). Sauf à changer d'objet, on ne peut donc faire aucune « découverte » sur Pégase ; on ne peut lui reconnaître aucune propriété nucléaire qui n'appartienne à sa caractérisation ou n'en découle analytiquement.

Cela veut donc dire que toutes les propositions sont analytiques, sauf peut-être celles qui portent sur les objets existants. Qu'en est-il de ces derniers ? Sont-ils désignés par une expression qui en liste exhaustivement l'ensemble des caractères (auquel cas toutes les propositions à leur égard seront aussi analytiques) ? Ou peuvent-ils être désignés par une expression qui les identifierait sans lister leurs caractères (auquel cas certaines propositions à leur égard pourraient n'être pas analytiques) ? Pour Routley, le premier cas est en fait exclu. On ne peut pas lister l'ensemble des caractères d'un objet existant, car, sinon, on pourrait aussi caractériser de cette manière des objets complets inexistants, ce que semble exclure la thèse de Routley selon laquelle exister, c'est être complet et réciproquement[1]. C'est donc le second cas qui doit être retenu ; les objets existants sont désignés par des expressions qui les identifient sans lister exhaustivement leurs caractères[2]. Qu'il y ait donc une spécificité de la désignation des objets existants et que c'est sur elle que repose l'éventuelle distinction entre énoncés analytiques et énoncés synthétiques[3], c'est là ce que Routley doit manifestement concéder à Russell, comme déjà à Bolzano.

1. Parsons (*ibid.*, p. 17) part au contraire de la thèse selon laquelle les objets inexistants eux-mêmes sont corrélés à des ensembles de propriétés et peuvent donc être décrits exhaustivement.

2. Dans la même perspective, Routley exclut que deux objets puissent être parfaitement identiques – posséder les mêmes propriétés caractérisantes –, à l'exception du fait que l'un existe et l'autre non (R. Routley, *Exploring Meinong's Jungle and Beyond, op. cit.*, p. 25). Il est certes possible de supposer qu'un objet existant – Socrate – n'ait pas existé. Mais ce Socrate est alors un objet fictif qui conserve certaines des propriétés du Socrate existant (*ibid.*, p. 158), mais pas toutes, car, en tant que fictif, il est incomplet.

3. Dans la mesure où l'objet existant peut être investigué (de manière à produire des jugements synthétiques) et pas seulement analysé, il ne se réduit à aucun des objets incomplets caractérisés par une partie seulement des propriétés qu'il possède. Barack Hussein Obama n'est pas identique au président des États-Unis entré en fonction le 20 janvier 2009 ; ce dernier est un objet incomplet, qu'exemplifie Barack Hussein Obama aux côtés d'une multitude d'objets fictifs comme le président des États-Unis entré en fonction le 20 janvier 2009 et issu du parti républicain. Il y a même toute une série d'objets caractérisés par la plupart des propriétés d'Obama, mais qui, contrairement à l'objet réel, sont incomplets à l'égard de l'une ou l'autre propriété de détail. Ces objets ne sont pas Barack Hussein Obama et, à défaut d'être complets, ils n'existent pas. On voit donc que, contrairement à ce qui est

Mais là où Russell faisait reposer son analyse sur la distinction de l'objet
(singulier et qui peut être exploré par fréquentation) et du concept (général
et dont on peut analyser les caractères), réactivant par là la distinction
bolzanienne de l'intuition et de l'idée, Routley s'efforce de penser tout
sous la catégorie unique de l'objet, objet dont se pose par ailleurs la question de l'être ou de l'existence.

Cependant, puisqu'on ne peut caractériser l'objet existant en listant
l'ensemble de ses propriétés, on peut se demander s'il est bien vrai,
comme le prétendait Routley, que l'essence précède l'existence, c'est-
à-dire que l'objet doit d'abord être caractérisé par ses propriétés avant
que se pose la question de son statut ontologique. Au contraire, il apparaît
que, à côté de la possibilité de caractériser une infinité d'objets incomplets
en combinant des caractères, l'existence de certains objets qu'on peut
désigner par des expressions non caractérisantes puis investiguer à l'infini pour déterminer quelles propriétés ils satisfont est une donnée fondamentale de notre expérience. En listant simplement des propriétés, on ne
parvient jamais à caractériser un objet complet, donc jamais non plus à
poser la question de son existence. Il faut au contraire disposer d'emblée
d'un stock d'objets existants (d'un ameublement du monde) pour sortir
du langage et de ses objets *de dicto* toujours incomplets. C'est seulement

le cas chez Russell, une expression comme « le président des États-Unis entré en fonction
le 20 janvier 2009 » doit toujours être comprise comme *de dicto* ; elle désigne son propre
objet (incomplet) et ne peut donc pas renvoyer à l'objet existant Obama, sauf éventuellement
à dire que, prise *de re*, une description définie renvoie au seul objet existant qui exemplifie
son objet incomplet. On retrouverait là, sous une forme étrange, toute la distinction des
concepts et des objets (existants) qui les satisfont.

À vrai dire, à côté des « purs objets », qui se réduisent à l'ensemble de leurs propriétés
caractérisantes et à leurs conséquences analytiques – on parle à leur égard de « clôture
descriptive » (*ibid.*, p. 350) –, Routley envisage certains objets singuliers qui seraient identifiés par caractérisation (incomplète) et par des indices contextuels qui permettent de le
singulariser, par exemple l'expression « l'homme roux » quand il n'y a qu'un homme roux
dans les parages (*ibid.*, p. 286). Ici, Bolzano répondrait une fois de plus que ce qui permet
de quitter la généralité de la description, c'est un index et une intuition. En termes russel-
liens, l'objet est identifié par la relation qu'il est le seul à entretenir avec un objet donné :
$R'a =_{Df} (\imath x)(x \ R \ a)$. Une telle stratégie, insiste cependant Routley, permet non seulement
de désigner des objets existants, mais aussi des objets inexistants, comme c'est le cas pour
l'expression « le détective » quand il n'y a qu'un seul détective dans un roman. La réponse,
ici, est plus complexe, car le roman a précisément pour fonction de présenter progressivement, et sur un mode informatif, des propriétés qui seront ensuite des propriétés caractérisantes de ses personnages (et analytiquement satisfaites par eux). Dans le récit fictif,
« Sherlock Holmes » et « le détective » miment donc le fonctionnement des noms propres et
descriptions définies *de re* des récits réels.

s'il y a des objets qui sont donnés indépendamment des caractérisations linguistiques qu'une expression comme « le président des États-Unis entré en fonction le 20 janvier 2009 » peut suffire à isoler l'un d'entre eux.

On voit combien est insatisfaisante la notion d'objet incomplet. Forgée pour les personnages de fiction, dont certaines propriétés ne sont pas déterminées, cette notion vient à recouvrir tous les objets caractérisés par description, y compris le triangle ou la montagne, qui sont évidemment, dans cette logique, éminemment incomplets. En fait, l'incomplétude de tous les objets meinongiens inexistants n'est rien d'autre que la généralité des concepts frégéo-russelliens, c'est-à-dire la possibilité au moins théorique d'être satisfait par aucun, un ou plusieurs objets existants. Alors, bien sûr, en repartant de ces objets incomplets paradigmatiques que sont les personnages fictifs, on peut contester que Sherlock Holmes soit général et affirmer que c'est un objet singulier inexistant, puis demander le même statut pour le président des États-Unis entré en fonction le 20 janvier 2009 et issu du parti républicain, pour la montagne d'or et pour le triangle en général. Mais ces derniers exemples montrent bien que « compléter » ces objets consisterait en fait à ajouter des traits définitoires à ce qui sont plutôt des *concepts*. Et, même dans le cas de Sherlock Holmes, on voit bien que chaque roman d'Arthur Conan Doyle a précisé le personnage créé dans *Une étude en rouge* et ainsi réduit son indétermination. Chaque choix descriptif ou narratif de l'écrivain a ajouté des traits à la caractérisation initiale et ainsi écarté d'autres spécifications possibles du concept initial. Car c'est bien, une fois encore, parce qu'il est un concept que Sherlock Holmes semble incomplet.

Et ce qui vient d'être dit des objets « incomplets » vaut évidemment aussi des objets contradictoires. Aucun objet existant n'est contradictoire [1] ; seuls le sont des objets incomplets caractérisés par des descriptions. Mais, alors, n'est-il pas ici aussi étrange de dire que des objets sont contradictoires parce qu'ils possèdent des propriétés incompatibles, alors qu'on pourrait dire que des *concepts* sont contradictoires parce qu'ils sont caractérisés par des traits incompatibles ? « Carré rond » est un concept contradictoire et donc forcément le sont aussi toutes ses spécifications : carré rond de grande taille, carré rond isocèle, coupole carrée ronde, la coupole carré ronde de Berkeley College, ... N'est-il pas tout simplement aberrant de dire que ce sont là tous objets qui ne peuvent revendiquer l'existence ni même la subsistance pour la raison qu'ils ont le malheur de

---

1. En fait, Routley conteste aussi cette thèse dans certains passages (par exemple *ibid.*, p. 440).

posséder deux propriétés incompatibles ? Cette incompatibilité est en fait *générale* et affecte un *concept* plutôt qu'une série d'objets qui s'avèrent individuellement impossibles. Comme le disait Bolzano, c'est au niveau des *idées* et non de leurs *objets* que se jouent l'incompatibilité des traits ; si une idée est impossible, elle n'a par principe pas d'objet.

Cette prétention meinongienne à envisager en termes d'objets ce qui est manifestement plus compréhensible en termes de concepts trouve même son paroxysme dans l'affirmation de Routley [1] selon laquelle non seulement il y a des objets qui sont possibles et d'autres qui sont impossibles, mais aussi des objets qui sont sensés (*significant*) et d'autres qui sont absurdes. Routley, qui ne donne pas d'exemple, pense sans doute aux erreurs de catégories sémantiques comme lorsque je parle d'un nombre vert ou d'une volumineuse angoisse. Mais cela a-t-il vraiment du sens de dire que le nombre vert est un objet absurde parce qu'il possède des propriétés qui ne se conviennent pas l'un à l'autre ? Cela fait partie des *concepts* de couleur qu'ils reviennent aux choses matérielles et non aux idéalités mathématiques ; et c'est au niveau – général – des *concepts* que se joue la convenance ou l'inconvenance sémantique : toutes les expressions qui associent un concept de couleur à un concept mathématique sont dénuées de sens, et le non-sens n'est donc pas un trait, même extranucléaire, qui affecterait certains *objets* en vertu de la présence en eux de propriétés nucléaires inadéquates les unes aux autres.

LA VÉRITÉ DES ÉNONCÉS DE FICTION

On voit donc que, en dépit d'une indéniable élégance formelle, l'analyse logique de Routley, pour laquelle il revendique l'autorité du « *common sense* » [2], pose en fait de sérieux problèmes d'interprétation. Et on en vient à penser que la logique classique repose par contre sur des intuitions assez légitimes, et qu'elle a en fait moins besoin d'une refondation complète que d'aménagements qui permettraient de répondre aux objections meinongiennes. En particulier, elle devrait rendre compte de manière plus satisfaisante de la vérité de propositions relatives à des « objets » de fiction, comme « Les licornes ont une corne » ou « Pégase est un cheval ailé ». L'interprétation de la première comme implication

---

1. R. Routley, *Exploring Meinong's Jungle and Beyond, op. cit.*, p. 5-6.
2. *Ibid.*, p. 488 et p. 519-535.

formelle – « Tout ce qui est une licorne a une corne » – a en effet, nous l'avons vu, le désavantage de rendre cette proposition *trivialement* vraie et en outre de réserver le même sort à la proposition « La licorne a cinq cornes ». Quant à l'interprétation de la seconde proposition en termes de descriptions définies – « Il y a un et un seul objet qui pégasise et tout ce qui pégasise est un cheval ailé » –, elle a le défaut de rendre cette proposition fausse, et donc aussi fausse que sa négation linguistique « Pégase n'est pas un cheval ailé ».

On voit d'ailleurs bien que ces deux défauts sont en fait les deux faces d'un même problème : si, dans l'analyse des jugements universels, on ajoutait une affirmation implicite d'existence à l'implication formelle – $(\exists x)\ulcorner Lx\urcorner \wedge (\forall x)\ulcorner Lx \supset Cx\urcorner$ –, on éviterait que la vacuité du concept de licorne rende la proposition « La licorne a une corne » trivialement vraie, mais on verserait alors, à l'opposé, dans l'écueil de la considérer comme fausse, comme c'est le cas pour « Pégase est un cheval ailé ». L'avantage de cet ajout, cependant, serait de faire clairement apparaître deux aspects de la vérité d'une telle proposition : d'une part, la question de savoir s'il y a des objets qui satisfont au concept de licorne, et d'autre part, la question de savoir si être une licorne implique d'avoir une corne. Comme dans toute bonne « assertion (ou question) multiple » [1], l'énoncé linguistique « La licorne a une corne » devrait alors être considéré comme ambigu : soit il est la conjonction de deux assertions – « Il y a des licornes » et « Être une licorne implique avoir une corne » – et il est faux, soit il se réduit à la seconde assertion et il est éventuellement vrai. Nous reviendrons sur le sens de cette éventualité.

Similairement, dans le cas des descriptions définies, il vaudrait mieux dire que l'analyse de Russell – « Il y a un et un seul objet qui pégasise » et « Pégasiser implique être un cheval ailé » – est une des deux interprétations possibles de l'énoncé linguistique « Pégase est un cheval ailé », l'autre se réduisant à la seule seconde assertion. La question est en fait un peu plus complexe ici que dans le jugement universel, puisque, du fait de l'usage de l'article défini, s'ajoute en outre l'affirmation implicite d'unicité. Quand le concept en position de sujet linguistique est vide, cette affirmation n'intervient pas (elle est trivialement vraie) et on se retrouve simplement dans un cas comparable à celui du jugement universel : si Hitler n'a pas eu de fils caché, « Le fils caché de Hitler a un père » est faux dans l'interprétation qui exige la vérité de l'affirmation implicite d'existence et éventuellement vrai dans celle qui ne l'exige pas. Mais, quand

---

1. Voie que Routley lui-même suggère (*ibid.*, p. 26-27).

l'affirmation implicite d'existence est vraie – Hitler a eu au moins un fils
caché -, l'affirmation implicite d'unicité joue son rôle. Si elle est vraie
(Hitler a eu un seul fils caché), la vérité du jugement « Le fils caché de
Hitler » ne dépend plus que de la vérité de l'implication formelle « Tout
ce qui est fils caché de Hitler a un père ». Et si elle est fausse (Hitler a
eu plusieurs fils cachés), on se retrouve de nouveau face à un problème
d'ambiguïté de l'énoncé linguistique : « Le fils caché de Hitler a un père »
est faux dans l'interprétation qui exige la vérité de l'affirmation implicite
d'existence et d'unicité et éventuellement vrai dans celle qui ne l'exige
pas.

Après avoir réouvert la porte à une interprétation des énoncés de
fiction – généraux et singuliers – qui les déleste de leur affirmation implicite d'existence et permet ainsi leur vérité éventuelle [1], il faut maintenant
éviter l'autre écueil qui les rend trivialement vrais en raison de la vérité de
toute implication formelle dont le concept en position de sujet linguistique
est vide. Pour ce faire, il faut exiger une implication plus forte que l'implication formelle, à savoir l'implication stricte, qui confère un caractère
nécessaire à l'implication formelle et indique que si son premier concept
n'était pas vide, tous les objets qui le satisferaient, satisferaient aussi le
second. Cette implication stricte traduirait l'analyticité du lien entre « être
une licorne » et « avoir une corne » ou entre « être fils caché de Hitler » et
« avoir un père » ; c'est en effet cette analyticité qui permet de dire que les
licornes ont une corne même quand il n'y a pas de licorne ou que le fils
caché de Hitler a un père même quand il n'y a pas de fils caché de Hitler.
La vérité éventuelle des énoncés de fiction (une fois délestés de l'affirmation implicite d'existence) semble en effet tout entière liée à l'analyticité.
Quand ce dont on parle existe – il y a des chevaux, il y a un actuel roi des
Belges –, la vérité de l'implication qui suit – tout ce qui est un cheval a
une crinière, tout ce qui est actuel roi des Belges est chauve – peut être
contingente et dépendre de l'investigation de ces objets qui satisfont le
premier concept. Mais quand l'affirmation implicite d'existence n'est pas
remplie, cette investigation n'est pas possible et seule l'analyse du premier
concept peut fournir une implication vraie.

---

1. Le sophisme de la question ou de l'assertion multiple exige à tort qu'une assertion où
sont enchâssées plusieurs propositions (entre lesquels existent le plus souvent des rapports
de présupposition de vérité) reçoive une valeur de vérité comme s'il s'agissait d'une seule
proposition.

Dans l'analyse ici défendue et qui rejoint celle d'autres auteurs à commencer par Bolzano [1], les jugements de fiction – qu'ils soient universels ou singuliers – seraient des jugements purement conceptuels (et, en ce sens, analytiques) portant sur des concepts vides. Deux interprétations en serait alors possibles. Dans l'une (qui les rend tous faux), l'affirmation implicite d'existence serait incluse ; dans l'autre, seule l'implication serait retenue, mais il s'agirait d'une implication stricte traduisant un jugement analytique. À noter qu'une conséquence de cette analyse serait que, même dans cette seconde interprétation, tous les jugements de fiction non analytiques – « La licorne a plus de molaires sur la mâchoire supérieure que sur la mâchoire inférieure », « Le fils caché de Hitler est blond » – seraient faux [2]. Une autre manière de concevoir les choses qui mènerait au même résultat serait de dire que la seconde interprétation – qui omet l'affirmation implicite d'existence (et d'unicité) – n'est pas disponible quand l'implication qui suit n'est pas stricte. Considérer ces propositions comme fausses plutôt qu'insensées ou incomplètes serait ce que nous conserverions de la stratégie « falsidique » (falsidal) de Russell [3].

L'analyse des objets de fiction exige, on le voit, des outils formels de la logique modale. Et c'est également le cas de l'analyse de toute une série d'autres énoncés qui portent sur des objets en tant qu'ils satisfont certaines propriétés et qui sont donc marqués par les traits logiques de l'opacité référentielle. Ainsi en va-t-il en particulier des énoncés apparaissant dans la portée d'expressions d'attitudes intentionnelles, comme dans « J'envie l'actuel président des USA » ou « Je sais que l'actuel président des USA est puissant », expressions qui étaient au fondement même de la théorie brentanienne de l'intentionalité, mais aussi de la théorie meinongienne de l'objet [4]. On ne peut donc trancher le débat entre les deux analyses

---

1. B. Bolzano, *Wissenschaftslehre*, op. cit., § 196, p. 330. Voir aussi les propositions de Michael Tooley commentées par Routley (*Exploring Meinong's Jungle and Beyond*, op. cit., p. 482).

2. La même chose semble valoir en ce qui concerne l'affirmation implicite d'unicité. Même dans l'interprétation qui déleste le jugement de cette affirmation implicite, le jugement est faux si le lien entre les deux concepts de l'implication n'est pas analytique : si Hitler a eu plusieurs fils cachés, « Le fils caché de Hitler est blond » est faux, même si tous les fils cachés de Hitler sont blonds. Par contre, en vertu de l'analyticité du lien entre les deux concepts, « Le fils caché de Hitler a un père » pourrait être considéré comme vrai même si Hitler avait en fait plusieurs fils cachés.

3. R. Routley, *Exploring Meinong's Jungle and Beyond*, op. cit., p. 166-169.

4. Dans la mesure où les objets inexistants ou impossibles peuvent faire l'objet d'attitudes intentionnelles, la question traitée ici n'est en fait qu'une porte d'entrée dans le problème plus général des objets intentionnels.

sans poursuivre sur le terrain des logiques modales, ainsi que sur celui de la théorie de l'identité, ce que nous laissons à un autre travail, lequel repartira toutefois des résultats engrangés ici.

Bruno Leclercq
Université de Liège

TABLE DES MATIÈRES

Avertissement 7

Introduction
    par Sébastien RICHARD 9

Structure(s)
    par Peter SIMONS 21

Théorie relationnelle et théorie phénoménale de l'intentionnalité
    par Denis SERON 39

Dépendance et ontologie formelle. La question de l'intégrité des
    objets
    par Sébastien RICHARD 71

Le statut de l'aspect
    par Philippe KREUTZ 111

Les fondements du quadridimensionnalisme. La persistance à
    travers le temps des objets physiques
    par Mathieu CORNÉLIS 131

À l'impossible, nul objet n'est tenu. Statut des « objets » inexistants
    et inconsistants et critique frégéo russellienne des logiques
    meinongiennes
    par Bruno LECLERCQ 159

ACHEVÉ D'IMPRIMER
EN DÉCEMBRE 2010
PAR L'IMPRIMERIE
DE LA MANUTENTION
A MAYENNE
FRANCE
N° 610632P

Dépot légal : 4ᵉ trimestre 2010